Alles Mythos!
24 populäre Irrtümer über Weihnachten

Claudia Weingartner

Alles Mythos!

24 populäre Irrtümer
über Weihnachten

Die Deutsche Nationalbibliothek verzeichnet diese Publikation
in der Deutschen Nationalbibliografie; detaillierte bibliografische
Daten sind im Internet über http://dnb.d-nb.de abrufbar.

Der Konrad Theiss Verlag ist ein Imprint der WBG

© 2013 by WBG (Wissenschaftliche Buchgesellschaft), Darmstadt
Die Herausgabe des Werkes wurde durch die Vereinsmitglieder der WBG
ermöglicht.
Lektorat: Ulrike Burgi, Köln
Satz: Satzpunkt Ursula Ewert GmbH, Bayreuth
Einbandabbildungen: © picture-alliance / dpa; Fotolia / nucro
Einbandgestaltung: Stefan Schmid Design, Stuttgart
Druck und Bindung: CPI – Ebner & Spiegel, Ulm
Gedruckt auf säurefreiem und alterungsbeständigem Papier
Printed in Germany

Besuchen Sie uns im Internet: www.wbg-wissenverbindet.de

ISBN 978-3-8062-2686-7

Elektronisch sind folgende Ausgaben erhältlich:
eBook (PDF): 978-3-8062-2869-4
eBook (epub): 978-3-8062-2870-0

Inhalt

Vorwort

Die frühen Christen im antiken Rom hätten angesichts der Karriere des Festes wahrscheinlich ungläubig den Kopf geschüttelt. Denn sie hatten sich im 4. Jahrhundert wenig begeistert gezeigt von der neumodischen Idee eines Geburtstagsfestes zu Ehren des Gottessohnes. Im Mittelalter wetterte die Obrigkeit gegen die exzessiven Straßenpartys, in denen die weihnachtlichen Feierlichkeiten damals vielerorts endeten. Und während heute einige solche ausgelassenen Zusammenkünfte an Heiligabend am liebsten wieder einführen würden, halten andere dem Fest seine Kommerzialisierung und zunehmende Sinnentleerung vor. An Kritikern hat es der mittwinterlichen Feier noch nie gemangelt. Und dennoch: Weihnachten setzte sich durch – allen Widerständen und Vorbehalten zum Trotz und über alle Epochen und Kontinente hinweg.

Baumschmücken, Bescherung, Besinnlichkeit – so der Ablauf, der uns hierzulande seit Kindheitstagen vertraut ist. Die Spanier erliegen derweil alle Jahre wieder dem Glücksspielfieber, und den Finnen fehlt etwas, wenn sie am 24. Dezember nicht die Gräber ihrer Toten schmücken können. Merkwürdig muten in unseren Regionen aber nicht nur weihnachtliche Sitten an, die sich in anderen Ländern eingebürgert haben. Das Prädikat „außergewöhnlich" verdienen aus heutiger Sicht auch einige Bräuche, die zu jenem Anlass in der Vergangenheit ausgeübt wurden. So hingen die Tannenbäume in früheren Tagen schon mal kopfüber von der Decke oder gruppierten sich zu mehreren in den weitläufigen Salons des Adels, um dort als wahre kleine Weihnachtswälder zu beeindrucken.

Wer sich, wie die Autorin, einlässt auf eine Reise durch die mittlerweile mehr als 1 600 Jahre umfassende Geschichte des Christfestes, stößt auf jede Menge Neuland in der vermeintlich vertrauten Weihnachtswelt. An manchen Stellen fühlt man sich in einen religionspolitischen Krimi versetzt und an anderen lässt sich feststellen, dass die Feier im Laufe der Zeit selbst für renommierte Wissenschaftler nichts an Faszination eingebüßt hat: Zu wilden Spekulationen ließen sie sich ebenso verleiten wie zu akribischen Rekonstruktionsversuchen der Ereignisse, die sich laut Bibel im Stall von Bethlehem zugetragen haben. Nicht nur die unterschiedlichsten weihnachtlichen Traditionen und Bräuche begegnen dem Leser auf diesem Weg, sondern auch zahlreiche Mythen, die sich um das Fest ranken. Doch wie steht es um deren Wahrheitsgehalt? Wurde Jesus wirklich an Weihnachten geboren? Hat der heilige Nikolaus tatsächlich gelebt? Steckt ein tieferer Sinn hinter dem alljährlichen Lichterketten-Wahnsinn? Und stimmt es, dass Weihnachten dick, aber glücklich macht?

24 der spannendsten Mythen stellt das Buch vor – für jeden Tag des Dezembers einen. Weihnachtsenthusiasten will es damit, einem Adventskalender gleich, die Wartezeit auf das Fest verkürzen. Und allen anderen die Gelegenheit geben, im weihnachtlichen Kosmos doch noch Interessantes zu entdecken und so vielleicht die eine oder andere neue Perspektive auf das Fest zu gewinnen.

Claudia Weingartner

IRRTUM 1:

Weihnachten ist das Fest der Liebe

Mit nichts als Licht, Hoffnung und Nächstenliebe im Gepäck schickte der himmlische Vater das Jesuskind auf die Reise: *„Das wahre Licht, das jeden Menschen erleuchtet, kam in die Welt"*, heißt es im Johannesevangelium (Joh 1, 9). Und an anderer Stelle: *„Denn Gott hat die Welt so sehr geliebt, dass er seinen einzigen Sohn hingab, damit jeder, der an ihn glaubt, nicht zugrunde geht, sondern das ewige Leben hat."* (Joh 3, 16). In Gestalt eines hilflosen Säuglings begab sich Gott unter die Menschen, um zu beweisen: Vor ihm sind alle gleich. Wer ihm nachfolgt, wird erlöst. *„Ehre sei Gott in der Höhe und Friede auf Erden!"*, frohlocken die Engel im Lukasevangelium anlässlich der Vorgänge im Stall zu Bethlehem da zu Recht. Und recht haben die Christen nach allem, was man aus der Bibel weiß, wenn sie das Eintreffen ihres Messias mit einem Fest der Liebe, des Friedens und der Vergebung feiern.

Exzess der Marktwirtschaft

„Wie beneidenswert die Völker, die das Christfest nicht kennen", ließ es sich Misanthrop Friedrich Nietzsche dennoch nicht nehmen, gegen die dezemberlichen Feierlichkeiten zu ätzen. *„Man wendet sein Gesicht dem Lichterbaum zu, um die Verwandten nicht zu sehn"*, beschrieb Schriftstellerin Simone de Beauvoir ihre wenig versöhnliche Gefühlslage. *„Man altert nicht während des Jahres, sondern während der Weihnachtstage"*, spottete Greta Garbo. *„Wenn ich beim Festschmaus in die*

Runde sehe, fallen mir die besten Morde ein", gab gar Filmikone Alfred Hitchcock zu Protokoll.

Auch in den folgenden Generationen wollte die medienwirksame Nörgelei der Prominenz über die kirchliche Festivität nicht verstummen: Oscar-Preisträger Christoph Waltz findet Weihnachten *„widerlich"*, wie er gegenüber der Zeitschrift „Bunte" sagte. Für den Schauspieler ist es *„ein Exzess der Marktwirtschaft"*, noch nicht einmal seine Kinder haben an Heiligabend Geschenke zu erwarten. Band-Aid-Gründer Bob Geldorf gehen seine eigenen Weihnachtslieder gewaltig auf die Nerven: *„Ich bin verantwortlich für zwei der schlimmsten Songs der Welt. Der eine ist ‚Do They Know It's Christmas', der andere ist ‚We Are The World"'*, äußerte der Ire gegenüber der britischen Zeitung „Daily Mail". Immer wenn er in der Adventszeit im Supermarkt an der Wursttheke stehe, würden sie gespielt und verleideten ihm das Einkaufen. Musiker-Kollege Ozzy Osbourne kann dem christlichen Anlass ebenfalls nichts abgewinnen – zumindest, seit er sich von Alkohol und Drogen verabschiedet hat: *„Weihnachten sollte verboten werden. Punkt. Auch wenn ich, als ich noch getrunken habe, dachte, dass es großartig sei, weil es die perfekte Ausrede war, um sich richtig abzuschießen"*, schrieb er in seiner Kolumne im „Sunday Times Magazine". *„Jetzt kann ich beides nicht mehr leiden"*, so das harsche Fazit des Rockers.

Das Fest am liebsten abschaffen

Die Statistik tut ein Übriges, um die Feierlichkeit in Misskredit zu bringen: Von wegen Friede, Freude, Festtagsstimmung, an Weihnachten liegen die Nerven blank. Streit und Stress sind vorprogrammiert – alle Untersuchungen der letzten Jahre weisen in diese Richtung. Laut einer Umfrage des Magazins „Men's Health" aus dem Jahr 2010 herrscht bei 21 Prozent der Deutschen unter dem Tannenbaum dicke Luft. Gestritten wird innerhalb der Familie vor allem mit den Eltern: 21 Prozent der Studienteilnehmer bekommen sich regelmäßig mit ihrer Mutter in die Haare, 17 Prozent zanken mit dem Vater. 2011 sah sich eine Untersuchung im Auftrag der Online-Partnervermittlung Parship die Streitpunkte genauer an: Besonders heikel ist demnach die Frage, wo die Feiertage verbracht werden. Bei jedem dritten Befragten der repräsentativen Studie führte dieses Thema zu Diskussionen. Auch die Lametta- und Strohstern-Fraktionen stellen sich an Weihnachten stur – 17 Prozent konnten sich über die Festtagsdekoration nicht einigen. 13 Prozent lagen wegen der Arbeitsteilung bei den Weihnachtsvorbereitungen im Clinch.

Jeder fünfte Deutsche würde mittlerweile das Bohei um Gans, Tanne und Bescherung am liebsten ganz abschaffen, so die Zahlen der Nürnberger Gesellschaft für Konsumforschung, kurz GfK, aus dem Jahr 2009. Dass Weihnachten in erster Linie ein christliches Fest sei, fanden 2012 in einer Umfrage für den Nachrichtensender N24 gerade noch 31 Prozent der Erwachsenen und sogar nur 13 Prozent der jüngeren Generation. Eine Einschätzung, an der sich in den letzten Jahren kaum etwas geändert zu haben scheint. Bereits 2009 gaben knapp 70 Prozent der Befragten in einer repräsentativen Erhebung für die Zeitschrift „Apotheken Umschau" an, dass Weihnachten seine eigentliche religiöse Bedeutung verloren habe und reine Geschäfte- und Geldmacherei sei. Jeden vierten Erwachsenen setzen die Feiertage dieser Analyse zufolge enorm unter Druck. Vor allem für Frauen sind die Wochen vor dem Fest alles andere als besinnlich: Über 41 Prozent der weiblichen Untersuchungsteilnehmer gaben an, die Adventszeit als besonders hektisch zu erleben. Kein Wunder: Überwiegend sind sie es, die mit den Vorbereitungen für das Fest betraut sind. Glaubt man einer britischen Studie, wenden Hausfrauen im Schnitt 288 Stunden dafür auf. Bei einer Arbeitszeit von zehn Stunden pro Tag würden sie demnach knapp einen Monat lang shoppen, schmücken, backen und putzen, was das Zeug hält, um es ja allen Familienmitgliedern recht zu machen.

Christmas sucks ...

Ein hehres Ziel, das trotzdem nicht so recht gelingen will: Nicht nur bedenklich rote Zahlen auf dem Konto sind bei vielen der Dank für die weihnachtlichen Anstrengungen – 3,4 Millionen Menschen nahmen 2011 für den Kauf von Weihnachtsgeschenken Schulden auf, wie die GfK im Auftrag des Unternehmens LifeFinance ermittelte. Schlimmer noch: In Scharen zieht es Ehepartner im neuen Jahr vor den Scheidungsanwalt. Der Online-Anwaltsuchdienst des Deutschen Anwaltvereins, anwaltauskunft.de, registrierte im Januar 2010 eine Steigerung der Nachfrage nach im Familienrecht kundigen Anwälten um über 35 Prozent. Eine Erhebung von Facebook bestätigt den Verdacht: Der Advent scheint Gift für viele Beziehungen zu sein. Mit am häufigsten jedenfalls ändern die Mitglieder des sozialen Netzwerkes in den zwei Wochen vor Weihnachten ihren Beziehungsstand von „verheiratet" oder „in einer Beziehung" zu „Single" oder „es ist kompliziert".

„Christmas sucks", so der Untertitel der Internetseite mymiserablechristmas.com, auf der Leidgeprüfte ihre schlimmsten Weihnachtserlebnisse loswerden können. Wie harmlose Misstöne in „Oh, du fröhliche" mögen manchem die kleinen Reibereien im eigenen Familienkreis erscheinen, während die dort geschilderten Vorfälle – Gewalt, heftige Auseinandersetzungen, Trennungen, Verlassenheitsgefühle, Depressionen, Selbstmordabsichten – eine vielstimmige, schräge Untergangsarie erschallen lassen.

Erzwungene Harmonie, maßlose Erwartungen

Was ist nur aus dem Lichterfest geworden? Warum kochen die Gefühle zu diesem Anlass derart hoch? Wegen des auferlegten Normverhaltens, sprich: wegen des *„Zwangs zur familiären Harmonie, zu Dankbarkeit und Gefühlsausdruck just an diesem Termin"*, wie Volkskundlerin Ingeborg Weber-Kellermann es in ihrem Buch „Das Weihnachtsfest" ausdrückt. Weihnachten ist emotional besetzt. Kindheitserinnerungen spuken einem durch den Kopf, das von der Werbung suggerierte Bild eines oh-du-seeligen Festes im himmelhoch jauchzenden Familienidyll macht sich breit. Insgesamt ist es eine maßlos übertriebene Erwartungshaltung, die zusammen mit dem vorausgegangenen Stress eine explosive Mischung ergibt. Das Weihnachtsmenü ging daneben, die Kinder sind aufsässig, die Geschenke eine Frechheit, und das Zusammensitzen mit den Verwandten auf engstem Raum ist eine Zumutung. Der an der weihnachtlichen Tafel zumeist reichlich fließende Alkohol macht die Situation nicht besser, sondern ist im Gegenteil oft der Funke, der die emotionale Bombe zum Zünden bringt.

Experten halten Tipps bereit, wie im nächsten Jahr alles besser werden kann: Erwartungen vorher mitteilen, Aufgaben verteilen, Kompromisse finden, keine Generalangriffe auf die Persönlichkeit des Partners nach dem Motto „Du denkst immer nur an Dich", den Humor nicht vergessen oder gleich ganz stressfrei im Restaurant feiern. Und trotzdem: Jedes Jahr ereignen sich Familiendramen, jedes Jahr vermeldet die Polizei Handgreiflichkeiten unterm Baum. Wahren viele Betroffene über die Feiertage noch den Schein, werden Telefonseelsorger, Familienberatungsstellen und Opferschutzorganisationen wie der „Weiße Ring" im neuen Jahr desto häufiger mit Problemen konfrontiert.

Dass ihnen der Trouble mit dem Partner erspart bleibt, hilft Alleinstehenden über die Feiertage auch nicht weiter. Laut einer Studie der Online-Partnervermittlung ElitePartner aus dem Jahr 2008 sitzen immerhin 15 Prozent von ihnen an Weihnachten allein im Wohnzimmer. Männliche Singles bringen den 24. Dezember sogar zu 22 Prozent ohne jede Gesellschaft hinter sich. Wenig verwunderlich, dass vor allem ihnen vor den Feiertagen graut – jeder Siebte würde das Fest am liebsten aus seinem Kalender streichen. Den Zahlen der Partneragentur Parship von 2011 zufolge empfinden 62 Prozent aller Alleinstehenden gerade in dieser Zeit ihren Beziehungsstatus als Defizit und sehnen sich nach einem Lebensgefährten. Alte Menschen dürfen bei der weihnachtlichen Heile-Welt-Vorstellung ebenfalls häufig nicht mitspielen: Jeder sechste Senior ab 70 Jahren ist an Heiligabend allein, so das Ergebnis einer repräsentativen Umfrage des Magazins „Senioren Ratgeber" aus dem Jahr 2009.

Sensenmann statt Weihnachtsmann

Übrigens: Auch wem die Außenwelt zu Weihnachten eigentlich ganz wohlgesinnt ist, sollte auf der Hut sein. Denn an den Feiertagen zeigt die statistische Kurve der Todesfälle steil nach oben – zumindest in den USA, wie der Soziologe David Phillips von der University of California in San Diego zusammen mit seinen Kollegen ermittelte. Die Forscher werteten die Sterbeurkunden von 57 Millionen Amerikanern aus und berücksichtigten ausschließlich natürliche Todesfälle. Menschen, die durch Unfälle, Verbrechen oder Selbstmord ums Leben kamen, filterten sie heraus. Das Ergebnis: Am 25. und 26. Dezember und am Neujahrstag starben in den Jahren zwischen 1979 und 2004 deutlich mehr Menschen als im Jahresdurchschnitt. Insgesamt wurden in den untersuchten 26 Jahren an diesen Tagen über 42 000 mehr Sterbefälle registriert, als statistisch zu erwarten gewesen wären. Die Todesursache Herzversagen lag gegenüber dem Jahresdurchschnitt um 4,65 Prozent höher, aber auch bei den übrigen Todesursachen stellten die Forscher einen Anstieg um 4,99 Prozent fest.

Über die Gründe für die erschreckende Zunahme der Trauerfälle zum Jahresende können die Experten keine klare Auskunft geben. Hat tatsächlich der allgemeine Weihnachtsstress, verstärkt durch ungezügelten Alkoholgenuss und schwere Festtagskost, derart beklagenswerte Auswirkungen? Oder lag es vielmehr daran, dass das medizinische Personal an diesen Tagen unterbesetzt ist, viele Menschen im Weihnachtsurlaub außerdem Krankheitssymptome ignorieren und den Arztbesuch hinauszögern? Stutzig macht, dass ein Anstieg der Sterblichkeit von Kindern, die dem Fest weitgehend entspannt und voller Vorfreude entgegenblicken, in dieser Zeit nicht zu beobachten war.

Auszeit vom Krieg

Vorsichtig zu sein, wenn einem das Leben lieb ist, darauf waren auch die Soldaten des Ersten Weltkriegs getrimmt. An Weihnachten 1914 jedoch gingen sie auf volles Risiko und stellten eindrucksvoll unter Beweis: Am weihnachtlichen Gedanken des Friedens und der Versöhnung könnte doch etwas dran sein. Spontan und gegen jeden Befehl legten sie am Abend des 24. Dezembers die Waffen nieder. Mitten im blutigen Stellungskrieg an der 800 Kilometer langen Westfront zwischen Ärmelkanal und dem französisch-schweizerischen Grenzgebiet kehrte an einigen Abschnitten wie durch ein Wunder Frieden ein: Menschen, die sich Stunden zuvor noch verbissen bekämpft hatten, krochen aus ihren Unterständen und trafen sich, als sei nichts gewesen, im Niemandsland zwischen den feindlichen Linien. Sie schüttelten einander die Hände, unterhielten sich, zeigten Fotos aus der Heimat und tauschten Geschenke aus.

Zu Weihnachten seien sie wieder zuhause, hatten die militärisch Verantwortlichen des Deutschen Reiches ihren Soldaten versprochen. Danach sah es im Winter 1914 nicht aus, der geplante Eroberungsfeldzug war im eisigen Schlamm der Schützengräben stecken geblieben. Zur moralischen Unterstützung bekamen die Kämpfenden Geschenke von zu Hause, die Oberste Heeresleitung ließ Zehntausende Miniaturweihnachtsbäume an die Front verschicken. Deren Kerzen zündeten die Männer im durchnässten Feldgrau an und begannen zu singen. „Stille Nacht, heilige Nacht" und „Es ist ein Ros entsprungen" drang zu den teilweise weniger als 100 Meter entfernten Gegnern hinüber. Vor allem Briten, aber auch Franzosen und Belgier ließen sich von der weihnachtlichen Stimmung anstecken und stimmten in ihrer jeweiligen Landessprache mit ein. Der englische Gefreite Frederick W. Heath hielt die Ereignisse in einem Brief fest: *„Während ich so da lag und träumte, nahm ich ein Flackern in der Dunkelheit war. Zu derart später Stunde war ein Licht im feindlichen Schützengraben selten, sodass ich Meldung erstattete. Ich hatte kaum zu Ende gesprochen, da leuchteten weitere Lichter auf."* Kurz darauf *„drang ein im Krieg wohl einzigartiger Gruß an unser Ohr: ‚English soldier, English soldier, a merry Christmas,* *a merry Christmas!"'*, berichtete Heath, und weiter: *„Überall an unserer Linie hörte man Männer, die den Weihnachtsgruß des Feindes erwiderten. Wie konnten wir dem widerstehen, uns gegenseitig schöne Weihnachten zu wünschen?"*[1]

Angeblich mehr als 100 000 Soldaten beteiligten sich an dieser bis in die folgenden Tage andauernden Auszeit vom Krieg. In der Umgebung der Stadt Ypern in Flandern verlagerten ein sächsisches und ein schottisches Regiment die Auseinandersetzungen auf den Fußballplatz und traten in einem Freundschaftsspiel gegeneinander an. In der Nähe des französischen Dorfes Fromelles feierten die Kriegsgegner einen gemeinsamen Gottesdienst, einträchtig sprachen sie den 23. Psalm „Der Herr ist mein Hirte". Derweilen bekamen es die Oberen mit der Angst um den Kampfeswillen ihrer Truppen zu tun und verhängten drakonische Strafen gegen Verbrüderungen jeglicher Art. Im neuen Jahr schon war es mit der Menschlichkeit auf dem zu diesem Zeitpunkt schon mit dem Blut von über 350 000 gefallenen Soldaten getränkten Schlachtfeld wieder vorbei.

Ein Parasit und folgenreiche Küsse

Eine gänzlich friedliche Botschaft senden die vielerorts an Weihnachten über dem Türrahmen aufgehängten Mistelzweige aus: Küsst sich ein Paar unter dem immergrünen Gewächs, nimmt die Liebe ihren Lauf. Eheglück und Kindersegen sind im neuen Jahr die Folgen, so zumindest behauptet es der Volksglaube. Praktischerweise werden die perlenartigen, weißlichen Beeren der Pflanze gerade rechtzeitig im Dezember reif, um in ihrer beziehungsfördernden Rolle zu glänzen.

Wie genau der ursprünglich aus England stammende Kussbrauch entstand, ist nicht bekannt. Er könnte aber mit einer skandinavischen Fruchtbarkeitslegende zu tun haben: Danach träumte Baldur, der nordische Gott der Sonne und der Gerechtigkeit, Nacht für Nacht von seiner Ermordung. Seine Mutter Freya, die Göttin der Liebe und Fruchtbarkeit, traf Vorsorge: Allen Tieren und Pflanzen und auch unbeseelten Dingen wie den Steinen nahm sie den Eid ab, ihrem Sohn nichts anzutun. Nur die Mistel hoch oben in den Bäumen übersah sie. Es kam, wie es kommen musste: Freyas zweiter, blinder Sohn Hödur schoss mit einem Pfeil aus Mistelholz auf seinen Bruder und tötete ihn. Die übrige nordische Götterschar stellte die böse Mistel und übergab sie Göttin Freya, um weiteres Unglück zu verhindern. Diese, wahrhaft überirdisch in ihrer Toleranz, rächte sich nicht an dem unglückseligen Grünling in ihrer Obhut, sondern übertrug ihm ihre magischen, liebesfördernden Fähigkeiten.

Ganz so harmlos, wie sie sich den Anschein gibt, ist die Mistel aber nicht. Eigentlich ist der kugelförmige Busch ein Parasit. Die Sandelholzart nistet sich bevorzugt in den Kronen von Laubbäumen ein, wo sie im Winter zwischen kahlen Ästen dekorativ hervorblitzt und gleichzeitig seinem unfreiwilligen Wirt Wasser und Nährstoffe entzieht. „Donnerbesen", „Druidenfuß", „Schwindelkraut", „Hexenbesen" lauten nur einige der vielsagenden Beinamen der immergrünen Pflanze. Die christliche Kirche mochte sie nicht besonders, im Volksglauben spielt sie seit jeher eine umso größere Rolle. Für die Kelten war die Mistel ein Geschenk der Götter, schon sie sprachen ihr Zauberkräfte zu.

„Die Misteln helfen dem Schwindel und nehmen die Blödigkeit des Hirns hinweg"[2], vermerkte Hieronimus Bock in seinem „Kreuterbuch" von 1577 – eine Wirkung, die vielen nach ausgiebiger Zecherei und stundenlangem Small Talk im Familienkreis auch heute noch gelegen kommen dürfte. Gegen Epilepsie und Schwindelattacken wurde das wildwuchernde Gewächs tatsächlich bereits im Altertum eingesetzt, die moderne Medizin entdeckte es für die Krebstherapie. Der Brauch des Küssens unter dem traditionsreichen grünen Tausendsassa ist mittlerweile in der ganzen Welt verbreitet und erhöht den Flirtfaktor des altehrwürdigen Weihnachtsfestes um ein Vielfaches.

Baby-Boom dank Weihnachten

Doch Vorsicht: So mancher hat das „Fest der Liebe" schon zu wörtlich genommen und sich unversehens am Babyboom neun Monate nach Weihnachten beteiligt: Den Zahlen des Bundesinstituts für Bevölkerungsforschung in Wiesbaden von 2010 zufolge kommen im September mehr Kinder auf die Welt als in allen anderen Monaten. Neun Prozent der Neugeborenen wurden demnach um die Weihnachtszeit herum gezeugt, im Jahresdurchschnitt sind dies nur 8,3 Prozent pro Monat. Eine österreichische Studie unterstreicht das Phänomen. Wie die Bundesanstalt „Statistik Austria" 2012 ermittelte, ist das häufigste Geburtsdatum in der Alpenrepublik der 22. September, insgesamt 20 994 Personen können an diesem Tag feiern – acht Prozent mehr als im Jahresdurchschnitt. Rechnet man zurück, so werden also auch im Nachbarland in der kalten, aber scheinbar besonders kuschelintensiven Zeit zwischen Weihnachten und dem Dreikönigstag die meisten Kinder gezeugt. Schon aus diesem Grund wäre es schade, Weihnachten abzuschaffen. Man könnte es stattdessen mit einer revolutionären Idee versuchen und sich auf den Spuren eines großen Vorbilds mit nichts als Nächstenliebe, Zuwendung und vor allem viel Zeit überraschen.

Den heiligen Nikolaus gab es wirklich

Bis heute wissen wir, wie er aussah: Gekleidet in ein priesterliches Messgewand, die hohe Bischofsmütze auf dem Kopf, hielt er in der einen Hand ein Buch, die andere hatte er segnend zum Gruß erhoben. Über Jahrhunderte blickte er in dieser Aufmachung in den Kirchen rund um die Welt in Form von Plastiken und Bildern auf die Gläubigen herab – noch bei seinen heutigen Auftritten im Familienkreis ist ihm dieser Habitus nicht völlig abhanden gekommen.

Der Nikolaus war ein mildtätiger Mann – und ein Freund der Kinder. Diese Tatsache gehört ebenfalls zum überlieferten Steckbrief des populären Heiligen. Aber auch für andere Zielgruppen war er sich nicht zu schade: Vom Seefahrer bis zur Braut, vom Sträfling bis zum Banker – jedem stand der Vielseitigste unter den Wundertätern bei Bedarf hilfreich zur Seite. Über eineinhalbtausend Jahre reicht die Tradition der Nikolausverehrung zurück. Seine überirdischen Leistungen sind in zahlreichen Chroniken nachzulesen. Schier unglaublich also, dass der Nikolaus eine bloße Erfindung sein könnte. Es muss doch einst ein charismatischer Mann gelebt haben, der dem Kult um den vorweihnachtlichen Gabenbringer seine Rechtfertigung gab?

Zwei Priester für einen Heiligen

Nein, muss nicht. Auf die Gefahr hin, so manchen einer scheinbaren Gewissheit aus der Kindheit zu berauben: Den Nikolaus gab es nicht wirklich. Die Figur, so wie wir sie kennen, ist *„ein rein geistiges Konstrukt"*, gibt Volkskunde-Professor Werner Mezger in seinem Buch „Sankt Nikolaus" zu Protokoll, sie ist *„nichts als das fiktive Resultat eines langen ideengeschichtlichen Prozesses"*.

Die Wahrheit ist, dass für einen Heiligen seines Kalibers eine historische Person allein wohl nicht ausgereicht hätte. Gleich zwei Menschenleben waren nötig, um den fabelhaften Gottesdiener entstehen zu lassen: Aus dem Bischof Nikolaus von Myra einerseits und dem fatalerweise gleichnamigen Abt Nikolaus von Sion andererseits entstand im Laufe der Jahrhunderte jene Lichtgestalt unter den Wundertätigen. Schuld daran waren schlampige Geschichtsschreiber, die die Lebensläufe der beiden durcheinanderbrachten. Für diese Art des „Aus-Zwei-mach-Eins", die in der Geschichte übrigens nicht zum ersten und nicht zum letztem Mal vorkam, haben Fachleute einen Begriff: „Kompilation" nennen sie es, wenn mindestens zwei Personen zu einer neuen Figur verschmelzen.

Die beiden Beigaben des legendären Personengemischs lebten dabei nicht einmal zur gleichen Zeit. Nikolaus von Myra soll zwischen 270 und 286 als Sohn reicher Eltern im kleinasiatischen Patara geboren worden sein. Ab dem Jahr 300 soll er als Bischof von Myra, etwa 100 Kilometer westlich vom heutigen Antalya in der Türkei, seinem mirakulösen Tageswerk nachgegangen sein. Im Jahr 343 – behauptet wird am 6. Dezember – ist er angeblich dort gestorben. Wissenschaftlich belegen lässt sich keines dieser Daten. Ob es überhaupt einen Bischof von Myra gab und welche Bedeutung er für seine Gemeinde hatte, bleibt im Dunkeln der Geschichte. Fakt ist: Jenem nebulösen Würdenträger wurde, aus welchem Grund auch immer, eine wundersame Geschichte angedichtet, die den Nikolauskult gegen Ende des 5. Jahrhunderts begründete: die „Stratelatenlegende". Sie berichtet von drei zu Unrecht verurteilten Feldherrn, die durch das beherzte Eingreifen des Kirchenmannes vor der Hinrichtung bewahrt wurden.

Historisch nachweisbar ist immerhin der zweite Nikolaus im Bunde: Er ist mit großer Sicherheit am 10. Dezember 564 gestorben und wirkte als Abt des Klosters von Sion und späterer Bischof von Pinora in der unmittelbaren Nachbarschaft des sagenumwobenen Bischofs von Myra.

Von der namentlichen und örtlichen Übereinstimmung ließ sich wohl jener Biograf verwirren, dem Experten wie der katholische Theologe Manfred Becker-Huberti heute die Schuld an dem ganzen Durcheinander zuschreiben: Simeon Metaphrastes hieß demnach der Geschichtsschreiber, der Mitte des 10. Jahrhunderts eigentlich das Leben des Bischofs von Myra zu Papier bringen wollte, sich dabei aber dazu hinreißen ließ, Höhepunkte aus dem Leben des ebenfalls wundertätigen Abtes von Sion hinzuzufügen. Dass jene angereicherte Version des Bischofs von Myra in der Folge mehr zu bieten hatte als so manch anderer seiner heiligen Kollegen, mag also wenig erstaunen. Ebenso wenig die Tatsache, dass andere Schriftgelehrte von dieser „Sensationsbiografie" derart angetan waren, dass sie sie in ihre eigenen Nikolauserzählungen einfließen ließen.

Mittelalterlicher Held für alle Fälle

In der Ostkirche galt die Gestalt des Nikolaus schon ab dem 9. Jahrhundert als „Hyperhagios", als „Überheiliger", dessen Verehrung beinahe an die der Jungfrau Maria heranreichte. Im Westen dauerte es etwa bis Anfang des 11. Jahrhunderts, dass sich der Nikolauskult flächendeckend durchsetzte. Dafür wurde hier, genauer gesagt im Norden Frankreichs, der Überlieferung eine weitere bedeutsame Wundergeschichte hinzugefügt: Die „Schülerlegende" berichtet von drei jungen Männern, die auf dem Weg zu ihrem Studienort in einem Gasthof übernachten. Der heimtückische Wirt, ein Metzger, bringt seine jugendlichen Gäste um, zerstückelt die Leichen und pökelt sie in einem Salzfass ein. Als Sankt Nikolaus von dem unappetitlichen Geschehen erfährt, erweckt er die Schüler zurück ins Leben – seine Rolle als himmlischer Kinderfreund ist ihm seither gewiss. Auch der im Mittelalter beliebte Brauch der „Knabenbischofsspiele", bei denen die Kinder ihre Anliegen gegenüber Lehrern, Eltern und anderen Autoritätspersonen vertraten, geht auf diese Episode der Nikolausvita zurück. Sein Ruf als Geschenkelieferant haftete dem christlichen Tausendsassa bereits vorher an: Der Legende nach hatte er drei Töchtern eines verarmten Edelmannes zur dringend benötigten Mitgift verholfen, indem er ihnen des Nachts drei kostbare Goldkugeln ins Zimmer warf. Den jungen Damen eröffnete er dadurch beste Heiratsaussichten und vor allem ein anständiges Leben – angeblich soll der verzweifelte Vater zuvor mit dem Gedanken gespielt haben, seine Töchter der Prostitution preiszugeben.

Nicht dass der Mann mit Krummstab und markanter Kopfbedeckung den vorweihnachtlichen Job notwendig gehabt hätte: Schließlich riefen ihn schon die Seefahrer und Binnenschiffer als Patron an. Nicht zimperlich soll er auch ihnen während eines gewaltigen Sturms beigestanden haben. Verliebte, Schwangere, Reisende, Gefangene, Gefängniswärter, ja sogar Diebe und Prostituierte erhoben ebenfalls Anspruch auf die Hilfe des Allrounders unter den Wundertätigen. In der Hochphase des abendländischen Nikolauskults zwischen dem 13. und 16. Jahrhundert mutierte die Figur gänzlich zu einer Art Superheld für jeden Anlass. Wer nur tief genug im Anekdotenschatz der Nikolauslegende kramte, fand meist etwas, um sich seiner Fürsprache zu versichern: Kaufleute, Anwälte, Bankiers und Apotheker verehrten ihn ebenso wie Fuhrleute, Salzsieder, Gefängniswärter, Schneider, Färber, Drechsler und zahlreiche andere Berufsstände. Sogar die Zunft der Metzger (!) meinte ja schließlich schon mit ihm zu tun gehabt zu haben und ihn im Notfall zu Hilfe rufen zu dürfen. „Nikolaus", „Niklas" und „Klaus" wurden wahre Modenamen der damaligen Zeit. Dem Heiligen geweihte Kirchen, Klöster und Kapellen schossen wie Pilze aus dem Boden, und sogar ganze Städte unterstellten sich seinem Patronat. Berühmtes Beispiel ist Amsterdam. Als Bürger die Stadt Neu-Amsterdam in Nordamerika gründeten, behielten sie ihren Schutzheiligen bei – auch als die Stadt später in New York umbenannt wurde. Was Städten billig ist, kann ganzen Völkern nur recht sein, dachten sich Russen, Serben und Kroaten und wählten den heiligen Nikolaus zu ihrem Schutzpatron.

Bari und andere Nikolaushochburgen

Was die Vielzahl der Nikolauslegenden angeht – allein die bekanntesten summieren sich auf über zwanzig –, so vermutet Nikolaus-Experte Werner Mezger, dass ein bereits veranstalteter Kult um eine bestimmte Figur quasi inflationär immer neue Legenden nach sich zieht. Nicht etwa die Legende bedingt den Kult, sondern es spielt sich umgekehrt ab. Je weniger historisch belegbar eine Figur ist, desto ungehemmter scheinen sich Wunschvorstellungen und märchenhafte Erzählungen über diese Gestalt zu entfalten.

Gab es also noch im Spätmittelalter keinen Beliebteren im ganzen Abend- und Morgenland als Nikolaus, so begann der Stern des Heiligen im Westen im Zuge der Reformation zu sinken. Die Ostkirche dagegen kratzte nie am Status des Heiligen. Noch heute widmet die griechisch-orthodoxe Kirche einen ganzen Wochentag, den Donnerstag, seinem Andenken. „Wenn Gott stirbt, dann wählen wir den heiligen Nikolaus zu seinem Nachfolger", lautet ein bulgarisches Scherzwort, das diesbezüglich tief blicken lässt. Aber auch in unseren Regionen ließen sich einige Städte ihre Anhängerschaft an den legendären Kirchenmann nicht vermiesen. Allen voran die Einwohner des italienischen Bari – und dies aus gutem Grund: Als um die Jahrtausendwende muslimische Eroberer in Kleinasien ihr Unwesen trieben, war auch das Grab des Nikolaus in Myra nicht länger vor Plünderungen sicher. Findige Bareser Kaufleute nutzten ihre Chance: Indem sie die Gebeine des Heiligen in den heimatlichen Hafen überführten, konnten sie sich nicht nur zu Gute halten, die sterblichen Überreste des Schutzpatrons der Seeleute gerettet zu haben. Gleichzeitig verfügten sie nun – wie Venedig, Genua, Neapel und andere Seestädte, die etwas auf sich hielten – über die Reliquie eines angesehenen Wundertäters. Ein Vorteil, der sich bis heute in barer Münze auszahlt: Mit dem

„Oleum Sancti Nicolai", jener Flüssigkeit, die angeblich aus dem Sarkophag des Heiligen austritt, machen lokale Händler guten Umsatz. Das in Ampullen erhältliche „Nikolaus-Manna" verspricht allen, die daran glauben, Hilfe bei Zahnschmerzen, schlechten Augen und anderen Leiden unterschiedlichster Natur. Nicht umsonst begeht also die Hauptstadt Apuliens den Jahrestag der Reliquienüberführung, um nicht zu sagen des Reliquienraubes alljährlich mit einem rauschenden Fest.

Luther, das Christkind und andere Ärgernisse

Nördlich der Alpen dagegen machte Martin Luther ab der ersten Hälfte des 16. Jahrhunderts gegen den verdienten Seelenhirten Front. Der Reformator wetterte gegen die Heiligenverehrung im Allgemeinen und gegen den Nikolauskult im Besonderen: Nicht auf die Bischofsfigur zweifelhaften Ursprungs, sondern auf Jesus Christus sollten die Gläubigen ihr Vertrauen setzen, lautete seine Forderung. Auch das ausufernde Brauchtum nebst vorweihnachtlichem Mummenschanz ging dem streitbaren Geistlichen gegen den Strich. Die einst harmlos als „Knabenbischofsspiele" begonnenen Veranstaltungen, bei denen Schüler einen „Bischof" aus ihrer Mitte wählten, vermischten sich im Laufe der Zeit mit älteren Bräuchen und mutierten zu exzessiven Narrenfesten. Scharen haarsträubend verkleideter und lärmender Jugendlicher machten tagelang die Straßen unsicher. Selbst das ehrwürdige Basler Konzil, eine der bedeutendsten Synoden des 15. Jahrhunderts, hatte sich deshalb schon im Jahr 1418 genötigt gesehen, solcherlei Umtriebe zu verbieten.

Wenn schon jemand Geschenke bringen müsse – auch evangelische Kinder wollten schließlich nur ungern auf die gewohnten Gaben verzichten –, dann sei die bessere Alternative das Christkind oder die erwachsene Figur des „Heiligen Christ", meinte Luther. Ohne dass er zunächst selbst diesbezüglich sehr konsequent gewesen wäre: Noch 1535 vermerkt eine Haushaltsrechnung der Eheleute Luther Ausgaben für „Niclasgeschenke". Ein zweiter Schachzug sollte den Verursacher des Übels endgültig der Arbeitslosigkeit preisgeben: Geschenke sollte es danach nicht länger am Nikolaustag geben, sondern – weitaus passender, wie die Reformatoren fanden – am Geburtstag des Herrn, also an Heiligabend. Die Strategie ging auf, zumindest mancherorts: In zahlreichen evangelischen Haushalten sorgte fortan das Christkind an Weihnachten für leuchtende Kinderaugen, die Dienste des Nikolaus waren nicht länger erwünscht. In einigen Gegenden konnte er dies schriftlich haben: etwa im evangelischen Straßburg, wo die Bescherung durch den heiligen Nikolaus 1570 per Ratsbeschluss verboten wurde.

Allerdings hatte Luther die Rechnung ohne seine katholischen Glaubensbrüder gemacht. Anstatt auf das in Misskredit geratene Nikolausfest zu verzichten, inszenierten sie es im Zuge der Gegenreformation einfach um: Es fand nun nicht mehr öffentlich, sondern im Privaten statt. Hatte der Nikolaus vormals seine Geschenke anonym in eigens gebastelten Papierschiffchen oder bereitgestellten Schuhen und Tellern hinterlassen, so trat er nun leibhaftig in Erscheinung. Dabei besonders unangenehm für die Kleinen: In Umkehrung der früheren „Knabenbischofsspiele" mussten sich nicht länger Lehrer und Eltern für ihre Taten rechtfertigen. Der vermutlich in Adelshäusern entstandene Einkehrbrauch sah vielmehr vor, dass die Kinder dem Besucher mit dem goldenen Buch Rede und Antwort standen. Unversehens wurde der einstige Bischof von Myra zum Instrument kirchlicher Pädagogik und war fortan für die Überprüfung von religiösem Streben, Lerneifer und Folgsamkeit des Nachwuchses zuständig. Nichts zu lachen hatte, wer die Fragen der großväterlichen Autorität nicht zufriedenstellend beantwortete, denn immer öfter hatte der Heilige Knecht Ruprecht, Krampus oder einen anderen wilden Begleiter im Schlepptau.

Der Vatikan streicht den Heiligen aus dem Kalender

Kritik am Nikolauskult wurde dennoch in der Folge auch in katholischen Gegenden immer wieder laut. Zum einen waren spätestens nach der Aufklärung Wundertäter seiner Art generell nicht mehr sehr gefragt. Zum andern zeigte auch der Einkehrbrauch schon bald nicht zu leugnende Degenerierungserscheinungen. Der vermeintliche Bischof und seine Begleiter sorgten oftmals mit überzogenen Auftritten und karnevalistischen Verkleidungen – von Zipfelmützen und Blechtrompeten bis zu Ruten und Rohrstöcken führte das ungleiche Gespann alle möglichen Utensilien mit sich – für Belustigung oder helles Entsetzen. Von christlichem Inhalt oder pädagogischem Nutzen war in beiden Fällen wenig übrig geblieben.

Dass dem Nikolaus seine religiöse Bedeutung immer mehr abhanden kam, ließ sich im Zuge der Säkularisierung nicht aufhalten. Den Kindern war's egal, sie hielten ihm auch die Treue, als er zunehmend volkstümliche und folkloristische Züge annahm. Seine Koffer musste der ehrwürdige Alte noch nicht einmal packen, als um 1900 das Christkind mitsamt Weihnachtsfest schließlich auch in katholischen Haushalten Einzug hielt. Der 6. Dezember – der Tag, an dem sein ominöser Urahn, der Bischof von Myra, der Legende nach gestorben war und der im Mittelalter zu seinem Ehrentag avanciert war – blieb weiterhin ihm vorbehalten. Nach wie vor durfte der Nikolaus zu diesem Termin Socken und Schuhe befüllen – nun eben als eine Art „Vorabbescherer".

Heftig traf ihn allerdings im vorigen Jahrhundert ein Schlag, den ihm ausgerechnet die katholische Kirche versetzte. 1968 bestimmte Papst Paul VI., dass ein Heiliger zweifelhafter Evidenz im römischen Generalkalender nicht länger etwas verloren hätte und ließ den Gedenktag des Nikolaus am 6. Dezember als allgemein gebotenen Feiertag streichen. Endgültig vorbei waren damit die großen Zeiten, als etwa auf dem Konzil von Oxford im Jahr 1222 der Nikolaustag innerhalb des kirchlichen Festkalenders als Feierlichkeit erster Klasse ausgewiesen worden war. In der Neuzeit dagegen tat den Katholiken die harsche

Behandlung ihres vermeintlichen Glaubensbruders im Nachhinein nicht etwa Leid, im Gegenteil: 1972 wurde das Urteil bekräftigt, als der von der Vatikanischen Gottesdienstkommission bestätigte Regionalkalender für den deutschen Sprachraum den Nikolaustag als gebotenen Gedenktag ebenfalls nicht mehr aufführte.

Schützenhilfe aus den protestantischen Niederlanden

Abgekanzelt, aus den Gotteshäusern verstoßen, ohne Amt und Würden musste der Nikolaus hierzulande mit Ablauf des 20. Jahrhunderts das Ende seiner offiziellen Laufbahn eingestehen. Und dennoch, abschaffen ließ sich die jahrhundertelange Tradition so nicht: Immerhin hatte die katholische Kirche das bewährte Brauchtum nicht offiziell verboten. Wenn auch als fiktive Figur, so stand der Nikolaus doch immerhin für gute Taten und christliche Nächstenliebe – wer könnte dagegen etwas einwenden? Am wenigsten die Spielzeughersteller und die Schokoladenindustrie, die mithilfe des gutmütigen älteren Herren alljährlich Millionenumsätze einfahren.

Darüber hinaus bekommt der Ex-Heilige tatkräftige Unterstützung von einem Land, von dem man es am wenigsten erwartet hätte: Ausgerechnet die protestantischen Niederländer, die einst den Nikolaus nach Amerika exportierten und der Welt dadurch erst dessen verweltlichten und kommerzialisierten Verwandten namens Weihnachtsmann bescherten, halten die Ehre des traditionellen Gabenbringers hoch: Mehrheitlich bestehen sie bis zum heutigen Tag darauf, ihre Geschenke am 5. Dezember vom Schutzpatron der Seeleute ausliefern zu lassen. Jahr für Jahr reist dieser dafür standesgemäß per Schiff aus Spanien an. Abtrünnigen Zeitgenossen, die, verleitet von Werbung und Medien, unüblicherweise den Weihnachtsmann an Heiligabend mit Geschenken aufwarten lassen, zeigen Brauchtumshüter die rote Karte. Vielerorts werden zwischen „Sinterklaas", wie der Heilige in der Landessprache heißt, und dem Weihnachtsmann gar erbitterte Gefechte ausgetragen. Mancher Bürgermeister erklärte dabei seine Gemeinde zur „weihnachtsmannfreien Zone". Widerspenstige Geschäftsleute, die von doppelten Adventsumsätzen träumen und auf

Santa Claus und Co. in ihrer Auslage nicht verzichten, müssen sich dann über ein aufgepapptes Schild an ihrer Schaufensterscheibe nicht wundern: Ein rot durchgestrichener Weihnachtsmann weist den trivialen Nebenbuhler des altehrwürdigen Nikolaus in seine Schranken.

In Weihnachtsgeschichten geht es besinnlich zu

Bereits in der biblischen Weihnachtserzählung geht es alles andere als harmlos zu: Abgesehen von den beschriebenen grenzwertigen Geburtsumständen hat darin König Herodes seinen Auftritt als Massenmörder unschuldiger Kinder: Der blutrünstige Herrscher wurde *„sehr zornig"*, ist im 2. Kapitel des Matthäusevangeliums zu lesen und *„ließ in Bethlehem und der ganzen Umgebung alle Knaben bis zum Alter von zwei Jahren töten (...). Damals erfüllte sich, was durch den Propheten Jeremia gesagt worden ist: Ein Geschrei war in Rama zu hören, lautes Weinen und Klagen: Rahel weinte um ihre Kinder und wollte sich nicht trösten lassen, denn sie waren dahin."* (Mt 2, 17–18).

Die ambivalenten Aspekte des Geschehens sparten die Dichter der Neuzeit zunächst aus. Stifters „Bergkristall", Storms „Von drauß' vom Walde komm' ich her", Eichendorffs „Markt und Straßen stehn verlassen" – die Liste der besinnlichen Weihnachtslektüre ließe sich über Seiten fortsetzen. Erst gegen Ende des 19. Jahrhunderts geriet das allzu innig inszenierte Familienidyll in Verruf. Die Großen der Literatur bewiesen zunehmend ein gebrochenes Verhältnis zum Fest der Liebe. Freudige Gedanken mochten angesichts des Geschehens unter dem Baum bei ihnen nicht aufkommen. Ironisch, kritisch bis offen abfällig äußerten sie sich zum Thema; zu Satiren, Tragödien und dunklen Poemen fühlten sie sich inspiriert.

Irre Zwerge, stinkende Hunde

Bertolt Brecht wollte von den mystischen Elementen der Geschichte
nichts wissen und brach die Vorgänge im Stall zu Bethlehem mit spar-
samen Worten auf die Realität herunter. In seinem Gedicht „Maria"
berichtet er von einer mittellosen Frau, die in eiskalter Nacht ihr ers-
tes Kind zur Welt bringt: *„Das rohe Geschwätz der Hirten / Verstummte.
/ Später / Wurden aus ihnen Könige in den Geschichten. / Der Wind, der
sehr kalt war / Wurde zum Engelsgesang. /Ja, von dem Loch im Dach,
das den Frost einließ, blieb nur / Der Stern, der hindurch sah."*

Heinrich Böll trieb den Albtraum der weihnachtlichen Feierlichkeiten
in seiner Satire „Nicht nur zur Weihnachtszeit" auf die Spitze. Für seine
Protagonisten ist zwei Jahre lang jeden Abend Bescherung – Tante
Milla zuliebe. Denn die verfällt in einen Schreikrampf, sobald die feiertägliche Stimmung ein Ende zu nehmen droht. Dass dies in der Familie
nicht ohne Auswirkungen bleibt – ihre Mitglieder gehen ins Kloster,
wandern aus oder begeben sich in psychiatrische Behandlung –, ist
nachzuvollziehen. Ihren Beitrag dazu leisteten die gläsernen Zwerge
am Baum, *„die in ihren hocherhobenen Armen einen Korkhammer hielten
und zu deren Füßen glockenförmige Ambosse hingen (…). Sie schlugen wie
irr mit ihren Korkhämmern auf die Ambosse und riefen so (…) ein konzer-
tantes, elfenhaft feines Gebimmel hervor."* Der Entspannung der Situation ebenfalls nicht dienlich war an der Spitze des Tannenbaums *„ein
silbrig gekleideter rotwangiger Engel, der in bestimmten Abständen seine
Lippen voneinander hob und ‚Frieden' flüsterte, ‚Frieden'."*

  Leichter hat es da die Figur im Gedicht „Einsiedlers Heiliger Abend"
von Joachim Ringelnatz – dem Alkohol und der Gesellschaft eines räu-
digen Hundes sei Dank. *„Ich hab' in den Weihnachtstagen – / Ich weiß
auch warum – / Mir selbst einen Christbaum geschlagen, / Der ist verkrüp-
pelt und krumm. / Ich bohrte ein Loch in die Diele / Und steckte ihn da hinein, / Und stellte rings um ihn viele / Flaschen Burgunderwein"*, berichtet
der Ich-Erzähler von seinen einsamen Vorbereitungen. Als es klopft,
vermutet er das Christkind hinter der Tür. Er macht ihm nicht auf, sondern *„dankte auf krumme Weise, / lallend dem lieben Gott"*.

Leichte Mädchen, schwere Besäufnisse

Einen unfrommen Beitrag zur weihnachtlichen Literatur leistete auch der unter dem Pseudonym Klabund veröffentlichende Autor Alfred Henschke. *„Was bringt der Weihnachtsmann Emilien? / Einen Strauß von Rosmarin und Lilien. / Sie geht so fleißig auf den Strich! / O Tochter Zion, freue dich!"*, lauten die ersten Zeilen des Gedichts „Bürgerliches Weihnachtsidyll". Die Familie weiß die Einsatzbereitschaft der jungen Frau nicht zu würdigen, und die Episode endet wenig versöhnlich: *„Papa haut ihr die Fresse breit. / O du selige Weihnachtszeit!"*

In Guy de Maupassants „Heilige Nacht" ist ein Schriftsteller dem ältesten Gewerbe der Welt an Weihnachten durchaus zugetan: *„Paris ist voll von armen und hübschen Mädchen, deren Tisch nicht gedeckt ist und die sich auf der Suche nach einem großzügigen Burschen die Beine vertreten. Ich will für eine dieser Verlassenen den Weihnachtsengel spielen."* Doch die auserwählte Dame hält nicht, was ihre üppigen Rundungen versprachen. Zum Schrecken ihres Galans entbindet sie in seinem Bett ein Kind. Der *„Gipfel des Unglücks"*, so Maupassant sarkastisch: *„Als das Mädchen wieder gesund war, da ... liebte es mich ... leidenschaftlich liebte es mich, das kleine Hurending!"*

Mit subtiler Ironie nähert sich Thomas Mann dem Christusfest. In seinem nobelpreisgekrönten Roman „Die Buddenbrooks", verstößt Christian, der unsolide Bruder des ehrwürdigen Senators, gegen das fadenscheinige Weihnachtsritual, indem er sich mit folgender Erklärung verspätet: *„„Ja, beinahe vergessen, dass heut' Weihnacht ist ... Ich saß und las ... in einem Buch, einem Reisebuch über Südamerika ... Du lieber Gott, ich habe schon andere Weihnachten gehabt ...', fügte er hinzu und war soeben im Begriff, mit der Erzählung von einem heiligen Abend anzufangen, den er zu London in einem Tingeltangel fünfter Ordnung verlebte."* Anschließend schwadroniert er von weihnachtlichen Gelagen und parodiert das großbürgerliche Familientreffen durch allerhand Faxen.

Unheilige Nächte, freudloser Friede

Bei Loriot war nicht nur früher „mehr Lametta", wie er seinen „Opa Hoppenstedt" in einem Fernsehsketch lamentieren lässt. Im Gedicht „Advent" kommt es in puncto weihnachtlichem Familienzoff zum Äußersten: *„Im Forsthaus kniet bei Kerzenschimmer / die Försterin im Herrenzimmer. / In dieser wunderschönen Nacht / hat sie den Förster umgebracht. / Er war ihr bei des Heimes Pflege / seit langer Zeit schon sehr im Wege."*

Erich Kästner lässt in seiner Parodie des Liedklassikers „Morgen, Kinder, wird's was geben" die weihnachtliche Vorfreude ins Leere laufen: *„Morgen, Kinder, wird's nichts geben"*, heißt in seinem Werk „Weihnachtslied, chemisch gereinigt". Und weiter: *„Nur wer hat, der kriegt noch geschenkt! / Mutter schenkte euch das Leben. / Das genügt, wenn man's bedenkt."*

1918 zog Kurt Tucholsky mit seinem Gedicht „Weihnachten" bittere Bilanz des Ersten Weltkriegs: *„Wenn ich so der Knecht Ruprecht wäre / und käm in dies Brimborium / – bei Deutschen fruchtet keine Lehre – / weiß Gott! ich kehrte wieder um. / Das letzte Brotkorn geht zur Neige. / Die Gasse grölt. Sie schlagen Schaum. / Ich hing sie gern in deine Zweige, / o Tannebaum!"* Etwas gelassener bezüglich der Feierlichkeiten zeigte er sich in seinem Werk „Groß-Stadt-Weihnachten": *„So trifft denn nur auf eitel Glück hienieden / in dieser Residenz Christkindleins Flug? / Mein Gott, sie mimen eben Weihnachtsfrieden ... / ,Wir spielen alle. Wer es weiß, ist klug'."*

Angesichts des Schreckens des Zweiten Weltkriegs und des Infernos von Stalingrad hatte das weihnachtliche Heilsversprechen dagegen für den Lyriker Peter Huchel seine Berechtigung endgültig eingebüßt: *„Wie Wintergewitter ein rollender Hall. / Zerschossen die Lehmwand von Bethlehems Stall. / Es liegt Maria erschlagen vorm Tor, / Ihr blutig Haar an die Steine fror"*, so seine Interpretation der Weihnachtsgeschichte im Gedicht „Dezember 1942".

Leidende Kinder, geläuterte Ekel

Immer wieder diente Weihnachten Schriftstellern als Kulisse, um die bestehenden sozialen Verhältnisse zu kritisieren. Fjodor Dostojewski lässt in „Der Knabe am Weihnachtsabend beim Herrn Jesu" einen sechsjährigen Jungen in den Straßen einer unbarmherzigen Metropole erfrieren. In Alfred Polgars Geschichte „Bescherung" ist es ein alter Mann, der kapituliert, als er keinen Käufer für sein Weihnachtsbäumchen findet: *„Und wie der Mann so grübelte, was er vielleicht doch noch für sich und seinen Baum tun könne, fand er eine Lösung. Er hängte seine Kleiderlumpen an die Äste, legte sich auf die steifgefrorene Erde und überließ das weitere den fünfzehn Graden unter Null."* Unter seinen Kollegen sei es seit alters üblich, jährlich zu Weihnachten mehrere Knaben und Mädchen erfrieren zu lassen, ätzte Maxim Gorki angesichts der Inflation trauriger Geschichten dieser Art.

„Wenn's nach mir ginge, (…) müsste jeder Idiot, der mit dem Spruch ‚fröhliche Weihnachten' herumläuft, in seinem eigenen Pudding gekocht und mit einem Stechpalmenzweig durchs Herz begraben werden, das geschähe ihm Recht." Derart unfreundliche Worte legte Charles Dickens seinem Helden Scrooge in dem berühmten Weihnachtsmärchen „A Christmas Carol" in den Mund. Zu guter Letzt wird das personifizierte Ekel durch die Vermittlung dreier Geisterwesen immerhin doch noch zum Weihnachtsanhänger bekehrt.

Totgeschriebene leben länger

Kritischen Autoren machte es das Thema leicht, den Finger auf die Wunde zu legen. Denn schon mit Beginn des 20. Jahrhunderts lag der Widerspruch zwischen ursprünglicher Botschaft und den Auswüchsen der Feier auf der Hand. Kommerz statt Bescheidenheit, Gefühlsduselei statt wahrer Nächstenliebe standen beim Fest der inszenierten familiären Rührung schon damals auf dem Programm. *„Unsere Weihnacht ist, von den paar wirklich Frommen abgesehen, ja schon wirklich lange eine Sentimentalität. Zum Teil ist sie noch Schlimmeres geworden,*

Reklameobjekt, Basis für Schwindelunternehmungen, beliebtester Boden für Kitschfabrikation", kanzelte Hermann Hesse 1917 die aus dem Ruder gelaufene Veranstaltung ab.

Bei allen Hieben, die Weihnachten einzustecken hatte – meist war es die Form und nicht der Inhalt des Festes, an dem sich die Autoren störten. Jenseits von Kitsch, Flitter und falschen Sentimentalitäten konnten sie dem Anlass durchaus etwas abgewinnen, wie die in dem Buch „Das Weihnachten der Dichter" des katholischen Theologen Karl-Josef Kuschel versammelten Aussagen von Schriftstellern belegen. So konnte sogar Hesse am Ende seiner Abrechnung mit Weihnachten nicht umhin einzulenken: *„Zündet euren Kindern die Weihnachtsbäume an! Lasset sie Weihnachtslieder singen! Aber betrüget euch selber nicht, seid nicht immer und immer wieder zufrieden mit diesem ärmlichen, sentimentalen, schäbigen Gefühl, mit dem ihr eure Feste alle feiert! Verlangt mehr von Euch! Denn auch die Liebe und Freude, das geheimnisvolle Ding, das wir ,Glück' nennen, ist nicht da oder dort, sondern nur ,inwendig in uns',* so der salomonische Ratschlag des Nobelpreisträgers von 1946.

„Störe die Weihnacht nicht – über sie leuchtet der Engel der Liebe", nahm die deutsch-jüdische Dichterin Else Lasker-Schüler das Fest in ihrem Werk „Der Weihnachtsbaum" in Schutz. Und Thomas Mann schrieb: *„Ich werde die Liebe zu den Zaubern des Weihnachtsfestes nie verlernen (…). Man träumt vom Schicksal und Rätsel des Menschen, seinem geistigen Wesen, seiner leiblichen Not und Schuld. Und man glaubt zu begreifen, was Gnade, was Liebe, was Hoffnung ist, und empfängt in der Seele den Sinn des Wortes ,Denn euch ist heute der Heiland geboren'."*

„Für mich ist die Weihnachtsgeschichte die größte Utopie, die sich denken lässt", befand Rhetorikprofessor Walter Jens. *„Nur, dass es sich im uneigentlichen Sinn um eine Utopie handelt, weil der Ort, der Stall, die Höhle, die Weide der armen Leute, sehr genau gezeichnet ist: Frieden garantiert durch die Benachteiligten"*, so der Tübinger Wissenschaftler und Literat.

Sinnentleerte Weihnachtslieder

Weihnachtliche Musikstücke gibt es ebenso wie weihnachtliche Literatur in unüberschaubarer Zahl. Mit einem Übermaß an Kritik hatten die liedgewordenen Weihnachtsgeschichten jedoch nie zu kämpfen, dafür aber mit einer fortschreitenden Sinnentleerung.

Ob „Kling, Glöckchen, klingelingeling", „Lasst uns froh und munter sein", „O Tannenbaum", „Schneeflöckchen, Weißröckchen" oder „Leise rieselt der Schnee" – schon jene im 19. Jahrhundert verfassten Klassiker hatten mit der eigentlichen christlichen Weihnachtsbotschaft nichts mehr zu tun. Ein Vorwurf, den man dem bekanntesten Lied aus dieser Zeit nicht machen kann. Das 1818 in der Dorfkirche von Oberndorf bei Salzburg uraufgeführte „Stille Nacht, heilige Nacht" berichtet in zugegeben ziemlich süßlicher und verklausulierter Form von der Geburt des *„Knaben in lockigem Haar"*. *„Durch der Engel Halleluja. Tönt es laut von fern und nah, Christ, der Retter ist da"*, heißt es in der sechste Strophe, und mit solcherlei Inhalt ist das Werk einigermaßen nah dran an der biblischen Weihnachtsgeschichte. Das von Franz Xaver Gruber komponierte und von Josef Mohr getextete Lied wurde in 300 Sprachen und Dialekte übersetzt.

Mithalten in der Riege der „echten Weihnachtslieder" kann da allenfalls die Neuschöpfung eines italienischen Marienliedes – auch sie wurde weltweit bekannt. Von Johannes Daniel Falk stammt die erste deutsche Fassung, Heinrich Holzschuher münzte diese 1826 auf Weihnachten um: *„O du fröhliche, o du selige, gnadenbringende Weihnachtszeit! Welt ging verloren, Christ ist geboren: Freue, freue dich, o Christenheit!*

Vom Choral zum Christmas-Hit

Die Geschichte der weihnachtlichen Klänge ist nicht nur lang, sondern auch äußerst wechselhaft, wie Weihnachtsforscher Manfred Becker-Huberti aufzeigt: *„Vom ernsten hymnischen Lied in der Kirche zum kirchlichen Wechselgesang, zum zelebrierten Kunstlied im Salon, heimeligen Familiengesang (…), von nationalsozialistischen braun-wabernden Ge-*

fühlsschnulzen zu vermarkteten Christmas-Hits und Weihnachtsraps:
Das Weihnachtslied hat vieles auszuhalten und ausgehalten."

Bei den kirchlichen Weihnachtsfeiern im westlichen Kulturkreis kam man schon bald nicht mehr ohne musikalische Untermalung aus. Zunächst sang der Priester seine Hymnen vor der Gemeinde allein, aber auch vielstimmige Choräle kamen in der Spätantike bereits zum Einsatz. Im Mittelalter vermischten sich diese mit sogenannten „Leisen": Wechselgesängen, bei denen das Volk kleinere Passagen in seiner eigenen Sprache singen durfte. Die weihnachtliche Musik entwickelte sich anschließend im Umfeld von in Kirchen und Klöstern aufgeführten Weihnachtsspielen weiter – Hirten- und Krippenlieder entstanden in großer Zahl. Im Zuge der Reformation trug Martin Luther seinen Teil zum weihnachtlichen Liedgut bei: Dem in lateinischer Sprache abgefassten Repertoire der Katholiken stellte er ausdrucksstarke deutsche Texte entgegen, etwa das bis heute gebräuchliche „Vom Himmel hoch, da komm ich her". Im 17. und 18. Jahrhundert entstanden feierliche Weihnachtsoratorien, allen voran das von Johann Sebastian Bach; andere Komponisten schrieben die weihnachtliche Musikgeschichte bis heute fort.

Schluss mit allzu Ernstem

Im letzten Jahrhundert waren die weihnachtlichen Klänge nicht mehr nur in ihrer ursprünglichen Wirkungsstätte – Kirche und Familie zu hören, sondern machten sich in Kaufhäusern sowie in Funk und Fernsehen breit. In Endlosschleife rühren sie dort seither die Werbetrommel für das Fest der Liebe – und für die dazu passenden Konsumartikel. Allzu ernster weihnachtlicher Unterhaltung wirkten auch die ersten US-amerikanischen Weihnachtshits entgegen, die nach dem Zweiten Weltkrieg über den Atlantik schwappten. Die Vermittlung der christlichen Botschaft war ihre Sache weniger als vielmehr die Verbreitung von Ferienstimmung, guter Laune und das Besingen der Vorfreude auf das Fest. Im Gepäck des gleichnamigen Films erreichte so etwa 1954 der Song „White Christmas" den europäischen Kontinent: „*Ich träume von weißen Weihnachten, genauso wie die, an die ich mich erinnere. Wo die Baumspitzen glitzern und die Kinder horchen, um Schlittenglocken im Schnee zu hören*", bringt Bing Crosby darin schmachtend vor. Ebenso wie bei dem von Frank Sinatra, Dean Martin und zahlreichen anderen Künstlern eingespielten „Let it snow" handelt es sich bei dieser Komposition eigentlich um ein reines Winterlied. Dies trifft auch auf das nicht minder bekannte „Jingle Bells" zu: „*Klingt Glöckchen, klingt Glöckchen, klingt den ganzen Weg. Oh welch Freude ist es, in einem einspännigen offenen Pferdeschlitten zu fahren*", so dessen unbeschwert dahinbimmelnder Inhalt. Weihnachten wird mit keinem Wort erwähnt. Das Lied nutzt wie viele andere lediglich Klangeffekte, die mit Weihnachten assoziiert sind, etwa Glocken, Orgeln oder Chöre.

Last Easter, I gave you my heart

Martin Luther, Josef Mohr und andere für den Lohn Gottes arbeitende Künstler in allen Ehren – in unseren Tagen scheint es eher so zu sein, wie es Nick Hornby in seinem Bestseller „About a Boy" beschreibt: Wer einmal in seinem Leben einen Weihnachtshit landet, hat dank sprudelnder Tantiemen für Generationen ausgesorgt. Kein Wunder also, dass jede einigermaßen bekannte Popgröße danach trachtet, sich ein Stück vom weihnachtlichen Hit-Kuchen abzuschneiden. Erlaubt ist, was gefällt: Rockig und weltanschaulich unbedenklich läutet Bruce Springsteen mit „Santa Claus Is Coming To Town" in den Radiosendern der neuen und alten Welt die Adventszeit ein. Auf den „Winter Wonderland"-Zug sprangen mit einer Interpretation des gleichnamigen Klassikers Diana Ross, Anni Lennox, Macy Gray und unzählige andere Sängerinnen auf. „All I want for christmas is you" teilt unter anderen Mariah Carey alljährlich der Welt mit. Den größten Coup in Sachen gewinneinbringender Weihnachtsbeschallung landete jedoch die Gruppe „Wham!". „Last Easter, I gave you my heart" dichteten George Michael und Kollege Andrew Ridgley der Legende nach angeblich zunächst – der bekannteste Weihnachtssong aller Zeiten nebst geschätzter 400 Coverversionen wäre seiner Fangemeinde damit fast entgangen.

IRRTUM 4:

Der Lichterketten-Wahnsinn hat mit Weihnachten nichts zu tun

Oh, du kitschige Weihnacht, greller die Lichter nie strahlen, lautet die Devise, mit der der Lichterketten-Wahnsinn in der Vorweihnachtszeit in Fußgängerzonen und Vorgärten Einzug hält.

Einer der ersten Vorboten dieser sich rasant ausbreitenden Krankheit: der Plastikweihnachtsmann. Übergewicht und schwerem Gepäck zum Trotz versucht er sich alle Jahre wieder als Fassadenkletterer. Dass er seinem Ziel je einen Zentimeter näher gekommen wäre, wurde bislang nicht berichtet. Zeigt sein Besitzer ein Einsehen, platziert er den behäbigen Dauergrinser deshalb gleich auf dem winterlich verwaisten Balkonstuhl. Oder er krönt mit dessen rot beleuchtetem Wanst ein liebevoll zusammengestelltes Fensterbank-Ensemble aus fluoreszierenden Eiszapfen, flackernden Weihnachtssternen und inwendig erstrahlenden Eichhörnchen. Bedenkliche Formen nimmt die Beleuchtungssucht an, wenn gestandene Familienväter unter Einsatz ihres Lebens zentnerschwere Rentiere nebst Schlitten und Geschenken auf Dächer bugsieren. Strahlt das luftige Arrangement mit dem Lichterkettenmeer an Garage, Regenrinne oder Zaun um die Wette, sind die Hausherren glücklich – die Nachbarschaft oft weniger.

Einen nicht immer positiven Ruf in ihrer Umgebung genießen auch jene Lichter-Maniaks, die zu exzentrischen Regisseuren ihres eigenen schrillen Adventsschauspiels werden. Aus Tausenden bunten Lämpchen inszenieren sie im heimischen Garten eine psychedelisch anmutende Weihnachtsgeschichte. Der Fantasie setzen sie bei solchen Happenings keine unnötigen Grenzen – neben Ochs und Esel bekommen auch blinkende Elefanten, Pinguine, Seehunde oder Gartenzwerge ihre Chance als weihnachtliche Statisten. Selbst die Hüter des guten Geschmacks bleiben vom grassierenden Lichterwahn selten verschont. Mancher fand zu guter Letzt ein schlichtes Buchsbäumchen, um das er verschämt eine Leuchtgirlande wickelte, um es im Geiste zum veritablen Weihnachtsbaum werden zu lassen.

Greller Glanz statt Gottes Demut

Durchschnittlich sechs Leuchtdekorationen leistete sich jeder deutsche Haushalt zuletzt, so die Ergebnisse einer Umfrage des Energieversorgers „LichtBlick". Bundesweit schimmerten 2011 demnach hochgerechnet rund 8,5 Milliarden kleine Lichter in weihnachtlichem Glanze. 500 Millionen Kilowattstunden Strom verschlang das Lichterspektakel dabei – eine Menge, mit der 140 000 Haushalte gut ein Jahr lang über die Runden gekommen wären. Eine Verschwendung, über die die Könige unter den Hobbybeleuchtern, die US-Amerikaner, dennoch nur müde lächeln können. In ihrem Land sind ganze Dörfer vom LED- und Glühbirnen-Virus befallen. Gemeinschaftlich werkeln deren Bewohner an Lichtinstallationen, mit denen sie die Konkurrenz in den landesweiten Wettbewerben um das gelungenste „Weihnachts-Wonderland" alt beziehungsweise blass, lichtschwach und einfallslos aussehen lassen wollen. Ortsansässige Tageszeitungen veröffentlichen für die zunehmende Zahl der Beleuchtungstouristen eigens Karten, die den Weg zu jenen Anwesen weisen, auf denen die Elektrokeule aus dem Baumarkt am beeindruckendsten zugeschlagen hat. Wahre Lichterketten-Enthusiasten sind im Land der unbegrenzten Dekomöglichkeiten daran zu erkennen, dass sie sich einen eigenen Generator in den Garten stellen. Vorsichtshalber, damit ihr lichtgewordener Weihnachtstraum nicht am Ende das lokale Stromnetz zum Erliegen bringt.

Ob die Drei Weisen aus dem Morgenland in der lichtergefluteten Vorweihnachtszeit den Stern von Bethlehem heute noch ausmachen könnten? Daran zweifelte zuletzt auch der Papst. 2011 kritisierte Benedikt XVI. anlässlich der Christmette im Petersdom, Weihnachten sei zu einem *„Fest der Geschäfte geworden, deren greller Glanz das Geheimnis der Demut Gottes verdeckt"*. Der Pontifex forderte die Gläubigen auf, *„durch die glänzenden Fassaden dieser Zeit hindurchzuschauen bis zu dem Kind im Stall von Bethlehem"*, denn dort seien die wahre Freude und das wirkliche Licht zu entdecken.

„Ich bin das Licht der Welt"

Und trotzdem: Wer nun meint, die fröhlich leuchtenden Begleiterscheinungen der Vorweihnachtswochen seien nichts als Kommerz und hätten mit der christlichen Tradition des Weihnachtsfestes rein gar nichts zu tun, liegt falsch. *„Ich bin das Licht der Welt"*, lässt Jesus die Menschheit im Johannesevangelium ganz unbescheiden wissen. Wer ihm nachfolgt, hat künftig keine dunklen Tage mehr zu befürchten, denn er *„wird nicht in der Finsternis umhergehen, sondern wird das Licht des Lebens haben"*, so das Versprechen (Joh 8, 12). Ab dem 4. Jahrhundert nutzten die Christen dementsprechend die sich selbst verzehrende Kerze als Symbol für den Messias in ihren Gottesdiensten. Schon in den Riten vorchristlicher Kulturen war Licht stellvertretend für die Lebenspendende Energie der Sonne gestanden. Das Entzünden von Leuchtmitteln jeglicher Art hatte als heilige Handlung gegolten. In der Bibel spielt es als Zeichen für Gott und als Urbild des Lebens, des Glaubens und der Auferstehung an zahlreichen Stellen eine Rolle.

Nicht zu Unrecht können also Christbaumkerzen und anderer leuchtender Zierrat von sich behaupten, zeitgemäße Repräsentanten jenes uralten Lichterkultes zu sein. Im Advent – abgeleitet vom lateinischen „adventus", die Ankunft – freuen sich die Christen auf das baldige Eintreffen des Messias. Wer möchte es ihnen verübeln, wenn sie anlässlich dieses bedeutenden Ereignisses Straßen und Häuser herausputzen und festlich erleuchten? Dass sich über Geschmack streiten lässt, steht dabei auf einem anderen Blatt. Ebenso wie die Tatsache, dass Industrie und Einzelhandel das Fest der Liebe erfinden müssten, wenn es dasselbe nicht schon gäbe: Drei Milliarden Euro ließen sich die Deutschen einer Hochrechnung im Auftrag der Frankfurter Messegesellschaft zufolge 2011 ihre Weihnachtsdekoration kosten. Eine Trendumkehr in Richtung einer bescheideneren Ausgestaltung des Festes ist – Traditionsbewusstsein hin, Papstkritik her – nicht zu erwarten.

Brandgefährdetes Schlaraffenland

Dabei hatte alles ganz bodenständig begonnen: Nachdem sich ab dem 17. Jahrhundert die Sitte eingebürgert hatte, Dekoartikel an Bäumen unterzubringen, war es anfangs vor allem essbarer Schmuck, der die Herzen an Weihnachten höher schlagen ließ. Äpfel, Oblaten und Zucker hatte jener frühe Gabenträger zu bieten, von dem um 1605 ein Besucher der Stadt Straßburg schwärmte. Aber auch Nüsse, Gebäck in Figurenform – Lebkuchen etwa oder die berühmten, in Holzmodeln geformten Springerle aus anisgewürztem Eierteig – sowie Pflaumen, Rosinen und anderes Obst gehörten zu den handfesten Weihnachtsfreuden der ersten Stunde. Da der solcherart behängte Baum nicht etwa an Heiligabend, sondern meist erst am Neujahrstag oder zum Dreikönigstag abgeerntet werden durfte, wies sein Schmuck an weniger sichtbaren Stellen bald verdächtig kahle Stellen auf. Kein Wunder: Süßigkeiten waren vor der Entwicklung der Zuckerrübenindustrie seltene Kostbarkeiten und nicht nur bei Kindern heiß begehrt. Dass es in Haushalten, die es sich leisten konnten, in der Folge wahre „Freßbäume" gegeben haben muss, lässt ein Beitrag des Simplicianischen Wundergeschichtskalenders aus dem Jahre 1795 erahnen. Ein Nürnberger Autor beschreibt darin einen riesigen Laubbaum, dessen Zweige fast die Hälfte eines Raumes einnahmen und der seine Betrachter in ein weihnachtliches Schlaraffenland versetzte: *„An allen Aestchen und Zweigen hiengen nun allerhand kostbare Conditor- und Zuckerwaren, als:*

Engel, Puppen, Thiere und dergleichen (…). Ferner hing auch vergoldetes Obst, von allen Sorten, in großer Menge daran, so daß man unter diesem Baum wie in einem Speisegewölbe sich befand. " Beklagenswert findet der Schreiber lediglich *„daß nicht auch Schinken und Bratwürste und Schwartenmägen, Ochsenfüße nebst gebratenen Tauben dran hiengen."* Dafür waren seine Zweige *„mit einem goldenen Netz"* aus tausenden aneinandergereihten Haselnüssen und einer *„unzählichen Menge Wachslichtlein"* versehen.[2]

Vor allem Letztere bedeuteten wahren Luxus, denn Bienenwachskerzen waren teuer und lange Zeit der Oberschicht vorbehalten. Erschwinglicher wurden sie erst durch die Erfindung der Wachsersatzstoffe Stearin im Jahr 1818 und Paraffin 1830. Davor entzündeten die Ärmeren an Heiligabend wie an jedem anderen Tag einfache Talgfunzeln. Erfindungsreichere Geister befüllten Nussschalen mit Rüböl und versuchten diese Machwerke mittels Stecknadeln am Christbaum zu befestigen – ein ebenso mühseliges wie brandgefährliches Unternehmen.

Schmücken, bis die Augen tränen

Über die Jahrhunderte erwies sich der Christbaumschmuck als ein Wunder an Anpassungsfähigkeit. Stets ordnete er sich dem Zeitgeist, aber auch den finanziellen Möglichkeiten und persönlichen Einstellungen seiner Besitzer unter. Während die Reichen an Weihnachten bald überladene, mit teuren Geschenken behängte Bäume präsentierten, ergänzte das einfache Volk den wenigen essbaren Christbaumschmuck kurzerhand durch Selbstgebasteltes. Von *„roßen auß vielfarbigem papier geschnitten"* und *„Zischgolt"* berichtete jener bereits erwähnte unbekannte Elsaß-Reisende des Jahres 1605.[3] Eine Vorliebe für alles, was golden glänzte, hatten nämlich schon damals auch die weniger Begüterten, und wenn sie es sich leisten konnten, investierten sie in Rauschgold, sprich hauchdünn geklopftes Messingblech.

Als progressive Geistliche gegen Mitte des 19. Jahrhunderts erste Weihnachtsbäume in ihren Kirchen aufstellten, waren dort selbstredend religiöse Motive Pflicht. Rote Äpfel, rote Schleifen und goldene Nüsse wurden aus der Tradition der mittelalterlichen Paradiesspiele übernommen. Auch Strohsterne wurden als adäquat angesehen: Die Form versinnbildlichte den Stern von Bethlehem, das Material sollte an das Stroh in der Krippe erinnern. Kreuze, Krippenfiguren und Oblaten waren ebenso geduldet wie wenig später Spruchbänder mit Aufschriften wie „Ehre sei Gott in der Höhe", Fische als Symbol für Jesus Christus oder Verkündigungsengel, die die Spitze des Baumes krönten. Zum Missfallen von Puristen konnten es sich die Gläubigen jedoch bald nicht mehr verkneifen, das allzu streng anmutende religiöse Potpourri in den eigenen vier Wänden durch ein Vögelchen hier und ein putziges Zwetschgenmännchen dort ein wenig aufzupeppen.

Zunehmend schmaler wurde der Grad zwischen Kunstfertigkeit und Kitsch, als sich gegen Mitte des 19. Jahrhunderts die Christbaumschmuckindustrie entwickelte und das Bedürfnis nach immer prunkvolleren Gegenständen im Übermaß erfüllte. *„Der Baum muß glänzen, glitzern, funkeln, blenden, daß einem die Augen übergehen"*, kritisierte das Familienjournal „Die Gartenlaube" bereits 1893 die in Mode gekommene weihnachtliche Protzerei. *„Da giebt es goldig und grün schillernde Kerzenhalter, blitzende Eiszapfen, silbern schimmernde Blüthen, in deren Kelchen die Lichter ihren Strahl tausendfach brechen, blau blinkende Sterne mit silbernen Kometenstreifen, goldiges und farbiges Engelshaar, dazwischen farbenglühende Schmetterlinge und gaukelnde Kolibris"* beschreibt der Autor, wohl etwas ironisch überzogen, das Angebot an Nippes aller Art.[4]

Glas, Perlen und „versilbertes Sauerkraut"

Die erste Christbaumkugel war der Geniestreich eines Glasbläsers aus dem thüringischen Lauscha. Er kam auf die Idee, eine der kleinen Schmuckperlen, die dort bereits seit 1770 hergestellt wurden, zu vergrößern und mit einem Messinganhänger zu versehen. Das entstandene Schmuckstück war zwar längst nicht so federleicht wie seine heutigen Nachfolger, aber doch um einiges handlicher als die schaumgoldüberzogenen Lehmklumpen, die als stilisierte Äpfel bis dahin die Zweige der Weihnachtsbäume niedergedrückt hatten. Um 1840 ging die phänomenale neue Glaskugel, anfangs noch mittels einer giftigen Bleischicht zum Leuchten gebracht, in Produktion. Andere kunstvolle Glaskreationen wie Baumspitzen, Glocken und Tiere kamen bald hinzu. In den letzten Jahrzehnten des 19. Jahrhunderts exportierten die Thüringer Glasbläser den Weihnachtsschmuck, den sie gegen geringen Lohn in Heimarbeit anfertigten, in die USA und in alle Welt. Konkurrieren konnten mit ihnen allenfalls die fleißigen Kunsthandwerker im böhmischen Gablonz. Sie fädelten, ebenfalls in Heimarbeit, farbige Perlen und Glasstifte auf Draht auf und ließen so fantasievollsten Baumbehang entstehen. Weihnachtliche Kassenschlager wurden auch die „leonischen Waren", die seit den 1870er Jahren in der Nürnberger Gegend hergestellt wurden: Feine Drahtgespinste aus Metall, versilberte und vergoldete Kupferfäden und gegen Ende des Jahrhunderts auch das erste Lametta oder „versilberte Sauerkraut", wie es der Volksmund hämisch bezeichnete: jene heute aus der Mode gekommenen dünnen Metallstreifen aus Stanniol.

Ungenierter als je zuvor stellte der Weihnachtsbaum in den Gründerjahren also seine funkelnde Pracht zur Schau. Die Industrialisierung setzte ein, das Bürgertum kam zu wachsendem Wohlstand, und die grünen Repräsentanten des Hauses schienen wie dafür geschaffen, die Freude am Leben facettenreich auf ihrem nadelnden Kleid zu spiegeln. Klemmkerzenhalter waren nun praktischerweise erfunden worden, um all den Reichtum mit geringerem Brandrisiko als zuvor ins rechte Licht zu setzen. Drehbare Baumständer sorgten dafür, dass kein Quadratzentimeter des weihnachtlichen Investments unbeachtet blieb. Falsche Bescheidenheit schien in jener Zeit nicht angesagt, schließlich hatte sich selbst der König von Preußen und spätere erste deutsche Kaiser, Wilhelm I., als Christbaumfan geoutet. Während des Deutsch-Französischen Krieges verbrachte er den 24. Dezember 1870 nebst Generälen und der ganzen Familie unter einem strahlenden Tannenbaum – ausgerechnet im Schloss von Versailles. Der lang währende Vorbehalt mancher Franzosen gegenüber dem „deutschen Weihnachtsbaum" mag da nicht verwundern.

Kunst, Krieg und Kritik am Baum

Keine Gnade fand der kunterbunte Pomp auch vor den Künstlern des Jugendstils. Geschmacklosigkeit attestierten sie zu Beginn des 20. Jahrhunderts den überladenen Bäumen ihrer Zeit. Verdammenswert fanden sie vor allem Schmuckstücke, die in der Natur noch nicht an Nadelgewächsen gesichtet worden waren – Äpfel oder Süßigkeiten etwa. Die Dekoration müsse naturalistischer werden, fanden sie und schlugen Glitzerwatte als Schneeimitation sowie Tannenzapfen, Eiszapfen und weiße Kerzen als jahresendzeitlichen Behang vor. Manche praktisch veranlagte Hausfrau rückte damals ihrem gesammelten Glasnippes mit Wasser und Seife zu Leibe, um die bunte Gelatinefarbe von ihm abzuwaschen und den neuesten Trend in Sachen Christbaumschmuck nicht zu verpassen.

Dass der Weihnachtsbaum gegen die Strömungen seiner Zeit nicht ankam, musste er auch im Ersten Weltkrieg feststellen: Man heftete ihm Trommeln und Gewehre, ja sogar Handgranaten und Bomben ans grüne Revers. Auch die Nazis erwiesen sich als passionierte Weihnachtsbaumdekorateure und versuchten, das unliebsame christliche Symbol mittels Runen, Hakenkreuz und Sonnenrad zum germanischen „Julbaum" umzudeuten. Nach dem Zweiten Weltkrieg ließ man es bescheiden angehen und hängte neben den verbliebenen Flitter aus Vorkriegstagen jene fadenscheinigen Neuerwerbungen, die aus recycelten Aluminiumblechen der Flugzeugindustrie oder überflüssig gewordenen Augenscheiben von Gasmasken gefertigt wurden.

In Ostdeutschland firmierten Weihnachtsbaum und Christbaum aus ideologischen Gründen bald in „Schmuckbaum" um. Dekoartikel mit christlicher Symbolik kamen für jenen DDR-konformen Bäumling nicht länger infrage – angeblich beschäftigten sogar harmlose Engel die Obrigkeit und man versuchte für sie im Amtsjargon die Bezeichnung „Jahresendzeitflügler" durchzusetzen. Im Westen stiegen im Zuge des Wirtschaftswunders die Ansprüche, und man investierte in ein Sammelsurium bunter Kugeln und heimelig anmutender Schnitzereien. Reaktionäres Blendwerk nach Meinung mancher

Jungrevoluzzer, die den Weihnachtsbaum in den 1960er Jahren am liebsten abgeschafft hätten. Dennoch überlebte er auch die nächsten Jahrzehnte – mal im Zuge der Ökologiebewegung politisch korrekt mit Strohsternen und viel Holz und Papier geschmückt, dann wieder behängt mit dezent Fliederfarbenem bis grell Pinkem aus Fernost, als es ab den 1980er Jahren gerne wieder etwas üppiger sein durfte.

Interpretationen von fettig bis verkohlt

Was wahre Kreativität am Baum bedeutet, stellt alljährlich die Staatliche Hochschule für Gestaltung in Karlsruhe unter Beweis. Nach dem Motto „freut euch über ihn, hasst ihn, zerstört ihn und belebt ihn wieder" sind Studenten, Professoren und Mitarbeiter der Hochschule, aber auch Gestaltungsfans aus ganz Europa aufgerufen, ihre Ideen zum Thema Weihnachtsbaumdesign einzureichen. Die Vorschläge, die anschließend in der Schau „Oh Tannenbaum!" präsentiert werden, reichen von innovativ bis grotesk: Der Christbaum steckte in den Ausstellungshallen schon im Weckglas, glühte rot und spendete Wärme in Form eines Heizstrahlers oder setzte sich aus gestapelten Pommes frites zusammen. Die verkohlten Reste einer Tanne waren ebenso zu bewundern wie ein Schokobrunnen, aus dem schleimig-grüne Flüssigkeit quoll oder ein Baum aus gelbem Fett auf einem Filzsockel als Reminiszenz an Joseph Beuys.

Darf der Weihnachtsbaum bei der Behandlung durch die Kunst meist nicht einmal seine Kerzen behalten, ließ er sich in bürgerlichen Haushalten seinen Lichterglanz über alle Zeiten hinweg nicht nehmen. Einzig, dass die nach Bienenwachs duftenden und romantisch schimmernden echten Kerzen im Laufe der Zeit durch elektrische Doubles abgelöst wurden, ließ sich nicht verhindern. 1880 hatte Thomas Edison, der Erfinder der Glühbirne, sich als dessen Weiterentwicklung die Lichterkette ausgedacht und damit sein Labor im kalifornischen Menlo Park dekoriert. 1895 versah der amerikanische Präsident Grover Cleveland den Baum im Weißen Haus mit elektrischen Kerzen, sechs Jahre später brachte die General Electric Company die erste elektrische Lichterkette für jedermann auf den Markt. Weniger brandgefährlich allemal, stießen die Kunstlichter mit ihrer unterkühlten Ausstrahlung hierzulande dennoch lange Zeit auf wenig Begeisterung: Elektrische Christbaumbeleuchtung könne „*nur als grober Stilbruch empfunden werden, der die Symbolwerte ignoriert und damit auch die Gemütswerte zunichte macht. Sie ist der kommerziellen Werbung anheim gestellt; in unsere Häuser gehört sie nicht*", wettert noch Ende der 1980er Jahre der Theologieprofessor Bernhard Klaus in seinem Buch „Weihnachtszeit". Mittlerweile hat sich der Bestseller der Elektroindustrie jedoch auch hierzulande durchgesetzt, zwei Drittel der Deutschen schmücken ihren Weihnachtsbaum mit elektrischen Kerzen.

Als Kompromiss in Sachen Traditionsbewusstsein und Brandschutz böte sich der Adventskranz an – immerhin sind nur vier bescheidene Kerzen zu seiner Illumination nötig. Als dessen Vorläufer gilt der mit 24 Kerzen bestückte Kronleuchter, den der pietistische Pfarrer Johann Hinrich Wichern in der Vorweihnachtszeit des Jahres 1850 für seine Zöglinge in der Hamburger Erziehungsanstalt „Rauhes Haus" entzündete. Wohl der dauernden Fragerei der Schüler überdrüssig, gab er ihnen einen simplen Zeitmesser an die Hand: Je mehr Kerzen auf dem Kranz erstrahlen, desto näher rückt die Ankunft des Gottessohnes – und desto eher konnten sie mit der Bescherung rechnen. Eine andere Möglichkeit, ohne profane Lichterketten auszukommen, wäre es, jene selbstleuchtenden Bäume abzuwarten, die derzeit ein britisches Nachwuchsforscherteam entwickelt. Die Wissenschaftler erzeugen synthetische Erbgutbausteine, sogenannte „BioBricks". Diese enthalten genetisch verändertes Material eines leuchtenden Meeresbakteriums namens „Aliivibrio fischeri" und sollen nun unter anderem in Tannenbäume eingeschleust werden. Gelingt das Experiment könnten Weihnachtsbäume künftig auf gespenstische Weise von innen heraus zum Glimmen gebracht werden – passend zum jeweiligen Christbaumschmuck in Blau-, Rot-, Grün- oder Orangetönen.

IRRTUM 5:

An Weihnachten wurde Jesus geboren

Was der Anlass des Festes ist, könnte man angesichts des Feiertagstrubels glatt übersehen. Denken die Deutschen an Weihnachten, haben sie den Tannenbaum nebst Geschenken vor Augen, außerdem eine gemütliche Zeit mit der Familie und gutes Essen. In einer repräsentativen Studie der „Stiftung für Zukunftsfragen" entschieden sich jeweils über 70 Prozent der Befragten für diese handfesten Highlights der Feierlichkeiten. Lediglich für 41 Prozent stand die Geburt Jesu Christi beim Fest der Liebe im Vordergrund. Trotzdem ist es um das weihnachtliche Wissen der Bundesbürger weniger schlecht bestellt als befürchtet: Immerhin 90 Prozent ist klar, dass der ganze Aufwand eigentlich zu Ehren des neugeborenen Jesuskindes betrieben wird, eruierte das Meinungsforschungsinstitut Forsa.

Das Verlesen der Weihnachtsgeschichte gehört hierzulande denn auch nach wie vor zum Standardprogramm von Heiligabend: *„Es begab sich aber zu der Zeit, dass ein Gebot von dem Kaiser Augustus ausging, dass alle Welt geschätzt würde"*, so die berühmten Worte, mit denen die anrührende Erzählung bei Lukas im Neuen Testament beginnt. Und weiter – in der Übersetzung Luthers: *„Da machte sich auch auf Joseph aus Galiläa (...) mit Maria, seinem vertrauten Weibe, die war schwanger. Und als sie daselbst waren, kam die Zeit, da sie gebären sollte. Und sie gebar ihren ersten Sohn und wickelte ihn in Windeln und legte ihn in eine Krippe"* (Lk 2, 1.4). Sensationelles brachte der Evangelist mit jenen knappen Sätzen zu Papier: Der Messias war eingetroffen. Nicht in einem Palast, nicht mit Fanfaren und großem Hofstaat, sondern ganz allein unter bescheidensten Umständen in einem Bretterverschlag in Bethlehem. Als wehrloser Säugling begab sich Gott unter die Menschen, um selbst einer von ihnen zu werden.

Der Geburtstag Jesu ist nicht bekannt

Anlass genug, dass die Christen jenes schicksalhaften ersten Tages ihres Religionsstifters künftig feierlich gedachten, könnte man annehmen. Jedoch taten sie das nicht immer. Die Anhänger des Nazareners begehen das Weihnachtsfest erst seit dem 4. Jahrhundert. Davor kümmerte sie die Geburt ihres Erlösers wenig, und dies aus nachvollziehbaren Gründen: Zum einen galten Geburtstagsfeiern zur damaligen Zeit als heidnisch. Die Vertreter des Christentums wollten mit derart rückständigen Lustbarkeiten aus Prinzip nichts zu tun haben. Sie waren an den Todestagen ihrer Heiligen interessiert, besonders an Tod und Auferstehung ihres Herrn an Ostern, und ansonsten von der in Aussicht gestellten Apokalypse in Beschlag genommen. Zum anderen herrschte damals wie heute weitgehend Unklarheit darüber, wann denn nun Jesus überhaupt genau geboren worden sei. Eindeutig ist: Am 25. Dezember kam er jedenfalls mit größter Wahrscheinlichkeit nicht zur Welt. Oder anders ausgedrückt: Für dieses Datum spricht genauso viel wie für jeden anderen Tag des Jahres, nämlich nichts, was sich historisch belegen ließe. Dass dieser Termin dennoch bis zum heutigen Tag mit der Geburt des Gottessohnes gleichgesetzt wird, beruht auf einer bewussten Festlegung, bei der die Kirchenoberen ihre Hände mit im Spiel hatten.

Übrigens wurde Jesus auch keinesfalls wie vielfach angenommen im Jahre 0 geboren. Das nämlich hat es nie gegeben: Auf das Jahr 1 vor Christus folgt in der christlichen Zeitrechnung unmittelbar das Jahr 1 nach Christus. Verantwortlich für diese Zählweise ist ein römischer Mönch namens Dionysius Exiguus. Im 6. Jahrhundert verfolgte er die fromme Mission, aus allen verfügbaren Quellen den Anfang des Erdendaseins des Heilands zu bestimmen, um anschließend den Kalender auf christliche Zeitrechnung umzustellen. Als Jahr 1 von Jesu Leben errechnete er das Jahr 754 seit der Gründung Roms. Abgesehen davon, dass sich der Diener des Herrn in seinem eigenen Zahlensalat verhedderte und sich um einige Jahre verrechnete – ein Jahr 0 hätte er für die Geburt des Messias gar nicht angeben können: Denn eine solche Zahl war im alten Rom schlichtweg unbekannt.

Die Bibel nennt kein Datum

In der Bibel finden sich auf den ersten Blick einige konkret klingende Hinweise auf den Zeitpunkt der Geburt Jesu. Ein genaues Datum nennt die Heilige Schrift jedoch an keiner Stelle. Eine Herausforderung, wie geschaffen für Historiker – zumindest für jene, die die Existenz einer Person namens Jesus Christus nicht von vornherein bezweifeln –, um Theorien unterschiedlichsten Fantasiegehalts aufzustellen. Am häufigsten wird vermutet: Der vermeintliche Messias erblickte das Licht der Welt entweder einige Jahre nach Christi Geburt oder einige Jahre vor seiner eigenen Geburt.

Neben Lukas überliefert auch der Evangelist Matthäus die Weihnachtsgeschichte. Wenn es wahr ist, was beide übereinstimmend behaupten, wurde Jesus während der Herrschaft Herodes' des Großen geboren. Der von Rom eingesetzte König der Juden, der zahlreiche Bluttaten zu verantworten hat und sogar seine eigenen Söhne hinrichten ließ, starb im Jahre 4 vor unserer Zeitrechnung. Als er kurz vor seinem Tod den Kindermord zu Bethlehem in Auftrag gab, war Jesus ein Baby beziehungsweise ein kleines Kind. Deshalb kaprizieren sich die meisten Forscher bezüglich der Geburt des Religionsstifters auf die Jahre 7 bis 4 v. Chr. Dem bei Lukas genannten Geburtstermin während der Regentschaft des römischen Kaisers Augustus würde das nicht widersprechen, denn diese dauerte von 27 vor bis 14 nach Christus.

Nicht in die Rechnung passt allerdings die von dem Evangelisten überlieferte Volkszählung. Diese fand, wenn überhaupt, wohl erst zwischen 6 und 7 nach Christus statt, jedenfalls erst, nachdem der von Lukas ebenfalls in seiner Geburtserzählung erwähnte „Landpfleger Cyrenius von Syrien" um 6 n. Chr. sein Amt angetreten hatte. Einige Autoren verlegen die Geburt des Religionsstifters deswegen in jene Jahre. Vertraut man einer anderen Passage des Lukasevangeliums, käme tatsächlich auch die Zeitenwende für das wundersame Ereignis infrage: Dann nämlich, wenn Johannes der Täufer, wie im Neuen Testament behauptet, wirklich in den Jahren zwischen 28 und 29 nach Christus seines Amtes gewaltet hätte und Jesus zum Zeitpunkt seiner Taufe etwa 30 Jahre alt gewesen wäre.

Überzeugungsarbeit im Auftrag des Herrn

Noch komplizierter gestaltet sich die Spurensuche, was den konkreten Tag der Niederkunft Marias angeht. Hielte man sich mit logischer Konsequenz an die bei Lukas erwähnten Hirten – jene, denen ein Engel frohlockend kundtat: *„Fürchtet euch nicht, denn ich verkünde euch eine große Freude (...): Heute ist euch in der Stadt Davids der Retter geboren; er ist der Messias, der Herr"* –, dann wäre einzig ein Termin im Winter ausgeschlossen (Lk 2, 10–11). Starke Regenfälle und Temperaturen nahe dem Gefrierpunkt während dieser Jahreszeit sorgten dafür, dass Mensch und Tier im alten Judäa üblicherweise nur von Frühjahr bis Herbst im Freien nächtigten. Aber ist die Bibel bei des Rätsels Lösung überhaupt eine zuverlässige Ratgeberin? Die meisten Historiker, ja sogar der Großteil der Theologen verneinen das. Sie betrachten die Geburtsdarstellung des Gottessohnes als größtenteils unhistorisch und theologisch motiviert.

Die Evangelisten Lukas und Matthäus verfassten ihre Sicht der Dinge, als Jesus bereits mindestens 50 Jahre tot war. Augenzeugen konnten sie nicht befragen, und so hielten sich die vom Glauben durchdrungenen Männer an das, was sie über den Nazarener vom Hörensagen wussten. Dies mischten sie mit historischen Begebenheiten und mit Mythen konkurrierender zeitgenössischer Kulturen. *„Der Dienst am Glauben"* stand dabei im Vordergrund, wie der Althistoriker Alexander Demandt weiß. Die Geburtsgeschichte, die *„uns heute als*

Einheit erscheint", setzt sich in Wahrheit aus *„jüdischen und christlichen, persischen und hellenistischen, römischen und germanischen Bestandteilen zusammen"*, bemerkt der Wissenschaftler in seinem Buch „Sieben Siegel". Ein Stück gut geschriebener Weltliteratur entstand so allemal, eine nachrichtentechnisch einwandfreie Überlieferung der Geschehnisse aber nicht. Was die Verfasser der Ausführungen wahrscheinlich nicht weiter anfocht, denn als eine Art frühzeitlicher Marketingstrategen im Auftrag des Herrn waren sie nicht zuletzt der Überzeugungsarbeit verpflichtet: Es galt, den Ungläubigen die Religion schmackhaft zu machen und neue Anhänger für das Christentum zu gewinnen. Der Evangelist Johannes, der die Geburt des Heilsbringers ebenfalls erwähnt, lässt der Einfachheit halber die genaueren Umstände außen vor und bemerkt lapidar: *„Und das Wort ist Fleisch geworden und hat unter uns gewohnt und wir haben seine Herrlichkeit gesehen (...) (Joh 1, 14)."*

„Von einer zeitlich exakten Berechnung" hinsichtlich der Geburt Jesu sehe man ab, räumte selbst Papst Johannes Paul II. in einem Apostolischen Schreiben des Jahres 1994 ein. Seine frühen Glaubensbrüder sahen das anders. Im Laufe der Geschichte unternahmen kirchliche Würdenträger einiges, um den 25. Dezember als offiziellen Termin festzuklopfen. Als Vorkämpfer in Sachen Weihnachten gilt der römische Bischof Hippolyt. Im 3. Jahrhundert soll sich sein Zorn an dem in seinem Kulturkreis weit verbreiteten Sonnenkult entzündet haben. Wenn jemand als das personifizierte Licht gelten könne, dann ja wohl sein Heiland Jesus Christus, mag sich der gottesfürchtige Mann gedacht haben – schließlich hatte schon der Prophet Maleachi im Alten Testament Jesus als „Sonne der Gerechtigkeit" angekündigt, und im Johannesevangelium bezeichnete sich der Gottessohn gar selbst als das „Licht der Welt". Aus Opposition gegen den am 25. Dezember begangenen „dies natalis solis invicti", den Geburtstag des unbesiegbaren Sonnengottes, setzte der streitbare Bischof deshalb angeblich just an jenem Tag den „dies natalis christi", die Feierlichkeiten zur Geburt seines Herrn an.

Ein Fest setzt sich durch

Mit der Wintersonnenwende am 21. Dezember werden die Tage länger, die schlimmste Dunkelheit ist überstanden. Seit frühesten Zeiten verliehen die Menschen ihrer Freude darüber Ausdruck: Die Römer begingen um diese Zeit herum die Saturnalien, ein Fest zu Ehren des Gottes Saturn. Die Griechen feierten ihren Gott Helios, die Juden das Chanukka-Fest. Auch das Dämonenspektakel während der zwölf Rauhnächte zwischen 21. Dezember und 6. Januar spielte nördlich der Alpen im Volksglauben bald eine Rolle. Wollte die Kirche mit der bewussten Setzung des Weihnachtstermins tatsächlich den einen oder anderen konkurrierenden Brauch verdrängen, beziehungsweise in das Christentum integrieren, wie dies zahlreiche Fachleute behaupten? Kann sein, kann aber auch nicht sein – konkrete Belege gibt es dafür nicht. Fest steht: Die schlechteste Idee war es nicht, denn bis zum 4. Jahrhundert hatte sich die Terminierung des Festes der Liebe tatsächlich durchgesetzt.

Beim aufkeimenden Interesse der Christen für das Weihnachtsfest in jener Zeit spielten allerdings auch religionsinterne Streitigkeiten eine Rolle. Welche Art von Wesen ist dieser Jesus Christus eigentlich, war die Frage, die Menschen bewegte. War er Gott, Mensch oder beides? Die sogenannten Arianer auf der einen Seite behaupteten, Christus sei zwar von Gott geschaffen, er sei seinem Schöpfer aber nicht ähnlich, sondern ihm untergeordnet. An der Göttlichkeit von Jesus Christus dürfe keinesfalls gezweifelt werden, wetterte die Gegenpartei, denn ansonsten würde das Christentum seines Erlösers beraubt. Um diesen Zwist zwischen den von ihm protegierten Christen ein für alle Mal beizulegen, berief Konstantin der Große 325 das Konzil von Nicäa ein. Das Urteil des ersten ökumenischen Konzils der Kirchengeschichte fiel eindeutig aus: Der Arianismus sei eine Irrlehre. Christus stehe seinem Vater gleichberechtigt gegenüber, er sei „*wahrhaftiger Gott vom wahrhaftigen Gott, gezeugt, nicht geschaffen, wesensgleich mit dem Vater*".[5] Dem feierlichen Gedenken der Menschwerdung Gottes stand nun nichts mehr im Wege. Um keine weiteren Uneinigkeiten aufkommen zu lassen, schrieb die Versammlung das Weihnachtsfest auf den 25. Dezember fest.

Die erste Weihnachtsmesse eines Papstes ist in der Folge für das Jahr 354 belegt: Liberius zelebrierte sie in der Basilica Liberiana in Rom. Gleichzeitig erwähnt der Kalligraf Furius Dionysius Filocalus besagten Termin in seinem „Chronograph von 354". „Natus Christus in Betlehem Judeae" war von nun an in diesem kalendarischen Staatshandbuch unter dem 25. Dezember nachzulesen. Von ihrem Entstehungsort in Rom verbreiteten sich die Feierlichkeiten um das neugeborene Jesuskind nach Nordafrika, Oberitalien, in den Orient und nach Spanien. Mit Sol, dem römischen Sonnengott, ging es derweil bergab. Seine Verehrung wurde illegal, als Kaiser Theodosius I. 380 das Christentum zur Staatsreligion ernannte. Ein Jahr später erhob das 2. Konzil von Konstantinopel die Geburt Christi am 25. Dezember zum Dogma. Ab dem 6. Jahrhundert hielt das Fest der Liebe auch im Gebiet des heutigen Deutschlands Einzug – 831 wurde der vorgegebene Termin von der Mainzer Synode feierlich bestätigt.

„Geweihte Nacht" der Deutschen

Das deutsche Wort „Weihnachten" entwickelte sich dabei aus der Bezeichnung „geweihte Nacht". Um 1170 taucht der Begriff erstmals in schriftlicher Form in einem Werk des Spruchdichters Spervogel auf: *„Er ist gewaltic und starc, der wihen nacht geboren wart."*[6] Mit der Geburt Christi hat die deutsche Wortschöpfung an sich nichts zu tun, anders als etwa das englische „christmas", die Christ-Mette oder das französische „noël" und das italienische „natale", abgeleitet vom lateinischen „dies natalis", dem Geburtstag.

Inwieweit das Christentum mit dem Weihnachtsfest auf bereits vorhandene Bräuche aufsattelte, ist unter Historikern umstritten. Zum Beispiel ist nicht eindeutig geklärt, wie verbreitet der Sonnenkult war und ob dieser überhaupt eine Konkurrenz zum gänzlich anders ausgerichteten Christentum darstellte. Zudem ist die These umso heikler, als sich auch die Nazis ihrer bedienten. Das Weihnachtsfest sei nichts anderes als das mit einem christlichen Deckmäntelchen versehene Julfest der Germanen, behaupteten sie – die wissenschaftliche Grundlage für diese Annahme blieben die rechtsradikalen Propagandisten schuldig.

Dass der 25. Dezember ein rein willkürlicher Termin sei, hätten die Christen des alten Roms nicht ohne Weiteres auf sich sitzen lassen, behaupten Geschichtswissenschaftler, die der Berechnungshypothese anhängen. Hätten sie doch dazu komplizierteste mathematisch-theologische Überlegungen angestellt. Dabei seien die frühen Brüder im Glauben unter anderem von Folgendem ausgegangen: Jesus musste neun Monate nach seiner Empfängnis geboren worden sein. Den Tag der Empfängnis setzten sie aus alttestamentlich-jüdischem Verständnis heraus dem Sterbetag des Religionsgründers gleich und kamen dabei auf den 25. März. Exakt neun Monate als der damals angenommenen Dauer einer Schwangerschaft hinzugezählt, und schon hatte man den 25. Dezember als Geburtstag „errechnet".

Aufmüpfiges christliches Partyvolk

Wie auch immer man zu jenem ominösen 25. Dezember kam, es bleibt doch die Frage, warum Weihnachten in heutiger Zeit am 24. Dezember gefeiert wird. Der Alkohol und das aufmüpfige christliche Partyvolk sind schuld, muss wohl eine der Antworten heißen. Denn ursprünglich läuteten die Kirchen das Weihnachtsfest in der Tat erst um 0 Uhr des 25. Dezembers mit einem Gottesdienst ein. Maria habe das Jesuskind in der Nacht entbunden, überliefert schließlich das Lukasevangelium. Die mitternächtlichen Veranstaltungen erfreuten sich bei den Gläubigen großer Beliebtheit. Schon vorher verabredete man sich mancherorts in Wirtshäusern oder verkürzte sich zuhause die Wartezeit bis zum Kirchgang bei Wein und Bier. An die Tatsache, dass der 24. eigentlich der letzte Tag der Adventszeit ist und strenggenommen mit Fasten begonnen werden muss, schienen sich also schon damals nicht alle zu halten. Weil es in den Kirchen zur Weihnachtszeit bekanntermaßen nicht gerade warm ist, ging das fröhliche Bechern während des Gottesdienstes weiter. Wie es in einer solcherart benebelten Messe zuging, lässt ein Bericht aus der Stadt Zittau gegen Ende des 18. Jahrhunderts erahnen: *„Der entsetzliche Dampf von Branntwein, Lichtern und Taback erfüllte die Kirche und erstickte fast den einzigen nüchternen Mann, den Prediger. Dieser konnte wegen des erstaunlichen Getöses nicht reden, stand still und sah von der Kanzel herab auf den Unfug der Gemeinde. Brennende Lichter, die das besoffene Volk von den Leuchtern riss, flogen in der Kirche umher (...).*"[7]

Dass sich die Geistlichkeit in der Folge genötigt sah, die Gottesdienste auf die Abend- und Nachmittagsstunden des Vortages zu verlegen, mag da nicht verwundern: Aus der Christnacht wurde so im Laufe der Zeit ein Heiliger Abend. Vorreiter war hierbei die reformierte Kirche, die Katholiken zogen erst im Verlauf des 20. Jahrhunderts teilweise nach, in zahlreichen ihrer Gemeinden hat sich die Tradition der mitternächtlichen Christmette jedoch bis heute erhalten.

Praktisch war die Vorverlegung des Gottesdienstes allemal, immerhin konnte man den Gläubigen so den oftmals langen Weg zur Kirche in stockdunkler Nacht ersparen. Auch liturgisch gesehen war sie eigentlich kein Problem: Die Entscheidungsträger konnten sich darauf berufen, dass der Tag aus kirchlicher Sicht nämlich nicht erst nach Mitternacht beginnt, sondern bereits am Abend. Genau genommen gehören jene späteren Stunden des 24. Dezembers also bereits zum Weihnachtsfest. Hatte man nun schon einmal mit den Feierlichkeiten im Gottesdienst zu nachmittäglicher Stunde begonnen, so schloss sich an den offiziellen Teil bei vielen Familien zuhause die Bescherung gleich an. Im Laufe der Zeit entstand so die heute übliche Form der Feierlichkeiten am 24. Dezember. Das eigentliche „Hochfest der Geburt des Herrn" am Tag darauf verlor mit zunehmender Säkularisierung an Bedeutung – abzulesen an den heute zu diesem Zeitpunkt gähnend leeren Kirchen.

Die Hitliste der Geschenke: Frauen wollen Schmuck, Männer Technik

Große Päckchen sind gute Päckchen. Nehmen sie sich kantig und sperrig unter dem Weihnachtsbaum aus, umso besser: Denn desto wahrscheinlicher enthalten sie Flatscreen, Tabletcomputer, Spielkonsole oder andere Verheißungen der Elektronikbranche, so das gängige Klischee über weihnachtliche Männerfantasien. Gegen Aufmerksamkeiten im Kleinformat hat die Damenwelt dagegen nicht das Geringste einzuwenden, wird gemeinhin unterstellt. Zumindest wenn nach dem Auspacken ein Geschmeide zum Vorschein kommt, das mit den Augen der glücklichen Besitzerin um die Wette funkelt.

Was sich die Deutschen wünschen ...

Aber: Männer sind anders und Frauen auch, dies legen die Ergebnisse der Marktforschung nahe. Der Haussegen scheint demnach nicht schiefzuhängen, wenn an Heiligabend nichts Neues an Dekolleté und Handgelenk klimpert und es auch keine komplizierte Gebrauchsanweisung zu studieren gibt. Denn als Nonplusultra auf dem Gabentisch erkoren die Deutschen das Buch. Ob aus Bescheidenheit oder aus der Vorahnung, dass sie die wahren Objekte ihrer Begierde ohnehin nicht bekommen, sei dahingestellt – jedenfalls stand 2011 bei 51 Prozent der Bundesbürger Lesestoff auf Platz Eins des Wunschzettels. 43 Prozent hätten an Heiligabend am liebsten Bargeld eingesteckt, bei 36 Prozent wären Geschenkgutscheine die Überraschung der Wahl gewesen, so die Ergebnisse einer Studie der Wirtschaftsprüfungsgesellschaft Deloitte. Karten für Kino, Theater oder andere Veranstaltungen sowie Kosmetika und Parfum vervollständigen laut der repräsentativen Befragung die Top-Fünf der Geschenkewünsche.

... und was sie bekommen

Dass die Deutschen ihre derart kopfgesteuerten Weihnachtsideen auch in die Tat umsetzen, untermauert eine Erhebung der Gesellschaft für Konsumforschung (GfK): Über 37 Prozent bedachten danach 2011 ihre Lieben mit Büchern zum Fest der Feste. Knapp 35 Prozent kauften Bekleidung und Accessoires, jeweils deutlich über 20 Prozent setzten auf Lebensmittel und Getränke, auf Kosmetikartikel oder Gutscheine. Uhren und Schmuck kamen nur auf Platz zwölf der beliebtesten Weihnachtsgeschenke, etwa zwölf Prozent der Befragten investierten in sie. Lediglich neun Prozent entschieden sich für Unterhaltungselektronik, um die drei Prozent suchten jeweils Spielkonsolen, Fotokameras oder Computer aus.

Sind die Deutschen wirklich derart bildungshungrig, sind Schlips und Socken besser als ihr Ruf, und liegt gar Handfestes wie Fresskörbe wieder im Trend? Soweit reichen die Antworten der Konsumforscher nicht. Glaubt man der Statistik, kämen die Bundesbürger allerdings bei exklusiveren Gaben schon rein rechnerisch nicht sehr weit: Rund 250 Euro geben die Deutschen im Schnitt für Weihnachtsgeschenke aus, ermittelte die Gfk. Viel Geld, ohne Frage, aber nicht unbedingt genug für Hightech, Brillis, Svarowski-Klunker und Co., zumal auch alle anderen Familienmitglieder nebst Kollegen und Nachbarn nicht leer ausgehen wollen.

Das wäre doch nicht nötig gewesen

Hilft nur noch: Sich Dinge selber schenken oder Gutscheine und das zu Weihnachten eingeheimste Barvermögen dafür zum Einsatz bringen. Oder: Den spontanen Kaufrausch im Mediamarkt als notwendige Familienanschaffung deklarieren, die mit Weihnachten ja eigentlich nichts zu tun hat. Immerhin hatten die Deutschen laut Gfk zum Jahresende 2011 für Unterhaltungselektronik ein geschätztes Budget von 800 Millionen Euro, für Schmuck und Uhren hatten sie hochgerechnet um die 750 Millionen Euro eingeplant. Insgesamt lagen zuletzt Präsente im Wert von knapp 14 Milliarden Euro unter deutschen Weihnachtsbäumen. Über die Hälfte ihres Jahresgesamtbudgets für Geschenke, das eine Untersuchung im Auftrag der Messe Frankfurt auf rund 400 Euro bezifferte, verpulverten die Bundesbürger für die weihnachtliche Bescherung.

„Aber das wäre doch nicht nötig gewesen" – bei all dem Aufwand scheint an dieser Floskel etwas Wahres zu sein. Denn der Deutschen Herzensanliegen lassen sich mit Geld nicht bezahlen, wie eine Umfrage des Warenhauses Galeria Kaufhof ans Licht brachte. Ohne Vorgaben nach ihrem größten Weihnachtswunsch befragt, entschieden sich die meisten Menschen für Gesundheit. Auf Platz zwei folgte Frieden. Harmonie, eine schöne Familienfeier und Glück schafften es ebenfalls in die Top Ten der Wunschliste.

Fromme und weniger fromme Kinderwünsche

Wer nun denkt, er könne Weihnachten entspannt auf sich zukommen lassen, hat die Rechnung ohne die Jüngsten gemacht. Von wegen Plüschtier, Brettspiel oder No-Name-Skihandschuhe. Fraglich ist manchmal, ob der Weihnachtsmann die kryptischen, von Fachbegriffen strotzenden Wunschzettel der lieben Kleinen überhaupt noch dechiffrieren kann.

Lange vorbei die Zeiten, als Kinder anlässlich des bevorstehenden Festes keine Forderungskataloge, sondern Lobreden auf die Eltern verfassten. Anfang des 18. Jahrhunderts bestimmte der Lehrer oder der Pfarrer den Text, der auf den aufwendig gestalteten Vorläufern der heutigen Wunschlisten zu stehen hatte. Diese Sprüche hatten die Schüler dann in Schönschrift auf den eigens zu diesem Zweck erworbenen Druckgrafiken niederzuschreiben, anschließend auswendig zu lernen und an Heiligabend vor der Verwandtschaft zum Besten zu geben. Der unseligen Sitte, dass darauf auch Wünsche des Nachwuchses vermerkt sein dürfen, verhalfen erst die Marketingstrategen des Spielzeughandels zum Durchbruch. Nachdem sich gegen Mitte des 18. Jahrhunderts in die vormals christlichen Szenen weltliche Darstellungen von der Bescherung im bürgerlichen Familienkreis nebst Christkind und Weihnachtsmann eingeschlichen hatten, gab es zum Ende des Jahrhunderts bereits ganze Wunschkataloge, auf dem der Nachwuchs die ersehnten Dinge nur noch anzukreuzen brauchte.

„Vater, mit Entzücken nenn ich diesen Namen", war einst auf den Papierbögen zu lesen, wie eine Ausstellung belegte, die 2011 im Altonaer Museum in Hamburg zum Thema zu sehen war. Oder: *„Meine liebe theure Eltern, möge Gott der Herr der Welten Eure Liebe Euch vergelten"*[9]. Rätselhaftes haben im Vergleich dazu heutige Wunschzettel zu bieten: „ColorStudio HD", „rollySnow Cruiser" oder „Skylanders Spyro's Adventure", steht etwa darauf geschrieben – wenn es sich um eine harmlose Variante handelt. „Monster High Monsteralarm", „Darth Maul Doppelklingen Lichtschwert", „Nerf Blaster N-Strike Barricade halbautomatisch" und ähnliche Begriffe sind es, die in Kinderwünschen Unbewanderte dagegen weniger an Weihnachten als an illegalen Waffenhandel denken lassen.

Die Marke macht's

Was verbirgt sich hinter dem Wunschzettel-Kauderwelsch? Konkrete Produktbezeichnungen von Markenartikeln, erfahren genervte Paten und verzweifelte Großeltern im Fachhandel. Denn dass Geschenk nicht gleich Geschenk ist, hat der Nachwuchs heute früh begriffen, wie eine Studie der Alpen-Adria-Universität in Klagenfurt belegt. 250

Briefe österreichischer Kinder ans Christkind werteten die Wissenschaftler aus. Ergebnis: Knapp die Hälfte der Wünsche bezog sich auf eine Marke – nicht irgendein Produkt, sondern das des gerade angesagten Herstellers sollte nach Meinung der Youngster zu Weihnachten also schon drin sein. 4,25 Dinge erbaten sie sich im Schnitt. Bei über der Hälfte der ausgewerteten Briefe konnte der monetäre Gegenwert der Wünsche ermittelt werden. Kämen die Eltern den Vorstellungen ihrer Sprösslinge nach, hätten sie demnach durchschnittlich allein 210 Euro hinzublättern, um die Jüngsten an Heiligabend zufrieden zu stellen. Erziehungstechnisch interessant: Zahlenmäßig fielen die Wünsche der Kinder umso geringer aus, je größer die Bedeutung von Weihnachten für sie war und je mehr Mühe sie sich bei der Gestaltung der Briefe gemacht hatten.

Technische Gerätschaften wie Spielkonsolen, aber auch Computer nebst dazugehörenden Spielen, Handys oder DVD-Player waren der Untersuchung zufolge bei den Kindern zu Weihnachten besonders begehrt. Herkömmliche Spielsachen wie Lego, Brettspiele oder Puppen hatten das Nachsehen. Glaubt man einer anderen Befragung, könnte man das Fest bald in i-Weihnachten umbenennen, zumindest was die Kids in Amerika angeht. Nach Angaben des Marktforschungsinstituts Nielsen hätten 44 Prozent aller Kinder zwischen sechs und 14 Jahren jenseits des Atlantiks es am liebsten, wenn sich Santa Claus mit einem iPad im Geschenkesack durch den Kamin zwängt. Auf Platz zwei und drei ihres Wunschzettels schafften es der iPod mit 30 Prozent der Nennungen sowie das iPhone mit 27 Prozent Zustimmung.

Geben ist seliger denn nehmen

In den Genuss eines jahresendzeitlichen Geschenkeregens kamen Kinder und Erwachsene bereits vor Tausenden von Jahren. Schon die alten Römer überreichten sich anlässlich der Saturnalien zwischen dem 17. und 25. Dezember kleine Aufmerksamkeiten. Auch Germanen und Griechen zeigten sich zur Mittwintersonnenwende spendabel, feierten ihre Götter und waren dankbar, dass die Tage von nun an wieder länger wurden. Im Mittelalter ließ das Brauchtum um den heiligen Nikolaus den Dezember zur Hauptsaison für Geschenke werden.

Gott selbst machte der Menschheit laut Bibel das größte aller Geschenke, indem er ihr seinen Sohn sandte. Und schon die Heiligen Drei Könige standen bei der Begrüßung eben jenes Erlösers nicht mit leeren Händen da, wie man aus dem Matthäusevangelium weiß. Trotzdem waren Weihnachtsgeschenke im eigentlichen Sinne lange Zeit unbekannt. Die allgemeine Schenkeritis griff erst ab den ersten Jahrzehnten des 19. Jahrhunderts um sich. Das Vorbild des Adels nachahmend, holte sich das aufstrebende Bürgertum neben dem Tannenbaum auch einen wachsenden Berg von Weihnachtspäckchen in ihre Wohnstuben.

Doch wozu der ganze Aufwand? Warum hat man es nicht dabei belassen, setzt sich an Weihnachten gemütlich zusammen, versichert sich gegenseitig, Gott und das Jesuskind der Hochachtung und geht anschließend fröhlich auseinander? Warum stürzt man sich stattdessen ins weihnachtliche Getümmel, ergattert Dinge, die niemand braucht, um ähnlich Unpassendes zurückzubekommen? *„Geben ist seliger denn nehmen"*, an diesen Leitspruch des Apostels Paulus könnten sich Christen bei der Beantwortung der Frage halten. Oder an die Ergebnisse der Soziologie: Schenken knüpft und stärkt Beziehungen, weiß diese. Der freundschaftliche Austausch von Gaben ist eine Art sozialer Verpflichtung, er markiert den Anfang jeglicher friedlicher Zivilisation und fungiert noch immer als Kitt, der die Gesellschaft zusammenhält.

Die Kunst des Schenkens

Doch Vorsicht: Die Schenkerei ist eine vielschichtige Angelegenheit: *„Schenken heißt eine Macht erwerben, einen symbolischen Tausch realisieren, Bindungen und Bündnisse initiieren, Rechte und Pflichten attribuieren, subjektive Bedeutungen objektivieren und Alter Ego systematisch klassifizieren, heißt strategische Orientierungen in altruistische Motive kleiden, soziale Herausforderungen als Wohltätigkeit stilisieren, beehren, beschämen, hierarchisieren und stratifizieren, solidarisieren, reziproke Anerkennungsformen einfädeln, egalisieren und intimisieren"*, fasst der Soziologe Helmuth Berking das komplizierte Geflecht an Aspekten in seinem Buch „Schenken. Zur Anthropologie des Gebens" zusammen.

„Auf die Gabe folgt die Gegengabe", mit diesen einfachen Worten beschrieb der Pionier der Schenkforschung, der französische Soziologe Marcel Maus, 1924 den Prozess. In dem niemals endenden Güteraustausch die Balance zu halten ist jedoch eine Kunst, die einige Anstrengung erfordert. So weit wie die Indianer an der nordwestlichen Pazifikküste Amerikas bei ihrem rituellen „Potlatsch" braucht man dabei nicht zu gehen: Unter dem Deckmantel eines Festes riefen die einzelnen Stämme eine Art Geschenkekrieg aus, überhäuften sich gegenseitig mit immer neuen Gaben, bis sie sich gegenseitig ruiniert hatten, nur um zu beweisen: Ich kann es mir leisten. Im Gegenteil: Wer in unseren Tagen mit allzu üppigen Mitbringseln aufwartet, setzt sich dem Vorwurf der Angeberei aus. Schlimmer noch: Anstatt sich zu freuen, bleibt der Beschenkte unter Umständen beschämt zurück und verspürt eine Schuld, die er nicht begleichen kann. Wer indessen dem mühevoll ausgesuchten Geschenk eines Freundes nur ein paar welke Last-Minute-Blumen entgegensetzt, hat den Pakt von Geben und Nehmen ebenfalls gebrochen und braucht sich im nächsten Jahr über ein gleichermaßen einfallsloses Geschenk nicht zu wundern.

„Tit for tat", sinngemäß übersetzt „wie du mir, so ich dir", lautet eine Strategie aus der Spieltheorie, die auch an Weihnachten Anwendung findet: Mein „Konkurrent" am Gabentisch verhält sich solange fair, wie ich selbst dies tue. Allerdings messen wir dabei mit zweierlei Maß: Schenkt uns ein Nachbar oder ein Kollege etwas ähnlich Nichtssagendes wie einen Blumentopf oder eine Schachtel Pralinen, freuen wir uns, dass er überhaupt an uns gedacht hat. Bedeutend kritischer zeigen wir uns da gegenüber unserem Partner und innerhalb des engsten Familienkreises.

Die Sprache der Anti-Falten-Creme

Schenken ist Kommunikation, darüber sollte man sich im Klaren sein. Aus der Art des Präsents wird unser Gegenüber schließen, wie wir wirklich zu ihm stehen und was wir über ihn denken. Was will mir meine Schwiegermutter sagen, wenn sie mir eine Anti-Falten-Creme schenkt? Bin ich etwa so langweilig wie das immer gleiche Fläschchen Parfum, mit dem mich meine Partnerin alljährlich bedenkt? Welchen Hintergedanken hat meine Schwester, wenn sie mir ein Fitnessgerät unter den Baum legt? Solche aufkeimenden Gedanken versuchen wir zu verscheuchen, während wir uns mit schiefem Lächeln artig bedanken. Die andere Alternative, das Geschenk ablehnen, geht im Übrigen gar nicht: Denn im ritualisierten Prozess des Schenkens ist das Annehmen ebenso zwingend wie das Geben. Alles andere käme einer Zurückweisung der schenkenden Person gleich und würde die Beziehung zu ihr empfindlich belasten.

Was die Sache nicht einfacher macht: Wir wissen ja im Vorhinein nicht, wie viel an Geld und Herzblut Verwandte und Freunde in unser Geschenk investieren. Mit betriebswirtschaftlicher Akkuratesse und ironischem Augenzwinkern rückte der Wirtschaftswissenschaftler Bernd Stauss diesem Problem in seinem Buch „Optimiert Weihnachten" zu Leibe. Resultat seiner komplizierten Berechnungen: Unter Geschwistern zum Beispiel zunächst immer ein kleines Päckchen schnüren. Die Strategie erst überdenken, wenn einer von beiden plötzlich mit einem großen und teuren Präsent aus der eingefahrenen Gabenabfolge ausschert.

Orgie der Wertvernichtung

Theoretisch ein guter Rat, aber was tun, wenn einem praktisch die Kreativität fehlt, um mit einer gut durchdachten, womöglich selbstgebastelten Kleinigkeit seine Liebsten glücklich zu machen? Wäre es angesichts der Verzwicktheit der Lage nicht besser, gleich ein Abkommen zu schließen, sich nichts zu schenken? Vorausgesetzt natürlich, dass jedes Familienmitglied sich daran hält und keiner den anderen an Heiligabend mit „nur einer Kleinigkeit" in Verlegenheit bringt. Unbedingt, meint der amerikanische Ökonom Joel Waldfogel. Denn dies würde nicht nur die Nerven aller Beteiligten schonen, sondern auch die *„globale Orgie der Wertvernichtung"* stoppen, die Weihnachten seiner Ansicht nach darstellt.

Ein harsches Urteil, das der Wissenschaftler durch zahlreiche Erhebungen begründen kann. In Befragungen seiner Studenten zeigte sich, dass sie den Preis ihrer erhaltenen Weihnachtsgeschenke deutlich geringer einschätzten, als Angehörige und Freunde tatsächlich dafür bezahlt hatten. Dementsprechend erzeugten diese Präsente prozentual weniger Zufriedenheit pro Dollar als Geld, das die jungen Leute selbst für sich ausgegeben hatten: Omas Wollpullover traf den Geschmack des Enkels eben doch nicht ganz, und auch für die CD des Onkels hätte man sich lieber eine andere ausgesucht. Einen durchschnittlichen Wertverlust der weihnachtlichen Gaben von 18 Prozent stellt Waldfogel in seinem Buch „Warum Sie diesmal wirklich keine Weihnachtsgeschenke kaufen sollten" fest. Hochgerechnet auf die für Geschenke ausgegebene Gesamtsumme hätte dieser Faktor allein in den USA im Jahr 2007 zu einem Wohlfahrtsverlust von zwölf Milliarden Dollar geführt, schließt der Professor für Angewandte Wirtschaftswissenschaften an der University of Minnisota. Der Begriff „Wohlfahrtsverlust" bezeichnet dabei einen Verlust, der jemanden trifft, ohne dass er einer anderen Person einen Gewinn bescheren würde.

Allen, die dies für pure Verschwendung halten und künftig in etwas Sinnvolles investieren wollen, rät Waldfogel zu zweckgebundenen

Geldgeschenken oder dem guten alten Gutschein. Bei Letzterem sollte man jedoch darauf achten, dass er nicht zu speziell ausfällt und auch nicht an einen bestimmten Zeitraum gebunden ist. Denn sonst freut sich allenfalls das ausstellende Unternehmen, wenn es den verfallenen Gutschein als Einnahme verbucht – so der Wissenschaftler, der sein Fachgebiet selbst scherzhaft „Scroogenomics" nennt, abgeleitet von „scrooge" wie „Geizhals". Dem weihnachtlichen Grundgedanken wohl am nächsten kommt ein anderer seiner gut überlegten Geschenketipps: die Charity-Geschenkkarte. Den darauf vermerkten Betrag kann der Beschenkte an eine wohltätige Organisation seiner Wahl weiterreichen und wird damit in jedem Fall willkommen sein.

Das Jesuskind lag in einer Krippe in Bethlehem

Die hochschwangere Maria macht sich mit ihrem treuen Begleiter Joseph auf nach Bethlehem – kaum jemand, der den Beginn der dramatischen Geschichte noch nicht gehört hätte. Wie es im Einzelnen weitergeht, weiß jeder, der an Weihnachten schon einmal vor einer Krippe stand: In einem Stall kommt das Jesuskind schließlich zur Welt. Ein Babybettchen gibt es nicht, deshalb wird der Säugling in der hölzernen Futtertraufe der Tiere untergebracht. Ochs und Esel sind dabei, einige Hirten sowie die Heiligen Drei Könige vervollkommnen das Szenario – ansonsten ließ sich bei diesem weltbewegenden Ereignis offenbar niemand blicken.

Wer die derart ausgeschmückte Geschichte in der Bibel nachlesen will, sucht vergebens. Ihre Versatzstücke verteilen sich auf unterschiedliche Stellen des Neuen Testaments. Manches fehlt dort komplett und scheint sich anderweitig in die vertraute Inszenierung eingeschlichen zu haben. Schlimmer noch: Nicht unwesentliche Details des weihnachtlichen Geschehens sind im Laufe der Überlieferung offensichtlich verrutscht oder umgedichtet worden, einiges erweist sich bei genauerer wissenschaftlicher Untersuchung von vornherein als fehlerhaft.

Nazareth als das wahrscheinlichere Bethlehem

Lukas und Matthäus berichten der staunenden Nachwelt im Neuen Testament über das Wunder der Geburt des Gottessohnes. Mit von der Partie sind Maria, Joseph und das Jesuskind, Ort des Geschehens ist Bethlehem – so weit, so gut, dies sind die einzigen Fakten, über die sich die Evangelisten in ihren ansonsten widersprüchlichen Erzählungen einig sind. Während Ersteres auch sonst niemand ernsthaft in Abrede stellt, gehen die Unstimmigkeiten bei Letzterem jedoch schon los. Seit über 100 Jahren melden Bibelwissenschaftler Zweifel an Marias Niederkunft in Bethlehem an. Mittlerweile hat sich die Mehrheit der Experten deren ketzerischer These angeschlossen und ist überzeugt: Die Wahl Bethlehems war ein religionspolitisch motiviertes Täuschungsmanöver, Nazareth ist der wahre Geburtsort des Messias.

Weniger seriöse Historiker als gewiefte Taktiker im Auftrag des Christentums, wollten die biblischen Berichterstatter demnach, dass Jesus aus dem unscheinbaren „Nest" in Judäa stammt, wie der Evangelist Johannes den Ort an anderer Stelle bezeichnet. Nur dann nämlich konnten sie mit ihren Geburtsgeschichten an die Weissagungen des Alten Testaments anknüpfen. *„Aber du, Betlehem-Efrata, so klein unter den Gauen Judas, aus dir wird mir einer hervorgehen, der über Israel herrschen soll"*, hatte der Prophet Micha die Gläubigen wissen lassen (Mi 5, 1). *„Ich schicke dich zu dem Betlehemiter Isai; denn ich habe mir einen von seinen Söhnen als König ausersehen"* (1 Sam 16, 1), überliefert sein Kollege Samuel die Aussage Gottes.

Große Aufgaben erwarteten jenen in Aussicht gestellten Heilsbringer: Als „gerechter König", wie ihn der Prophet Jesaja angekündigt hatte, sollte er die Verheißungen Gottes an sein Volk erfüllen und nichts weniger als ein endzeitliches Reich des Friedens errichten. Selbstredend, dass für ein Vorhaben solcher Tragweite nicht irgendwer infrage kam. Ein Nachkomme des legendären Königs David musste her. Unter seiner Führung waren die Verhältnisse in Israel nahezu ideal, behauptet zumindest die Bibel: Siegreich über seine Feinde und mit dem frisch eroberten Jerusalem als religiösem Zentrum herrschte Wohlstand und Ordnung im Königreich. Herkunftsort Davids war aber Bethlehem und nicht etwa das galiläische Nazareth. Es hatte also seinen tieferen Sinn, dass Jesus in dem Ort sieben Kilometer südlich von Jerusalem das Licht der Welt erblickt haben soll. Dieses Detail belegte seine königliche Abstammung und unterstrich: Das Kind in der Krippe musste zwangsläufig der erwartete Messias sein.

Deshalb hat Lukas in einem literarischen Kunstgriff jene Volkszählung erfunden, für die sich keine konkreten Belege finden lassen – glauben zumindest Experten wie der Historiker Alexander Demandt. *„Es begab sich aber zu der Zeit, dass ein Gebot von dem Kaiser Augustus ausging, dass alle Welt geschätzt würde. (...) Und jedermann ging, dass er sich schätzen ließe, ein jeder in seine Stadt",* so die Darstellung des Evangelisten (Lk 2, 1.3). Wäre damals tatsächlich jeder an seinen Geburtsort gereist, hätte dies aber zu einer Völkerwanderung unübersehbaren Ausmaßes geführt, die mit Sicherheit an irgendeiner Stelle vermerkt worden wäre. Eine solche findet sich aber nicht. Den wahren Grund für die unverzichtbare Reise der schwangeren Maria verrät nach Meinung spitzfindiger Bibelforscher der Evangelist Matthäus: *„Dies alles geschah, damit in Erfüllung ging, was der Herr durch die Propheten angekündigt hatte"* (Mt 1, 22).

Eine wohldurchdachte Strategie, die sich bis zu den beiden anderen Evangelisten jedoch offenbar nicht herumgesprochen hat. Für Markus ist die Heimatstadt seines Herrn Nazareth, immer wieder bezeichnet er Jesus als „Nazarener". Auch Johannes erwähnt ausdrücklich die Stadt in Galiläa: *„Wir haben den gefunden, über den Mose im Gesetz und auch die Propheten geschrieben haben: Jesus aus Nazareth, den Sohn Josephs",* lässt er den Jünger Philippus zu Natanael sagen. Worauf Natanael erwidert: *„Aus Nazareth? Kann von dort etwas Gutes kommen?"* (Joh 1, 45–46). Strenggläubigen Juden war Galiläa mit seinen zahlreichen griechisch geprägten Städten suspekt. Eine Tatsache, die den ehrenwerten Johannes offenbar nicht schreckte, den nach mehrheitlicher Meinung korrekten Geburtsort trotzdem zu nennen.

Felsen, Geröll und Pilgerscharen

Von einem Stall, auf den Künstler und Hobby-Laubsäger allweih-
nachtlich ihren Ehrgeiz richten, ist genau genommen weder bei Lukas
noch in einem anderen biblischen Text die Rede. *„Ihr werdet ein Kind
finden, das, in Windeln gewickelt, in einer Krippe liegt"*, lässt der Evangelist lediglich den Hirten durch einen Engel verkünden (Lk 2, 12). In
der westlichen, lateinischen Kirche fabulierte man sich aus dieser
Aussage im Laufe der Zeit einen Stall zusammen – wo sonst werden
Tiere üblicherweise gefüttert? Wenn überhaupt, dann ist jedoch die
Auslegung wahrscheinlicher, die bis heute in der Ostkirche üblich ist:
Jesus erblickte danach in einer Höhle oder Grotte das Licht der Welt.
Massive Holzställe gab es im Nahen Osten damals ebenso wenig wie
hölzerne Futtergestelle. Die Hirten suchten mit ihrem Vieh in aus dem
Felsen gehauenen Unterständen Zuflucht. Die Futterstellen für die
Tiere wurden in den steinigen Untergrund oder in die Wände gegra-
ben und mit Lehm vervollständigt – kein besonders kuscheliges Plätz-
chen für ein Baby also.

Jeder in Bethlehem wisse, wo sich die Geburtshöhle des Jesuskindes befinde, behauptete der Kirchenschriftsteller Origines im 3. Jahrhundert. Der mächtige römische Kaiser Konstantin und seine Mutter
Helena ließen daraufhin an eben jener Stelle ein Gotteshaus mit dar-
unterliegender Geburtsgrotte errichten. 335 fertiggestellt, ist die Ge-
burtskirche bis heute eine der bedeutendsten Stätten des Christentums, die alljährlich Millionen von Pilgern anzieht. Ist dies tatsächlich
der Ort, an dem der Gottessohn zur Welt kam? Unwahrscheinlich, aus
den genannten Gründen. Glaubt man dem Evangelisten Matthäus, fand
die Niederkunft ohnehin ganz unspektakulär in einem Haus statt.

Die falschen Könige und die Unterschicht

Das Matthäusevangelium war es auch, das hochrangigen Persönlichkeiten Eingang in das weihnachtliche Geschehen verschaffte. Wie allseits bekannt, reisten die Heiligen Drei Könige eigens aus dem Mor-

genland an, um dem Neugeborenen zu huldigen. Zum Spielverderber unterm Weihnachtsbaum könnte werden, wer enthusiasmierte Krippenschnitzer darauf hinweist, dass diese Könige genau besehen keine Könige und schon gar nicht heilig waren. Von „Magoi" spricht die Bibel, was so viel bedeutet wie Schriftgelehrte, Magier oder auch Sterndeuter.

Bei Lukas findet sich über den prominenten Besuch kein Wort. Er schickt stattdessen Hirten, die sich mit Heerscharen von Engeln auseinandersetzen müssen, ins Rennen um die ausgefallensten Ideen zur Ausschmückung der Weihnachtsgeschichte. „*Fürchtet euch nicht, denn ich verkünde euch eine große Freude (...): Heute ist euch in der Stadt Davids der Retter geboren*", lässt einer der Abgesandten des Herrn die Viehhüter wissen (Lk 2, 10. 11). Dabei war es kein Zufall, dass sich der Evangelist Angehörige der damaligen Unterschicht aussuchte, die den Messias als Erste begrüßen durften. Denn Lukas Anliegen war ein soziales: Ob Prostituierte, Zöllner oder Ehebrecher – Jesus hat ein Herz für die Unterprivilegierten. Das wollte er mit seinen Schriften verdeutlichen. Bei der Weihnachtsgeschichte kamen dem frommen Geschichtsschreiber die seinerzeit wenig geschätzten Hirten da wohl gerade recht. Ob sie wirklich dabei waren? Wer weiß. Aus literarischer Sicht allemal eine gelungene Besetzung. Denn erst die Tiere im Stroh und deren brave Hüter aus dem einfachen Volk verleihen der Darstellung ihren anheimelnden Touch.

Ochs und Esel im Zwielicht

Apropos Tiere: Ochs und Esel legten den weitesten Weg zurück, um ihren Stammplatz rechts und links des liegenden Jesuskindes einzunehmen. Weder die Berichte über die Geburt Jesu noch eine andere Stelle der Evangelien wissen von ihnen, die haarigen Krippendarsteller wanderten von außerhalb der Bibel zu. Sie stammen aus dem apokryphen, also „geheimen" oder „verborgenen" Pseudo-Matthäusevangelium des 8. oder 9. Jahrhunderts. In dem Dokument, das von der Kirche nicht offiziell anerkannt und nicht in das Neue Testament aufgenommen wurde, steht geschrieben: *„Am dritten Tag nach der Geburt des Herrn verließ Maria die Höhle und ging in einen Stall. Sie legte den Knaben in eine Krippe; Ochs und Esel huldigten ihm."* Ausdrücklich verweist der Text auf das erste Buch des Propheten Jesaja, in dem von den Tieren ebenfalls die Rede ist: *„Der Ochse kennt seinen Besitzer und der Esel die Krippe seines Herrn"* (Jes 1, 3) – dies war in der Tat schon dort zu lesen, mit der Geburt Jesu hatte diese Stelle des Alten Testaments genaugenommen jedoch nichts zu tun. Erst das apokryphe Evangelium stellte diesen Bezug ganz nonchalant her.

Im Volksglauben waren die ungewöhnlichen Geburtsbeobachter im Stall zu Bethlehem jedenfalls früh verankert. Schon auf einem Sargrelief des 3. Jahrhunderts, zu bewundern in der Kirche Sant' Ambrogio in Mailand, blicken einem die Konterfeis der beiden Vierbeiner aus der Jesuskrippe entgegen. Als klassische Stalltiere waren sie wie geschaffen dafür, den von Lukas überlieferten Ereignissen den letzten Schliff zu verleihen. Symbolhaft verwiesen sie auf die bescheidenen Umstände der Geburt Jesu sowie auf dessen Leben in Demut und Aufopferung. Der Esel stehe für die Juden, der Ochse für die Heiden, interpretierte man gelegentlich. Gemeinsam brächten die Stellvertreter anderer Religionen zum Ausdruck: Jeder ist zum Volk Gottes berufen.

Reliquienkult, Krippenkunst und das versteckte Jesuskind

Kaiserin Helena, die der Überlieferung nach offenbar ein besonderes Geschick beim Aufspüren Ehrfurcht gebietender Heiligtümer besaß, ließ angeblich Teile der ersten Ruhestätte des Jesuskindes bereits im 4. Jahrhundert nach Rom bringen. Fünf dieser „originalen" Bretter hat bis heute die Kirche Santa Maria Maggiore zur Erbauung der Gläubigen zu bieten. Wer die zwischen 70 und 80 Zentimeter langen Holzstücke noch zu Gesicht bekommen will, muss sich allerdings beeilen. Aus den antiken Brettchen riesle bereits der Holzstaub, lässt der Vatikan über den besorgniserregenden Verfall der Reliquie verlauten.

Als Ersatz für die in Mitleidenschaft gezogenen Maulbeerbaumplanken griff man bei der Christmette zuletzt auf ein anderes Kleinod aus dem fragwürdigen Reliquienschatz des Gotteshauses zurück: Die fromme Prozession führte ein Stück „panniculum" – Überreste des Wickeltuches, in das Jesus angeblich nach seiner Geburt gehüllt wurde – mit sich. Vielleicht nicht ganz so spektakulär, dafür aber auf jeden Fall echt, ist ein weiteres Ausstellungsstück, das in der Basilika für weihnachtliches Gedränge sorgt: 1290 stellte der toskanische Bildhauer Arnolfo di Cambio das Geburtsgeschehen mit kunstvollen beweglichen Alabasterfiguren nach und schuf damit eine der ältesten dreidimensionalen Krippen der Welt.

Das weihnachtliche Publikum will unterhalten sein, hatte sich etwa ein halbes Jahrhundert zuvor schon Franz von Assisi gedacht und 1223 mit einer extravaganten Krippenfeier für Furore gesorgt. Ort der Aufführung in winterlicher Nacht war eine Felsgrotte nahe dem umbrischen Ort Greccio. Die Darsteller stammten aus der Bevölkerung der Umgebung, auch Arme und Bettler durften mitspielen. Ochs und Esel gaben die weihnachtlichen Statisten und standen in Lebensgröße vor einer heugefüllten Krippe. Der Gründer des Franziskanerordens wollte mit seiner stimmungsvollen Inszenierung die Bescheidenheit der Menschwerdung Jesu Christi verdeutlichen. Die Zuschauer waren angetan, und Assisis Grottenspiel verhalf der szenischen Darstellung des Weihnachtsevangeliums von nun an auch außerhalb der Kirche zu einem Popularitätsschub. Innerhalb der Kirche waren Krippenspiele bereits seit dem Mittelalter bekannt. Laiendarsteller hatten bereits ab etwa dem 10. Jahrhundert in einem geistlichen Theaterstück die biblischen Geschehnisse auf die Bühne gebracht. Inspirationsquelle der ersten dreidimensionalen Krippen war von Beginn an auch die Malerei. Eine der ältesten Darstellungen von Maria und Joseph mit ihrem Kind nebst achtstrahligem Stern am Himmel entstand zwischen dem 2. und 4. Jahrhundert in den Katakomben der Priscilla in Rom.

Ab Mitte des 16. Jahrhunderts entwickelte sich die Krippe im eigentlichen Sinne – „als räumlich-figürliche Kleindarstellung", wie sie der

Kunsthistoriker Rudolf Berliner definierte, die zeitlich begrenzt aufgestellt wurde und deren Bestandteile zu wechselnden Szenen gruppiert werden konnten. Die Jesuiten schätzten die kunstvollen Miniaturen als anschauliches Hilfsmittel zur religiösen Unterweisung des Volkes und förderten ihre Verbreitung. Um 1560 stellte der Orden eine erste Krippe in einem Kloster in Portugal auf. Exemplare in Spanien, Italien, Süddeutschland, sogar in Indien und Brasilien folgten. Bald wurde das Aufstellen von Krippen in den Kirchen zu einer Art Prestigesache, auf die auch der Adel und das reiche Bürgertum in ihren hauseigenen Kapellen nicht länger verzichten mochten. Konnten die Schnitzereien noch im ausgehenden Barock nicht pompös und kostbar genug sein, kam die hohe Schule der Krippenkunst im Zuge der Aufklärung um 1800 ins Stocken. Als nicht zu duldende Frömmelei wurden sie in Österreich und Teilen Süddeutschlands verboten. Durchsetzen konnte sich die Obrigkeit mit dieser Entscheidung nicht, im Gegenteil: Hinter ihrem Rücken gelang der Krippe der Einzug ins Private. Aus den Kirchen „gerettete" oder auch heimlich neu gefertigte Exemplare fanden Unterschlupf in den Bürger- und Bauernhäusern, bis die Verbote um 1825 aufgehoben wurden.

Die Mafia und andere skurrile Geburtstagsgäste

Der Brauch der volkstümlichen Hauskrippen wurde in der Folge zur Mode. Einer freieren Auslegung der theologischen Grundlage stand im Zuge der Säkularisierung nichts mehr im Wege. Der Anschaulichkeit halber siedelten Krippenbauer im weiteren Verlauf des 19. Jahrhunderts die Geschichte gerne vor der eigenen Haustür an. Statt der Palmen und Felsen des Morgenlandes erstrahlte dann etwa eine Berghütte in den Tiroler Alpen unter dem Stern von Bethlehem. Statt in orientalischen Gewändern hielten die Hirten in Lederhosen und Trachtenhemd beim Jesuskind Wache. Waren die kunstvollen Schaukästen lange Zeit den Wohlhabenden vorbehalten, sorgten die Industrialisierung und billigere Reproduktionsmöglichkeiten für eine Verbreitung der Krippe über alle Einkommensschichten hinweg. Auch auf anderen Kontinenten zeigte man sich vom Kult um den weihnachtlichen Stall begeistert und passte das Geschehen an landestypische Traditionen an: In Japan etwa sind es keine Könige, sondern veritable Samurais, die ihre Gaben überbringen. Bei den Eskimos schläft das Jesuskind selig auf einem Schlitten, in Afrika ist das Christuskind naturgemäß schwarz, und in Korea tragen die Figuren mit asiatischen Gesichtszügen, dem feierlichen Anlass entsprechend, ihre edelsten Nationaltrachten.

Die Heilige Familie, ein paar Tiere und – wenn es hochkommt – die Weisen aus dem Morgenland dürfen in einer Krippe vertreten sein? Die Süditaliener, allen voran die Neapolitaner, sehen das seit Generationen völlig anders. Bei ihnen bekommt der neugeborene Messias von Anfang an einen breiten Querschnitt derer zu sehen, die er erlösen sollte. Vom Pizzabäcker bis zur Blumenverkäuferin, vom Politiker bis zum Mafiaboss – jeder ohne Unterscheidung des Ranges und der Herkunft darf bei der Geburt des Jesuskindes mit dabei sein. Einsam und verlassen ist dieses Baby in seinem Stall nicht, denn das pralle Leben findet gleich neben seiner Behausung statt: So gibt es zum Beispiel auf einem Miniaturmarkt Fischhändler, Bauern und andere Charakterköpfe zu sehen, in nachgestellten Straßenszenen sind Esel und römische Legionäre noch die unauffälligsten Passanten. Gemeinsam stellen diese Inszenierungen klar: Langweilige Besinnlichkeit kann im untersten Teil des italienischen Stiefels zu Weihnachten nicht das Motto der Stunde sein. Eine skurrile Figur hat sich auch in die Krippenlandschaften der spanischen Region Katalonien eingeschlichen. Versteckt in der weihnachtlichen Dekoration hockt er: der „caganer", der „kleine Scheißer". In Katalonien gehört das Männchen zu Weihnachten wie hierzulande der Christbaum, sogar die regionalen Kirchenoberen tolerieren stillschweigend seine Anwesenheit.

Stand die Krippe zunächst im Mittelpunkt des katholischen Weihnachtsfestes, zog sie ab dem 19. Jahrhundert zunehmend auch in evangelische Häuser ein. Seither scheuen viele Familien keine Mühen, um aus der knappen Nachricht einer fragwürdigen Geburt in einem unbedeutenden Nest ihren eigenen farbenfrohen, dreidimensionalen Fortsetzungsroman zu gestalten. Er hatte die Nazis durch das Aufstellen einer Krippe mit garantiert nicht-jüdischem Personal herausgefordert. Da bekanntermaßen sowohl Maria als auch Josef und somit auch das Jesuskind Juden waren und dies von den Hirten ebenfalls angenommen werden darf, waren im Stall einzig Ochs und Esel übrig geblieben. Den Kirchenbesuchern wurde plastisch vor Augen geführt, was die nationalsozialistische Doktrin mit ihrem Glauben anrichtete. Der mutige Geistliche entging ob dieser Provokation seinerzeit nur mit viel Glück der Hinrichtung.

IRRTUM 8:

Weihnachtsmärkte sind romantische Veranstaltungen

Dicht an dicht ducken sich ihre hölzernen Verkaufsstände vor Kirchen und auf großen Plätzen, an diesem Bild hat sich über die Jahrhunderte nichts geändert. Mit romantischem Budenzauber hatten die mittwinterlichen Märkte, für die die Obrigkeit um 1300 erste Genehmigungen erteilte, zunächst jedoch wenig gemein. Die Bevölkerung konnte sich auf ihnen mit dem Nötigsten eindecken, um den Rest der kalten Jahreszeit über die Runden zu kommen: Kleidung, Nahrungsmittel, Werkzeuge, allenfalls einige heiße Speisen und Getränke zum Aufwärmen – Spektakuläreres hatten die durchgefrorenen Händler meist nicht im Angebot.

Ihren stimmungsvollen Anstrich erhielten die zugigen Veranstaltungen erst mit dem Wandel des Christfestes zur Familienfeier ab dem 16. Jahrhundert. Mit Beginn des 19. Jahrhunderts schließlich waren sie spezialisiert auf Spielzeug, Kunsthandwerk und jeglichen Nippes, der Wohnzimmer und Kinderaugen in weihnachtlichen Glanz versetzte. Der Duft nach Punsch, gebrannten Mandeln und Bratwürsten zog fortan durch die engen Gassen, gefolgt von einer wachsenden Schar kauffreudiger Besucher.

Knackige Wichtel, nackige Engel

Auch auf Hamburgs Santa Pauli Markt ist der Andrang groß, und der Glühwein fließt in Strömen, damit haben sich die Gemeinsamkeiten zur herkömmlichen Budenheimeligkeit jedoch erledigt. Nach Räuchermännchen und Glasfigürchen hält man hier vergeblich Ausschau. Auf dem Spielbudenplatz in unmittelbarer Nähe zur Reeperbahn ist Spielzeug der erotischen Art gefragt. Unschuldig ist auf dem Event im Kiez noch nicht einmal der Nikolaus, der zur Begrüßung der Gäste am Eingang des schrägen Spektakels die Peitsche schwingt. Und süß sind allenfalls die Getränke, wenn man sich von Bezeichnungen wie „Bordsteinschwalbe", „Schenkelspreizer" oder „Pauli Potenz Punsch" nicht schrecken lässt.

Von derart Hochprozentigem aufgelockert, versichert man sich der Zuneigung mit Lebkuchenherzen, die die Aufschrift „Nimm mich" tragen. Seine Lieben bedenkt man mit Knastprodukten der Marke „Santa Fu": T-Shirts, Kochbücher und Gesellschaftsspiele wie ein Tattoo-Memory fertigen die schweren Jungs hinter den Gittern der Justizvollzugsanstalt Fuhlsbüttel, im Volksmund „Santa Fu" genannt, für alle, die sich nicht mit allzu frivolen Mitbringseln nach Hause trauen. Das rote Weihnachtsmann-Kostüm ist an Hamburgs sündiger Meile kurvigen Engeln vorbehalten, zumindest solange, bis sich die Damen auch dieser spärlichen Bekleidung während ihrer Darbietungen im Erotikzelt entledigen. Fünf Abende pro Woche sorgen sie dort gemeinsam mit Drag Queen Olivia Jones, knackigen Wichteln, Burlesque-Tänzerinnen und Show-Girls für eine sinnliche statt besinnliche Einstimmung in die Weihnachtszeit.

Das Christkindl trägt pink

In München hält man ebenfalls nichts von einer engstirnigen Auslegung vorweihnachtlichen Brauchtums. Seit 2005 wartet die Stadt mit einer knallrosa Variante des traditionsreichen fichtengrünen Budenschauspiels auf. Von wegen hölzerner Bretterverschlag: Schicke weiße Pagodenzelte, eingerahmt von pinken Plastiktannenbäumen müssen es schon sein, wenn sich der Stephansplatz vor dem altehrwürdigen Südfriedhof für „Pink Christmas" rüstet.

Alljährlich Ende November geben die Plastikplanen den Blick frei auf eine unaufgeregte Mischung von Schrillem und Bodenständigem. Jung und Alt haben ihren Spaß an ausgefallenen Geschenkideen – einem zartrosa Werkzeugkasten mit der Aufschrift „Tussi on tour" etwa, mit dem Namenszug „Prince" bestickten Samthandtäschchen oder High Heels, die ihrem Namen alle Ehre machen. Glühwein und Bratwurst gibt es auch hier. Nur auf besinnliche Klänge vom Blechblasensemble wartet man vergeblich. Der Live-Act der Wahl nennt sich hier „Regenbogenchor", zwischendurch erklingen schräge Schlager, und wenn es dunkel wird, haben Travestie- und Kabarettkünstler ihren großen Auftritt. Längst ist die schwul-lesbische Szene als Initiatorin der winterlichen Attraktion im Glockenbachviertel auf dem Christkindlmarkt der ausgefallenen Art nicht mehr unter sich. Das Konzept ist so erfolgreich, dass inzwischen auch Plätze in Berlin und Hamburg in Pink erstrahlen. Weitere vorweihnachtliche Farbtupfer im gesamten Bundesgebiet sollen folgen.

Kunst, Kitsch und coole Beats

Sie tragen so bezeichnende Namen wie „designachten", „Holy.Shit. Shopping" oder „Weihnachtsrodeo": Designweihnachtsmärkte, die in großen Städten auf ihr besinnlichkeitsverdrossenes Publikum treffen. Die jungen Wilden unter den Veranstaltungen ihrer Art haben den 0815-Massenartikeln unterm Baum den kreativen Kampf angesagt. Sie halten die „Do-it-yourself-Fahne" hoch und bieten feil, was sich mit Nähmaschine, Siebdruck, Stricknadeln oder Papier und Schere bewerkstelligen lässt: Das Angebot reicht vom selbst genähten Babystrampler und bedruckten Lampenschirm bis zur gestrickten Laptophülle und handgefertigten Origami-Deko. In den saalfüllenden weihnachtlichen Wundertüten finden sich Kleinstauflagen von Kinderbüchern, Comics, Mode-, Schmuck- und Wohndesign sowie selbst erdachte Spielsachen und Gebrauchsgegenstände. Nachwuchskünstler steuern Radierungen, Grafiken, Collagen und Fotografien bei.

Von „Stille Nacht" und Harfenklängen halten die jungen oder auch nicht mehr ganz so jungen Besucher wenig, sie feiern und shoppen lieber zu den Sounds stadtbekannter DJs. Obwohl sich gegen die Kälte auf den zeitgeistigen Indoor-Varianten eines Adventsmarktes eigentlich niemand wappnen muss, verteidigt auf der Getränkekarte Glühwein tapfer seine Position gegen kühles Bier und Cocktails. Als Eldorado für alle, die in Sachen Geschenke auf Witziges, Einmaliges und Kunstvolles abonniert sind, preisen sich vorweihnachtliche Alternativveranstaltungen selbst. Auch wenn das x-te T-Shirt mit flottem Spruch auf der Brust vielleicht nicht mehr ganz so revolutionär ist und sich manches vermeintliche Designobjekt in nachweihnachtlicher Betrachtung eher als Nippes mit Hinguck-Effekt denn als kreativer Geniestreich erweisen mag.

Bier und „german Gemutlichkeit"

Dass sich auch die Engländer im Advent über deutsches Bier freuen, seit dieses gemeinsam mit dem ersten Weihnachtsmarkt den Weg auf die Insel fand, wäre eine stark untertriebene Behauptung. Das Getränk ist vielmehr der Renner unter den importierten teutonischen Verlockungen. Und dies umso mehr, als die Briten den Gerstensaft ausnahmsweise in aller Öffentlichkeit konsumieren dürfen, was ansonsten im Königreich streng verboten ist. Der Status der Christkindlmärkte als offizielle Alkoholsektoren macht's möglich.

1997 waren findige Frankfurter Tourismusmanager auf die Idee gekommen, ihre Stadt mithilfe des guten alten Weihnachtsmarktes im Ausland zu vermarkten. Kurzerhand verschifften sie eine Kopie des bereits seit dem Jahr 1393 auf dem Römerberg stattfindenden Klassikers über den Ärmelkanal in die mittelenglische Millionenmetropole Birmingham. Was als einmaliges Projekt in Zusammenarbeit mit der Partnerstadt gedacht war, hatte das Zeug zur Institution: Die Brummies, wie die Einwohner Birminghams genannt werden,

wollten sich Printen, Bratwurst und Bier schon bald nicht mehr nehmen lassen und strömten in jährlich wachsender Zahl in die weihnachtlich ausstaffierte Fußgängerzone. Über 80 Stände drängeln
sich dort inzwischen. 2011 lockten sie über 3,5 Millionen Besucher
an. Damit ist der Weihnachtsmarkt in der Stadt nördlich von London
der größte außerhalb Deutschlands. Er verzeichnet sogar mehr Zu-
lauf als einige seiner berühmtesten deutschen Vorbilder etwa in
Nürnberg oder Dresden.

Auf dem „Frankfurt Christmas Market in Birmingham" geht es au-
thentisch zu, darauf legen die Organisatoren wert: Der Glühwein wird
aus Originalbechern mit der Aufschrift „Frankfurter Weihnachtsmarkt" ausgeschenkt, die Lebkuchenherzen tragen vorschriftsmäßige
Aufschriften wie „Schatzi" oder „Frohe Weihnacht", und die Kundschaft trägt nach Hause, was ihr als typisch deutsch verkauft wurde:
Nussknacker, Lammfellpantoffeln, Zwetschgenmännchen, Butterstol-
len. Zur Stärkung vor Ort ordern die Briten brav Fremdartiges wie
gebrannte Mandeln und Krustenbraten, an anderem fanden sie erst
Gefallen, nachdem es an den landestypischen Geschmack angepasst
wurde: Die Berliner tragen seither grellbunte Glasuren und die Scho-
koschaumküsse sind mit Minze aromatisiert. Die Inselbewohner versuchen sich an der Aussprache von „Feuerzangenbowle" oder „Heiße
Schokolade mit Jägermeister". Auch „Glühbier", eine mit Kirschsaft
und Gewürzen versetzte warme Variante des kalten Klassikers, findet
man jenseits des Kanals „very christmasy".

Bei den feierfreudigen Briten haben Weihnachtsmärkte Eventcha-
rakter. Während sich getränketechnisch leichte Anleihen am Oktober-
fest bemerkbar machen, wirkt das Rahmenprogramm bisweilen wie
eine Mischung aus Karneval und Nikolausfeier. Wenn etwa zur Eröffnung ein veritabler Bischof, angetan mit Mitra und Hirtenstab, allseits
ein frohes Fest wünscht und Schlagerbarden wie Patrick Lindner oder
die deutsch-englische Sängerin Irene Sheer anschließend im Festzelt
von Liebe und Schnee schmachten. Das Publikum schunkelt und
findet „german Gemutlichkeit" großartig. Und dies nicht allein in
Birmingham, das feucht-fröhliche Spektakel fand inzwischen Nach-

ahmer in zahlreichen anderen Städten Großbritanniens wie Edin-
burgh, Leeds, Manchester, London oder Glasgow.

Weihnachtsmärkte in aller Welt

Jenseits des Atlantiks werden die Amerikaner währenddessen ihrem
Ruf als Dekorationsweltmeister gerecht. Auch auf den großen Weihnachtsmärkten in New York geht es traditionell zu – nur dass die Tradition hier eben darin besteht, dass es gerne so glitzernd, schrill und
kitschig wie möglich sein darf. Waren aus aller Herren Länder buh-
len in buntesten Auslagen um Aufmerksamkeit. Im Land der unbegrenzten Möglichkeiten haben Anhänger in Form von Miniaturhan-
dys ebenso ihre Berechtigung als Weihnachtsschmuck wie Lasso wer-
fende Cowboys, Baseballschläger oder Santa-Claus-Figuren auf dem
Motorrad. Der europäische Tourist mag staunen und das fremdartige
Brauchtum genießen. Beim Glühwein jedoch hört der Spaß auf: Allenfalls als Kinderpunsch würde der in Big Apple gereichte Warmma-
cher hierzulande durchgehen. Da Hochprozentiges in Spezialgeschäf-
ten verkauft werden muss und nicht unter freiem Himmel getrunken werden darf, muss das deutsche Traditionsgetränk in Übersee
ohne Schuss auskommen. Zur Entschädigung haben zumindest die
berühmten Adventsmärkte im Bryant Park und am Rockefeller Center
Eislaufflächen zu bieten, auf denen man nüchtern zwar, aber dafür
auch weniger unfallgefährdet seine Runden drehen kann.

Sportlich betätigen kann man sich auch auf dem Weihnachtsmarkt
in der Innenstadt von Brüssel. Mithilfe einer Eislaufbahn, einer Schlit-
tenpiste und Hunderten von Tannenbäumen verwandelt sich die festlich beleuchtete Grande Place alljährlich in ein wahres Winter-Wunderland. Von einem Riesenrad aus können die Besucher das Geschehen aus luftiger Höhe beobachten. Dänische Familien zieht es in den
weihnachtlich herausgeputzten Tivoli. Der Vergnügungspark mitten
in Kopenhagen wartet mit Kunsthandwerk, Konzerten und Fahrge-
schäften auf. Einen besonderen Nervenkitzel auf Skandinaviens größ-
tem Adventsmarkt bietet die weltweit älteste Achterbahn aus Holz.

Der Glühwein heißt hier Glögg, an Alkohol mangelt es diesem aber keinesfalls: Eine mehr oder weniger große Menge Aquavit verleiht ihm zusammen mit Rosinen und Mandelsplittern sein typisch dänisches Aroma.

Um die Verbreitung der Weihnachtsmarkttradition in aller Welt haben sich die Straßburger verdient gemacht. Schon 1570 breiteten sich in der Adventszeit erste Stände rund um das berühmte Liebfrauenmünster ihrer Heimatstadt aus. Mittlerweile hat der älteste Adventsmarkt Frankreichs mehrere Plätze der Stadt für sich erobert, auf denen sich jährlich mehr als zwei Millionen Besucher tummeln. 2009 packten die expansiven elsässischen Händler Flammkuchen, Kunsthandwerk und Plätzchen ein, um mit einer Mini-Version ihres „Christkindelsmärik" in Tokio für Furore zu sorgen. Als Nächstes wollen sie die Menschen in Rio de Janeiro und São Paulo mit dem exotischen Import aus Europa zum Staunen bringen.

Bastelmarathon und Budensuperlative

Allein hierzulande verzeichnet das Portal www.weihnachtsmarkt-deutschland.de über 2000 der schönsten Weihnachtsmärkte – und dies ist nur ein Bruchteil. Denn nicht nur jede Stadt und jedes Dorf hat mindestens einen. Auch die Freiwillige Feuerwehr, der Sportverein und unzählige andere Einrichtungen schmücken, basteln und backen im Advent, was das Zeug hält, um ihrer Einrichtung durch derartige Veranstaltungen zusätzliche Einnahmen zu sichern. Die großen Budenstädte unternehmen währenddessen einiges, um sich mit Superlativen und Besonderheiten von der lichtergefluteten Konkurrenz abzuheben.

Der Weihnachtsmarkt in der Altstadt von Nürnberg tut sich dabei leicht, denn mit jährlich rund zwei Millionen Besuchern ist er nicht nur einer der größten in Deutschland, sondern auch einer der bekanntesten weltweit. Besondere Attraktion des Traditionsmarktes, der sich bis ins 16. Jahrhundert zurückverfolgen lässt, ist das Nürnberger Christkind: Blondgelockt tritt es alljährlich am Freitag vor dem ersten Advent pünktlich um 17.30 Uhr auf die Empore der Frauenkirche. *„Und wer da kommt, der soll willkommen sein"*, so der berühmte Schlusssatz des feierlichen Prologs, den das engelsgleiche Wesen dort zum Besten gibt. Der Markt zu seinen Füßen ist damit eröffnet, und an den Ständen brummt bis zum 24. Dezember das Geschäft mit original Nürnberger Weihnachtsware: goldenen Engeln, aus getrockneten Pflaumen gefertigten „Zwetschgenmännle", Lebkuchen und Rostbratwürsten.

Den Besucherrekord unter Deutschlands Weihnachtsmärkten kann dennoch eine andere Stadt für sich verbuchen, glaubt man den Zahlen, die die Bild-Zeitung ermittelt hat: Unschlagbare fünf Millionen Besucher lockt demnach Köln mit dem Budenzauber an, den es im Schatten der Domtürme veranstaltet. Und auch der Titel des ältesten Adventsmarktes steht nicht den Franken, sondern den Sachsen zu. Denn bereits seit 1434 findet in Dresden der Striezelmarkt statt. „Striezel" bezeichnet dabei den Vorgänger des heutigen Stollens: ein aus Mehl, Wasser und Hefe hergestelltes Fastengebäck, das die Händler des Mittelalters auf dem Altmarkt feilboten. Höhepunkt des Weihnachtsmarktes in heutiger Form ist das Fest, das die Marktleute zu Ehren von dessen wesentlich gehaltvollerem Nachfolger veranstalten. Am Samstag vor dem 2. Advent wird dazu jeweils ein Riesenstollen von bis zu vier Metern Länge und bis zu vier Tonnen Gewicht hergestellt. Anschließend schaffen die fleißigen Dresdner Bäcker ihr Monster-Backwerk auf ein Pferdefuhrwerk und ziehen mit ihm auf den Striezelmarkt, wo es angeschnitten wird. Dort, mitten auf dem Altmarkt, ist zur Adventszeit ein weiterer Superlativ zu bewundern: Eine Weihnachtspyramide von stattlichen 14 Metern Höhe mit bis zu 1,40 Metern großen Figuren. Galt dieses Kunstwerk bei seiner Aufstellung 1997 noch als die größte Weihnachtspyramide der Welt, haben die findigen Marktbetreiber in Kassel mittlerweile nachgelegt: Bis in eine Höhe von über 20 Metern schraubt sich ihr hölzernes Konkurrenzkonstrukt – bis jetzt reicht keine andere Pyramide an sie heran.

Schöne Engel, hässliche Bäume

Der Augsburger Christkindlesmarkt ist für sein Engelsspiel bekannt: Jeden Freitag, Samstag und Sonntag erscheinen an der Rathausfassade 24 musizierende Engel, die nach einer Vorlage des Renaissance-Künstlers Hans Holbein gekleidet sind und das Gebäude in einen lebendigen Adventskalender verwandeln. Leipzig wirft einen 857 Quadratmeter großen freistehenden Adventskalender in den Ring. Figuren aus Fleisch und Blut enthält dieser zwar nicht, dafür werden die drei mal zwei Meter großen Kalenderfenster liebevoll von Leipzigs Schülern gestaltet. Dortmunds Marketingfachleuchte weisen darauf hin, dass ihre Stadt den größten und höchsten Weihnachtsbaum landesweit zu bieten hat – auch wenn der 45 Meter hohe Koloss nicht aus einem ganzen Stück besteht, sondern aus 1700 einzelnen Fichten, die in ein Stahlgestell gesteckt wurden.

Hässlichster Weihnachtsbaum aller Zeiten oder Kunstwerk? Am „Traffic Tree", der 2011 den Weihnachtsmarkt an der Berliner Gedächtniskirche schmückte, schieden sich die Geister. An einem ausrangierten Hebeliftkran hatte der Objekt-Künstler Thomas Plattner allerhand Schrott angebracht: einen ausrangierten Teddybär, einen alten Sonnenschirm, eine Lautsprecherbox, Fahrradreifen und anderen außergewöhnlichen Baumbehang. Die Parodie einer stolzen Weihnachtstanne konnte sogar Feuer spucken – aus den Metallrohren der zwölf Meter hohen Installation schossen alle 30 Minuten beeindruckende Gasflammen. Trotzdem: Die Hauptstädter zeigten sich gegenüber dem sieben Tonnen schweren Objekt skeptisch, genau wie schon im Jahr zuvor gegenüber einem weißen Lichtkegel als Baumersatz.

Da zu Land die Superlative kaum mehr zu überbieten sind, verlagerten einige Veranstalter ihre Märkte kurzerhand auf das Wasser. So hat beispielsweise Emden in Ostfriesland einen schwimmenden Weihnachtsmarkt zu bieten. Die Buden stehen auf Schwimmplattformen auf dem Delft, einem kleinem Hafenbecken in der Innenstadt. Festlich beleuchtete Schiffe bilden die eindrucksvolle Kulisse. In Köln findet einer der zahlreichen Adventsmärkte der Stadt auf der Fähre „MS Wappen von Köln" statt. Das am Rheinufer vor Anker liegende Schiff hat Kunsthandwerk aus aller Welt und echt kölsche Geschenkideen geladen. Auf dem Panoramadeck gibt es Glühwein und den Blick auf den winterlichen Dom gratis dazu. Als weiteres Absatzgebiet bliebe den Weihnachtsmärkten der Zukunft nun noch das Element der Luft – warum nicht Glühwein und Lebkuchen auf Berggipfeln oder in Heißluftballons anbieten?

Der Weihnachtsmann verdankt sein Aussehen Coca-Cola

Die Weihnachtszeit muss nicht stressig sein. Das stellte der Gaben-bringer, den sich Haddon Sundblom im Auftrag der Coca-Cola Com-pany einfallen ließ, auf zahlreichen Werbemotiven zur Schau: Beim Geschenkeverteilen blieb ihm genug Zeit, um Spielzeugeisenbahnen auszuprobieren, in weihnachtliche Putenkeulen zu beißen oder mit jener koffeinhaltigen Brause zu posieren, in deren Dienst er stand.

1931 hatte Sundblom den Auftrag ergattert, der ihn die nächsten 35 Jahre beschäftigen sollte. Zeitgemäß, liebenswert, mit einem Wort: konsumfördernd sollte der Santa Claus sein, den sich der Getränke-hersteller für seine Weihnachtskampagne gewünscht hatte. Der Grafi-ker nahm sich kurzerhand seinen Freund und Coca-Cola-Ausliefe-rungsfahrer Lou Prentiss zum Vorbild und entwarf das pausbäckige, lächelnde Gesicht eines älteren Herren mit weißem Rauschebart. Er setzte ihm eine plüschige Mütze auf und zog ihm einen dicken Mantel an, beides in den Unternehmensfarben rot und weiß. Um den Bauch der behäbigen Gestalt spannte er einen schwarzen Gürtel.

PR-Nachhilfe vom Brause-Hersteller

Bis 1964 fügte der Illustrator dem beschaulichen Leben seines Geschöpfes Jahr für Jahr mindestens eine neue Episode hinzu, mit Erfolg: Seine Entwürfe erreichten ein Publikum rund um die Welt. Dass Coca-Cola, wie vielfach behauptet, damit Aussehen und Outfit des Weihnachtsmannes erfunden hätte, ist dennoch eine Mär. Kreative Geister hatten sich des winterlichen Sympathieträgers schon sehr viel früher angenommen und ihn mit unterschiedlichen Attributen versehen – weißer Bart und roter Mantel inklusive. Was jedoch stimmt: Coca-Cola hat dazu beigetragen, das neuzeitliche Bild des Weihnachtsmannes zu festigen und zu verbreiten. Der Getränkehersteller kam als eines der ersten Unternehmen auf die Idee, den weihnachtlichen Gabenbringer in großem Stil in den Dienst der Konsumgüterindustrie zu stellen. Auf allen Kontinenten lächelte das rot-weiße Dickerchen den Menschen aus Zeitungen und Zeitschriften, von Plakaten und Kalendern entgegen. Auch durch die Coca-Cola-Werbung etablierte sich die Figur in der Folge zum Symbol des modernen, mit reichlich Geschenken bestückten Weihnachtens.

Zugegeben, von der Ähnlichkeit ist wenig geblieben – aber der amerikanische Weihnachtsmann ist eigentlich der weltliche Zwillingsbruder des heiligen Nikolaus. Im 17. Jahrhundert nahmen niederländische Auswanderer ihre Version des „Sinterklaas" mit auf die Reise in die USA. Dort angekommen, musste sich der ehrenwerte Kinderfreund an neue Regeln gewöhnen: Nicht nur, dass sein Auftritt auf den 25. Dezember verschoben wurde, auch von seinen bischöflichen Würden wollte niemand etwas wissen. Bischofsstab und Mitra beraubt, verordnete sich der asketische Geistliche ein komplettes Umstyling, bevor er unter dem Namen „Santa Claus" in Übersee punkten konnte. Vor allem in der holländischen Enklave „Nieuw Amsterdam", dem späteren New York, erfreute er sich als säkularisierter Weihnachtsgesandter bald großer Beliebtheit.

Kleiner Mann, stattlicher Schlitten

Schon in einer der frühesten Beschreibungen aus der Neuen Welt taucht der Weihnachtsmann als fröhlicher, pfeiferauchender Senior mit dickem Bauch, rosigen Pausbacken und weißem Bart auf – allerdings en miniature, denn der Autor reduzierte ihn 1823 in seinem Gedicht „The night before Christmas" auf Elfengröße. Wer jene berühmten Zeilen der amerikanischen Weihnachtsliteratur geschrieben hat, ist übrigens bis heute nicht geklärt. Meist werden sie Clement C. Moore zugeschrieben, aber auch Henry Livingston Jr. kommt als Urheber in Frage. Ins Deutsche übersetzt hat den Text 1947 Erich Kästner. In dem Gedicht tritt der spaßige Geselle unter seinem europäischen Titel „St. Nicholas" alias „St. Nick" auf, obwohl er mit dem altehrwürdigen Heiligen längst nichts mehr gemein hat. So war er aus wenig nachvollziehbaren Gründen schon damals dazu übergegangen, sich durch den Kamin der Häuser zu zwängen, um seine Präsente an den Mann beziehungsweise an das Kind zu bringen. Auch seinen Spaß am Rentierschlittenfahren hatte er bereits entdeckt: *„Es hatte geschneit, und der Mondschein lag so silbern auf allem, als sei's heller Tag. Acht winzige Rentierchen kamen gerannt, vor einen ganz, ganz kleinen Schlitten gespannt! Auf dem Bock saß ein Kutscher, so alt und so klein, dass ich wusste, das kann nur der Nikolaus sein"*, heißt es in der Kästnerschen Übersetzung des Werkes. Die stolzen Zugtiere hörten auf die Namen Dasher, Dancer, Prancer, Vixen, Comet, Cupid, Donner und Blitzen. Rudolph, der berühmteste im Bunde, kam erst 1939 durch ein Gedicht von Robert L. May hinzu. Dieses wiederum lieferte die Vorlage für den Weihnachtsschlager „Rudolph, the red-nosed reindeer" von Johnny Marks.

Ein einheitlicher Dresscode bestand für den gewandelten Nikolaus damals noch nicht. In dem Gedicht ungeklärter Autorschaft ist der Winzling ganz in Fell gekleidet, je nach Laune trug der Weihnachtsmann aber auch Grün, Rot, Weiß, Goldfarben oder Blau. Letzteres traf auf jenes sechs Zentimeter große Keramik-Männchen zu, das Archäologen 2006 in einer Spielzeugfirma in Ohio entdeckten. Anfang des 20. Jahrhunderts hergestellt, überraschte die Figur im eisblauen Mantel durch die Ähnlichkeit mit seinem russischen Anverwandten „Väterchen Frost".

New Yorker Weihnachtsmannschick

Dass heute trotzdem weltweit rote Kostüme in den Kleiderschränken ehrenamtlicher Weihnachtsmanndarsteller zu finden sind, ist Thomas Nast zu verdanken. Der bekannte politische Karikaturist der USA des 19. Jahrhunderts bediente sich des traditionsreichen Charakters für seine Illustrationen zum Amerikanischen Bürgerkrieg. Für die Zeitschrift „Harper's Weekly" zeichnete er erstmals 1863 einen großväterlichen Mann, der an die tapferen Soldaten der Union Geschenke verteilt. Die bereits bei Moore erwähnte Elfengröße behielt er bei, ebenso die Leibesfülle, den beeindruckenden Bart und die Pfeife. Fast 40 Jahre, bis zu seinem Tod 1902, brachte Nast immer neue Bildergeschichten vom Weihnachtsmann zu Papier. Anfangs vermutlich vom Pelznickel seiner Kindheit inspiriert, einem in Fell gehüllten Nikolausbegleiter des 19. Jahrhunderts, fügte der Einwanderer aus dem pfälzischen Landau der Figur einige bedeutsame Eigenschaften hinzu: Er siedelte sie an den Nordpol um, wo sie ungestört ihre weihnachtlichen Mitbringsel fabrizieren konnte, und verpasste ihr 1880 das typische signalfarbene Outfit: Einen roten Mantel mit weißen Applikationen sowie die dazu passende Zipfelmütze hatte der ursprünglich schwarzweiß gezeichnete Dicke fortan in Nasts Zeichnungen zu tragen. Eine Weihnachtsmann-Mode, die sich durchsetzte. Bereits 1927 erschien in der „New York Times" dazu folgende Bemerkung – nachzulesen in der Online-Enzyklopädie „Wikipedia": *Ein standardisierter Santa Claus erscheint den New Yorker Kindern. Größe, Gewicht, Statur sind ebenso vereinheitlicht wie das rote Gewand, die Mütze und der weiße Bart".*

„Herr Winter" wird salonfähig

Parallel zu seinem erfolgreichen amerikanischen Verwandten machte der deutsche Weihnachtsmann in der Kunst- und Literaturszene von sich reden. Einen wahren Popularitätsschub verschaffte ihm Hoffmann von Fallersleben, jener Dichter, dem die Deutschen schon ihre Nationalhymne verdankten. *„Morgen kommt der Weihnachtsmann, kommt mit seinen Gaben"*, textete er um 1835 und landete damit prompt einen frühen Weihnachtshit. An den in dem Lied aufgezählten wenig frommen Wünschen *„Trommel, Pfeifen und Gewehr, Fahn' und Säbel, und noch mehr, ja, ein ganzes Kriegsheer möcht' ich gern haben"* störte sich nebenbei bemerkt damals niemand. Erst die im 20. Jahrhundert entschärfte Neufassung schlug einen friedlicheren Ton an: *„Bunte Lichter, Silberzier, Kind und Krippe, Schaf und Stier, Zottelbär und Panthertier, möcht' ich gerne haben!"*

Den Begriff „Weihnachtsmann" gab es in Deutschland schon gegen Ende des 18. Jahrhunderts. Verwendet wurde das Wort aber zunächst als Synonym für Gabenbringer unterschiedlichster Provenienz. So kam es für die finsteren Begleiter des Nikolaus, für seinen Knecht Ruprecht etwa, ebenso zum Einsatz wie für das unbescholtene Christkind. Der Weihnachtsmann nach heutigem Verständnis, nämlich als großväterlich-harmlose Alternative zum gestrengen Bischof Nikolaus, nahm erst im Verlauf des 19. Jahrhunderts konkrete Formen an. In einer zunehmend säkularisierten Welt war der Heilige, der meist aggressive Schreckensgestalten im Schlepptau hatte, nicht länger auf der Höhe der Zeit. Der Wunsch nach einer Figur, die den Kindern weniger Angst einjagte, als sie gütig beschenkte, machte sich im aufstrebenden Bürgertum breit. Stilprägend für das Aussehen dieser Kunstfigur wurde ein Werk des Malers Moritz von Schwind – und dies, obwohl es eigentlich nicht den Weihnachtsmann, sondern die weit ältere mythische Figur des „Herrn Winter" thematisierte. In wuchtigen Stiefeln stapft der urige Alte in der Fassung des berühmten Künstlers der Spätromantik durch den Schnee. Er ist mit einem weiten Mantel bekleidet, aus dessen zipfeliger Kapuze sein zu Eiszapfen gefrorener Bart herausschaut. Unter dem Arm trägt die märchenhafte Gestalt einen kerzengeschmückten Christbaum. *„Denn Weihnacht hat der Winter gebracht!"*[10], heißt es im begleitenden Text zu dem erstmals 1848 in der Münchner Wochenzeitschrift „Fliegende Blätter" und ein Jahr später in der Illustrierten „Münchener Bilderbogen" erschienenen Holzschnitt.

Kleider machen Gabenbringer

Viele Künstler orientierten sich in ihrer bildlichen Darstellung des Weihnachtsmannes in der Folge an der personifizierten kalten Jahreszeit von Schwind. Die entchristlichte Variante des Nikolaus verschmolz dabei zunehmend mit seinen regional unterschiedlichen Gehilfen, etwa Knecht Ruprecht oder Krampus. An sie erinnern auf den Darstellungen die beibehaltenen Accessoires der Finsterlinge wie Rupfensack, Rute, grobes Schuhwerk oder auch der Pelzbesatz der Kleidung und die kapuzenartige Kopfbedeckung.

Bei der Farbgebung des weihnachtlichen Hauptdarstellers herrschte hierzulande genauso wie in Übersee lange Zeit Uneinigkeit. Während ihn Postkarten des ausgehenden 19. Jahrhunderts noch wahlweise in blauem, grünem, rotem, braunem oder weißem Gewand zeigen, wird ab den 1920er Jahren die kultige Rot-Weiß-Kombination zum modischen Erkennungszeichen des Weihnachtsmannes. In diesem Aufzug gelang es ihm wenig später, dem Christkind seine Stellung als traditioneller Gabenbringer streitig zu machen. Bereits 1930 glaubte etwa die Hälfte der deutschen Kinder an den Weihnachtsmann. Überraschenderweise hielten ausgerechnet die überwiegend katholischen Gebiete in Süd-, West- und Südwestdeutschland am Christkind als Bschererfigur fest, wie eine Umfrage für den „Atlas der deutschen Volkskunde" 1932 ergab. Im Norden, in der Mitte und im Osten Deutschlands, im traditionellen Stammland des Christkindes also, machte sich dagegen der bräsige Weihnachtsmann breit. Bevor dies geschehen konnte, musste der einst nach Amerika exportierte Gabenbringer allerdings nach Europa reimportiert werden.

Der Weihnachtsmann und sein Urahn, der heilige Nikolaus, waren stets Männer mit vielen Gesichtern. Sie ordneten sich zeitgenössischen und regionalen Erfordernissen unter. Vom kleinasiatischen Wundertätigen zum griechisch-orthodoxen und römisch-katholischen Bischof, ja bis hin zum Erfüllungsgehilfen christlicher Pädagogik und zur großväterlichen Märchenfigur reichen die beeindruckenden Wandlungen, die sie im Laufe ihrer Karriere bewiesen. Den immer gleichen Look legte sich der reinkarnierte Nikolaus schließlich in den USA zu. Seiner ursprünglichen christlichen Botschaft weitgehend entledigt, gelang ihm so der Aufstieg zum universell verwendbaren und weltweit anerkannten Liebling der Weihnachtszeit. Einzig verwunderlich bleibt: Warum gilt die Anrede „Du Weihnachtsmann" hierzulande trotzdem nicht als Kompliment?

Caspar, Melchior und Balthasar waren die „Heiligen Drei Könige"

Größer, schöner und vor allem höher als alles bisher Dagewesene sollte das Bauwerk werden, das die Stadtherren am Rhein ab 1248 zu Ehren der morgenländischen Monarchen errichten ließen. Stolze 157 Meter ragt der Kölner Dom heute empor – im Inneren des himmelstürmenden Gotteshauses erstrahlt der mit goldenen Figuren und kostbaren Edelsteinen verzierte Schrein, in dem die Reliquien der Heiligen Drei Könige ihre letzte Ruhe fanden.

Der Legende nach hatte Kaiserin Helena, die Mutter Konstantins des Großen, die sterblichen Überreste der wundersamen Gabenbringer im 4. Jahrhundert im Orient aufgetan. Die emsige Reliquiensammlerin – sie hatte unter anderem schon das Kreuz Christi ausfindig gemacht – überließ Bischof Eustorgius von Mailand ihren Fund von herausragender Bedeutung: Nichts weniger als die Göttlichkeit Jesu hatte sich dem Weisen-Trio offenbart. Sie spielten damit in einer Reliquienliga, in der andere im Mittelalter verehrte Preziosen, die Windeln Jesu etwa, das Heilige Heu aus der Krippe oder auch das Umstandskleid Marias, nicht ansatzweise mithalten konnten. 1162 eroberte Kaiser Friedrich Barbarossa die lombardische Metropole und ließ die Gebeine der ersten Jesus-Pilger durch seinen Reichskanzler, Erzbischof Reinald von Dassel, als Kriegsbeute feierlich nach Köln überführen.

Irdische Knochen mit himmlischer Rendite

Die Reliquien von Heiligen seien „wertvoller als pures Gold", wusste bereits das „Martyrium des heiligen Polykarp", eine frühchristliche Schrift des 2. Jahrhunderts. Köln stieg im Mittelalter dank seines knöchernen Kirchenschatzes zum beliebtesten Wallfahrtsort nördlich der Alpen auf. Gläubige aus ganz Europa strömten an den Rhein, um sich der Fürsprache der drei Weisen zu versichern – und nebenbei jede Menge Geld auszugeben. Für „Dreikönigszettel" etwa, eine Art Merchandising-Produkt des 17. Jahrhunderts: Einen der hübschen Drucke mit dem Logo „C+M+B" als Amulett um den Hals gebunden, und Diebesgesindel, Gesundheitsprobleme und andere Unwägbarkeiten von Pilgerreisen konnten einem nichts anhaben, so zumindest das Gottvertrauen der Heilsuchenden. „Wer's glaubt, wird selig", dieser Wahlspruch war auch bei den begehrten „Schluckbildern" angesagt: Mit religiösen Motiven versehene Ausschneidebögen, deren papierene Abschnitte wie Tabletten einzunehmen waren. Die geistliche Notfallmedizin versprach Linderung bei Beschwerden jeglicher Art.

Penibel festgelegt war, wie oft man vor dem verblichenen morgenländischen Trio zu beten hatte, um wie viel an Sündenstrafe erlassen zu bekommen. Himmlischen Beistand zum Mitnehmen sicherte sich, wer einen der Gegenstände ergatterte, die den güldenen Schrein berührt hatten. Bevor die Wallfahrer in der Kathedrale ihrem frommen Tatendrang freien Lauf lassen konnten, war bis in die Zeit der Reformation ein Ablass zu entrichten – dieser war nicht nur dazu geeignet, den Aufenthalt im Fegefeuer zu verkürzen, sondern half auch, die neu erbaute Heimstätte der Heiligen mitzufinanzieren.

Millionen in Verzückung geratener Kölnpilger können nicht irren? Zu dieser Meinung gab 2005 auch Papst Benedikt XVI. Anlass: Auf dem Weltjugendtag in Köln bestätigte er die Verehrungswürdigkeit der Gebeine und stattete dem Reliquiar höchst selbst einen Besuch ab, um sich zu bedanken *„für ihr Zeugnis des Glaubens, der Hoffnung und der Liebe".* Indes geht unter Wissenschaftlern das Rätselraten weiter, wen die heilige Helena tatsächlich in ihrer Grabesruhe gestört hat. Untersuchungen haben ergeben: Der Dreikönigsschrein birgt die Knochen dreier männlicher Personen, die Zeitgenossen Jesus gewesen sein könnten. Der Beweis, dass es sich bei ihnen um die Weisen aus dem Matthäusevangelium handelt, ist damit nicht erbracht – zumal die Gebeine in Stoffe gewickelt waren, die aus dem 2. bis 4. nachchristlichen Jahrhundert stammen.

Andere Fachkundige gehen in ihrer Skepsis noch weiter: Sie bezeichnen die gesamte Magiererzählung im Neuen Testament als ahistorisch und stellen infrage, ob die heidnischen Bethlehembesucher je gelebt haben. Fest steht: Mehr Dichtung als Wahrheit führte zu dem Bild, das sich von den sterngesteuerten Reisenden bis in unsere Tage überliefert hat.

Matthäus und die Magier

In der Bibel weiß allein der Evangelist Matthäus von den ominösen Fremden. In Kapitel zwei seiner Ausführungen haben sie ihren großen Auftritt: *„Als Jesus zur Zeit des König Herodes in Bethlehem in Judäa geboren worden war, kamen Sterndeuter aus dem Osten nach Jerusalem und fragten: Wo ist der neugeborene König der Juden? Wir haben seinen Stern aufgehen sehen und sind gekommen, um ihm zu huldigen"* (Mt 2, 1–2). Herodes schickte sie daraufhin nach Bethlehem, der himmlische Wegweiser tat weiterhin zuverlässig seinen Dienst: *„Als sie den Stern sahen, wurden sie von sehr großer Freude erfüllt. Sie gingen in das Haus und sahen das Kind und Maria, seine Mutter; da fielen sie nieder und huldigten ihm. Dann holten sie ihre Schätze hervor und brachten ihm Gold, Weihrauch und Myrrhe als Gaben dar"* (Mt 2, 11).

Überraschendes hat Matthäus hier zu bieten: Von Königen steht in seiner Weihnachtsgeschichte genau besehen kein Wort. Ebenso wenig davon, dass sich die Fremden zu dritt auf den Weg gemacht hätten. Über die genaue Herkunft, geschweige denn über das Alter der weitgereisten Gratulanten gibt die Textstelle keine Auskunft. Ihre Namen Caspar, Melchior und Balthasar werden nirgendwo erwähnt, und Heilige waren sie in keinem Fall: Dazu wäre eine offizielle Heiligsprechung durch die katholische Kirche nötig gewesen und eine solche hat bis dato nicht stattgefunden. Das Neue Testament gibt sich also äußert zugeknöpft bezüglich der Aussagen über die ominösen Geburtsbeobachter. Die Fantasie der Menschen stachelten sie dennoch seit jeher an, schon in frühchristlicher Zeit wurden ihnen umfangreiche Biografien angedichtet.

Geadelte Sterngucker

Als „Magoi" treten die Fremden im griechischen Original des Matthäusevangeliums auf. Je nach Übersetzung wurden aus ihnen Priester, Sternenkundige oder Gelehrte. Zeitgenössische Juden verstanden unter dieser Berufsbezeichnung allerdings auch Zauberer, Gaukler und Betrüger. Schillernd war das Begrüßungskomitee des Jesuskindes also allemal, jedoch keineswegs adelig. Dies wurde es erst durch den Kirchenschriftsteller Tertullian. Der Gelehrte fühlte sich im späten 2. Jahrhundert durch die Ankunft der Magier an das Alte Testament erinnert: *„Völker wandern zu deinem Licht und Könige zu deinem strahlenden Glanz"*, hatte der Prophet Jesaja geschrieben (Jes 60, 3). *„Die Könige von Tarschisch und von den Inseln bringen Geschenke, die Könige von Saba und Seba kommen mit Gaben"*, heißt es im Buch der Psalmen (Ps 72, 10). Zweifelsfrei müsse es sich also um hochwohlgeborene Persönlichkeiten handeln, durch die sich die biblischen Weissagungen erfüllten, schloss der fromme Gelehrte. Dieser Meinung schloss sich im 6. Jahrhundert Erzbischof Cäsarius von Arles an. Allerdings führte er die königliche Herkunft der Besucher hauptsächlich auf deren kostbare Mitbringsel zurück. Ab dem 10. Jahrhundert hatte sich der Aufstieg der einstigen Magier zu Königen im Volksglauben durchgesetzt.

Nirgendwo östlich von Judäa

„Apo anatolon", aus dem Osten – wörtlich übersetzt: „von den Son-
nenaufgängen" – seien die gelehrten Männer gekommen, heißt es bei
Matthäus vage. Woher genau? Babylon, Persien und Arabien kämen
infrage, sagen die Experten, konkrete Beweise haben sie nicht.

Es müsse sich um Sternenkundige aus dem Zweistromland gehandelt haben, kann so auch der Vatikan nur vermuten. Zahlreiche Wissenschaftler schließen sich dieser Meinung an und präferieren Babylon als Herkunftsort der sagenumwobenen „magoi". Diese Region
glänzte um die Zeitenwende mit einer Priesterkaste, die Sternenfor-
schung auf höchstem Niveau betrieb. Möglich, dass sie ein wie auch
immer geartetes Himmelsspektakel als Signal zum Aufbruch gen Jerusalem genommen hätten. Eine in jener Region ansässige große jüdische Exil-Gemeinde jedenfalls erwartete das Eintreffen des Messias
mindestens so ungeduldig wie deren Glaubensbrüder in Israel.

Matthäus' Magier waren mitnichten babylonische Sterndeuter, sind
sich dagegen andere Forscher sicher. Durch die Bezeichnung „magoi"
liegt der Fall für sie klar auf der Hand: Eine bestimmte Kaste persi-
scher Sternenkundiger wurde zur damaligen Zeit so genannt und
nicht etwa ihre babylonischen Kollegen, die gemeinhin als „Chaldäer"
bekannt waren. Schon die frühen Kirchenväter wie Clemens von Ale-
xandrien unterschieden die beiden Gruppen peinlich genau. Verdächtig auch die phrygischen Mützen, die die Weisen auf einigen antiken
Darstellungen tragen – auf einem Mosaik in der frühchristlichen Basilika Sant' Apollinare Nuovo in Ravenna etwa: Die schmucken Zipfelmützen verweisen auf Persien, denn dort waren sie die landestypische Tracht. Verblüffende Ähnlichkeiten zwischen Jesus und dem alt-
persischen Lichtgott Mithras machten die Wissenschaftler außerdem
stutzig: Beide wurden unter anderem von einer väterlichen Gottheit
in die Welt geschickt und dort in einer Felsengrotte von einer Jungfrau geboren. War die Geschichte von den Sterngetriebenen ursprünglich Teil der Mithraslegende und wurde nachträglich auf Jesus umge-

münzt? Einige der fachkundigen Spurensicherer halten das für möglich, andere verweisen dies ins Reich der Spekulation.

Für einen Reisebeginn der fremdländischen Abgesandten in Arabien spricht wenig mehr, als dass die Gaben, mit denen die Weisen in Bethlehem aufwarteten, üblicherweise im Landstrich zwischen der Westküste Nordafrikas und dem Nahen Osten zu bekommen waren. So war für Weihrauch vor allem der heutige Jemen bekannt. Myrrhe gab es in Äthiopien und Somalia, Gold kam bevorzugt aus Nubien im heutigen Sudan. Geschenke übrigens, die nicht nur äußert kostbar waren, sondern bei denen sich die Überbringer etwas gedacht hatten: Gold galt landläufiger Überzeugung nach als königlich, Weihrauch stand für das Göttliche und Myrrhe für den sterblichen Menschen – ungewöhnliche Präsente für ein Baby, dem Wesen Jesu Christi aber durchaus angemessen.

Wie Melchior tattrig und Caspar dunkelhäutig wird

Kirchenlehrer Origines beteiligte sich schon im 2. Jahrhundert an den Mutmaßungen um die respekteinflößenden Fremden aus dem Matthäusevangelium: Die Pilgertruppe müsse aus drei Weisen bestanden haben. Diese gewagte Annahme folgerte er allein aus der Anzahl an Geschenken, die die gelehrten Männer im Gepäck hatten. Da in der Tat niemand wusste, wie viele von ihnen sich auf den Weg gemacht hatten, waren sie zuvor auf bildlichen Darstellungen je nach Gusto zu zweit oder zu viert zu sehen gewesen, bisweilen fielen sie gar in einer Truppe von zwölf Personen in Bethlehem ein.

Auf ihre heute geläufigen Namen hörten die Wallfahrer, kaum verwunderlich, ebenfalls nicht von Anfang an. Nachdem der Volksglaube Gefallen an der Dreizahl der Magier gefunden hatte, werden etwa ab dem 6. Jahrhundert im lateinischsprachigen Raum die Namen Caspar, Melchior, Balthasar bekannt. Die „Legenda aurea", eine um 1260 von dem Dominikanermönch Jacobus de Voragine verfasste Textsammlung, hält diese drei Namen für die Nachwelt fest. Sie vermerkt aber noch die angeblich hebräischen Namen der Könige, nämlich Appelius, Amerius und Damascus, und gibt als deren griechische Übersetzung Galgalat, Balthasar und Melchior an. Die syrischen Christen verehrten währenddessen Larvandad, Hormisdas und Gushnasaph, die Armenier wussten nur von Kagba und Badadilma.

Mit der königlichen Würde der Jesus-Besucher alleine gaben sich die fantasiebegabten Geschichtsschreiber der Vergangenheit bald nicht mehr zufrieden: Alle Generationen und alle damals bekannten Kontinente sollten sich von der Erzählung angesprochen fühlen. Im 8. Jahrhundert ordnete der englische Benediktinermönch Beda Venerabilis die Magier publikumswirksam den drei Lebensaltern zu: Melchior wird zum Greis mit weißem Bart, Caspar zum bartlosen Jüngling und Balthasar zum Mann im besten Alter mit dunklem Vollbart. Im 12. Jahrhundert war die wundersame Eigenschaftsvermehrung abgeschlossen: Der älteste König repräsentierte fortan Europa, der mittlere Asien und der jüngste Afrika – auch die schwarze Hautfarbe hatte Letzterem die Kirche zwischenzeitlich angedeihen lassen. Etwa im 6. Jahrhundert war ihnen zuvor noch das Attribut „heilig" angeheftet worden. Verantwortlich dafür ist wahrscheinlich das Proto-Evangelium des Thomas. Es berichtet von der Taufe und später von der Weihe der ehemals Ungläubigen zu Priestern und Bischöfen. Um das Jahr 53 soll das Dreier-Gespann der außerbiblischen Erzählung zufolge nach einer gemeinsamen Weihnachtsfeier kurz hintereinander gestorben sein.

Mission der unruhigen Herzen

„*Mit unruhigem Herz*" hätten sich die Weisen damals auf den Weg gemacht, weil sie sich nicht mit der Anhäufung von Wissen begnügt hätten, sondern verstehen wollten, „*worum es im Menschsein geht*", diese Interpretation bot Papst Benedikt 2012 anlässlich einer Messe zum Dreikönigsfest im Petersdom für das Geschehen vor mehr als 2000 Jahren an.

Eine Anhäufung von Fakten ist die Magiererzählung des Matthäus jedenfalls nicht wirklich – zumindest nicht in allen Punkten. Sie entstammt der Vorstellungswelt der Spätantike und ist weniger der Rationalität verpflichtet, als dass sie ihrem Publikum überzeugend religiöse Wahrheiten verkünden will. Dazu nimmt sie ganz selbstverständlich die Astrologie in Anspruch und setzt auf die Wertvorstellungen und Metaphern ihrer Zeit – Könige, Gold, Weihrauch, Myrrhe oder auch Herrscher ankündigende Sterne.

Durchschlagenden Erfolg verzeichnet die Geschichte von den Heiligen mit Migrationshintergrund bis heute dennoch allemal: Jahr für Jahr erinnern als Sternensinger von Haus zu Haus ziehende Kinder nicht nur an ihre biblischen Vorbilder, sondern erwirtschaften Millionenbeträge für wohltätige Zwecke.

Alte Sprüche, neue Partys

„C, M und B" schreiben die Sternsinger neben der neuen Jahreszahl über die Tür. Diese Buchstaben pinseln sie aber nicht, wie landläufig angenommen, um darauf hinzuweisen: „Caspar, Melchior und Balthasar waren hier". Vielmehr steht das Kürzel für den uralten Segen: „Christus mansionem benedicat" – „Christus segne dieses Haus".

Auch wenn der Volksmund von „Dreikönigstag" spricht, so ist der christliche Feiertag Epiphanias nicht dem magischen Dreiergespann gewidmet: Am 6. Januar, an dem in den frühen nachchristlichen Jahrhunderten vielerorts Weihnachten gefeiert wurde, steht die Offenbarung der Göttlichkeit im Vordergrund. Dreier diesbezüglicher Wunder – der Anbetung durch die Magier, der Taufe im Jordan und des Weinwunders von Kana – wird dabei gedacht. Aber: Erst mit dem Tag, an dem auch die Heiligen Drei Könige traditionell ihren großen Auftritt haben, ist die Weihnachtszeit offiziell beendet. Und auf ihren eigenen Gedenktag müssen die unverwüstlichen Drei ebenfalls nicht verzichten, selbst wenn dieser auf den Ort ihrer letzten Ruhestätte beschränkt ist: Die Stadt Köln richtet alljährlich am 23. Juli ihr eigenes Dreikönigsfest aus, um an die Überführung der Reliquien von Mailand nach Köln zu erinnern.

Weihnachtsgebäck ist ungesund

Ins weihnachtliche Schlaraffenland haben sich Spielverderber eingeschlichen: Denn nicht selten ist es der erhobene Zeigefinger wirkli-
cher oder selbst ernannter Ernährungsexperten, der der sinnlichen
Freude über selbstgebackene Plätzchen und dampfenden Glühwein
ein jähes Ende setzt: Man sei im Begriff, gemeinsam mit dem liebevoll
vorbereiteten Gebäck aufzugehen wie ein Hefeteig – so der Hinweis,
der einem ungebeten und stets an unpassendster Stelle entgegen-
schallt. Zu fett, zu süß, mit einem Wort: ungesund seien die Köstlichkeiten, auf die man sich das ganze Jahr über gefreut hatte.

Eine gänzlich vereinfachende Sichtweise der Dinge. Wen der Vorwurf der unbotmäßigen Genusssucht an Weihnachten ereilt, kann
entgegenhalten: Weihnachtsgebäck und andere saisonale Süßigkeiten sind kalorienreich, zugegeben. Gleichzeitig sind sie aber sehr gesund und viele ihrer Inhaltsstoffe sind, unter rein medizinischen Ge-
sichtspunkten, in der kalten Jahreszeit unbedingt anzuraten. Abgesehen davon, dass es eine Sache der Tradition ist, die uralten Kultur-
güter – Gewürze, edle Schokolade, Marzipan – in der weihnachtlichen
Küche hochleben zu lassen.

Schätze aus dem Gewürzparadies

Vanille, Zimt, Kardamom, Nelken, Muskatnuss: Fristen sie heute in
den Supermarktregalen ein unauffälliges Dasein, waren sie einst An-

lass für blutige Eroberungen und waghalsige Expeditionen. Nicht nur auf den Geschmack, sondern auch auf die Heilkraft von Samen, Blüten, Knospen und sonstigen Pflanzenstoffen hatte man es bereits seit der Antike abgesehen – eine andere wirksame Medizin war damals nicht bekannt. Alexander der Große brachte die exotischen Wundermittelchen von seinen Feldzügen aus Persien mit ins heimische Griechenland. Ägypter und Römer entsandten Segelschiffe durch das Rote Meer in Richtung Afrika, um von den segensreichen, wohlschmeckenden Präparaten Besitz zu ergreifen. Zu Land lag der Gewürzhandel über Jahrhunderte in der Hand muslimischer Herrscher. Von geheimen Bezugsquellen transportierten sie ihre kostbare Fracht auf den Karawanenwegen der Seidenstraße vom Morgen- ins Abendland.

Im 15. Jahrhundert traten die großen Seefahrernationen an, den Arabern ihr Monopol auf den Gewürzhandel streitig zu machen. Christoph Kolumbus, Italiener in spanischen Diensten, erreichte 1492 auf seiner Suche nach dem Herkunftsort der Geschmacksverstärker als erster Europäer Amerika. Chili-Schoten, Piment und Vanille konnte er bei seiner Rückkehr vorweisen. Indien, das eigentliche Ziel seiner Mission, hat er nie erreicht. Waren lange Zeit nur die findigen Stadtrepubliken Venedig und Genua auf verschlungenen Handelswegen der würzigen Ingredienzen habhaft geworden, so setzte der Portugiese Vasco da Gama 1498 auf Risiko: Nicht wie seine Vorgänger nach Westen, sondern in Richtung Osten brach er auf. Er segelte um das gefährliche Kap der Guten Hoffnung und eröffnete seinem Land den direkten Seeweg zum indischen Gewürzparadies – arabische und italienische Zwischenhändler hatten das Nachsehen. Dorthin, wo der Pfeffer wächst, zog es bald auch andere europäische Staaten. Der Kampf um die Kolonien und ihre Schätze war entbrannt.

Ein Pfund Safran für ein Pferd

Währenddessen ließ sich in Europa mit den Gütern aus fernen Landen viel Geld verdienen. Keine Nüsse und keine Chips, sondern ein Schälchen Pfeffer stellte man im Mittelalter in gehobenen Kreisen zum Knabbern auf den Tisch. Gewürze waren ein Statussymbol, das sich nur der Adel und die Reichen leisten konnten – wenn sie denn überhaupt welche bekamen. Anfangs hatten nur Apotheken die weitgereiste Luxusware vorrätig und verkauften sie zu dementsprechenden Preisen.

„Pfeffersäcke" war die Bezeichnung jener geschäftstüchtigen Kaufleute, die im ausgehenden Mittelalter schließlich den Gewürzhandel en gros betrieben und die Rendite auf die Spitze trieben: Ein Pfund Ingwer war ihrer Rechnung nach so viel wert wie ein Schaf, zwei Pfund Muskatblüten so viel wie eine Kuh, und ein Pfund Safran entsprach ungefähr dem Wert eines Pferdes. „Schwarzes Gold" lautete die Bezeichnung für Pfeffer: Es wurde körnerweise verkauft, zeitweise mit Gold aufgewogen und galt als Zahlungsmittel.

Gewürze bleiben im menschlichen Organismus nicht ohne Wirkung, so viel war bald klar. Warum das so war, konnte man sich nicht recht erklären. Magische Kräfte müssen bei bestimmten Lebensmitteln am Werk sein, vermuteten die Menschen früherer Epochen.

Nervennahrung Lebkuchen

So auch die Konditormeister des alten Ägyptens: Ihren Honigkuchen, mit Gewürzen verfeinerte kleine Teigfladen, sprachen sie Leben spendende und Glück bringende Eigenschaften zu. In den christlichen Klöstern erstand das Kultgebäck mit veränderter Rezeptur unter den Bezeichnungen Pfefferkuchen oder Lebkuchen, abgeleitet vom lateinischen „libum" für „Fladen", wieder auf. Ursprünglich als Heilnahrung in den klostereigenen Apotheken hergestellt, war ihr Genuss bald auch in der Fastenzeit und somit im Advent erlaubt.

Die Inhaltsstoffe des Backwerks haben es bis heute in sich: Das traditionell verwendete Vollkornmehl liefert dem Körper wertvolle B-Vitamine und den Mineralstoff Magnesium. Gemeinsam mit den untergemischten gemahlenen Mandeln und Nüssen hilft es, im weihnachtlichen Stress die Nerven zu behalten. An Honig mangelte es den nahrungsmittelkundigen Klosterbäckern dank eigener Imkereien nicht – schon sie waren sich dessen entspannender und beruhigender Wirkung bewusst. Was den Bezug der benötigten Gewürze anbetraf, so waren die Klöster seit jeher im Vorteil: Sie bekamen sie von Glaubensbrüdern, die in der Mittelmeerregion an deren Hauptumschlagplatz angesiedelt waren. Auch durchziehende Pilger und Missionare hatten sie von ihren Touren in ferne Länder im Gepäck. Bei eben jenen Reisenden im Auftrag des Glaubens waren die süßen Teilchen als Proviant besonders beliebt: Sie waren nahrhaft, gesund und praktischerweise sehr lange haltbar. Ab dem späten 13. Jahrhundert übernahm die Zunft der Lebzelter, die auf die Verarbeitung und den Handel von Honig spezialisiert war, die gewerbsmäßige Herstellung der klassischen Weihnachtsleckerei. Städte an Handelsknotenpunkten wie Nürnberg, Augsburg, Köln, Basel oder Braunschweig entwickelten sich zu Zentren der Lebkuchenproduktion.

Im weihnachtlichen Rausch der Sinne

Pfeffer findet sich in den gleichnamigen Kuchen übrigens kein einziges Korn. Sie enthalten vielmehr ein Sortiment fremdländischer Gewürze, die man im Mittelalter vereinfachend unter den Sammelbegriff „Pfeffer" fasste. Kardamom, Muskat, Zimt und Nelken sind die traditionellen Beigaben in Lebkuchen. Sie sind allesamt gut für den Magen und fördern die Verdauung – die perfekte Vorsorge also, um Braten, Gans und Co. unbeschadet hinter sich zu bringen.

Auf die Nelke setzten die klösterlichen Küchenchefs nicht nur wegen ihres intensiven Dufts und ihrer starken Würzkraft. Ihre wundersamen Eigenschaften versprachen Linderung bei Wehwehchen jeglicher Art: Die Blüten des Nelkenbaumes, der über zehn Meter hoch und über 100 Jahre alt werden kann, sind schmerzstillend, entzündungshemmend, beruhigend, desinfizierend, krampflösend und appetitanregend zugleich. Wirkungen, die die moderne Wissenschaft bestätigt, die das Myrtengewächs deshalb 2010 zur Heilpflanze des Jahres ausrief.

Auch die Muskatnuss verblüffte die Forscher: Sie wirkt beruhigend, wärmend und hilft bei Schlafstörungen. Darüber hinaus ist sie stimmungsaufhellend und kann Weihnachtsmuffel vor depressiven Anwandlungen bewahren. Doch Vorsicht: Bei zu hoher Dosierung braucht man sich über halluzinogene Rauschzustände beim adventlichen Kaffeekränzchen nicht zu wundern, und wer allzu großzügig Muskatnuss in den Lebkuchenteig rührt, läuft Gefahr, als Giftmischer tituliert zu werden. Schuld daran sind die in dem Gewürz enthaltenen Stoffe Myristicin und Elemicin, die den Drogen Amphetamin und Meskalin ähneln. Die maximale Tagesdosis für die Nuss, die eigentlich keine ist, sondern der Steinkern der aprikosenartigen Frucht des Muskatnussbaumes, beträgt drei Gramm. Wird diese Menge überschritten, kann Muskat ähnlich wirken wie Haschisch. Nach exzessivem Konsum des unscheinbar aussehenden braunen Kerns drohen nicht nur ein ausgeprägter „Kater", sondern auch Vergiftungserscheinungen, Gleichgewichtsstörungen, Panikattacken und im schlimmsten Fall bleibende Leberschäden.

Liebeszauber und Teufelskräuter

Wann die ersten Plätzchen zu Weihnachten fabriziert wurden, lässt sich nicht festmachen. Opfergebäck hielt man schon in frühzeitlichen Kulturen zu besonderen Anlässen bereit, und auch die Christen wollten zum Geburtsfest ihres Herrn mit etwas Besonderem aufwarten. Einige Rezepte verdankt die Nachwelt dem Brauchtum um den heiligen Nikolaus. Dieser galt der Legende nach als Gabenbringer und konnte so schlecht an seinem Ehrentag mit leeren Händen vor den Kindern erscheinen. Fettreich und süß waren Zimtstern, Vanillekipferl und Konsorten seit jeher, und so machte es in früheren Zeiten durchaus Sinn, diese ausgerechnet im tiefsten Winter anzubieten: Die Kalorienbomben waren die wohl schmackhafteste Notfallration, um der Kälte und dem knappen Nahrungsangebot zu trotzen.

Einigen der traditionsreichen Köstlichkeiten wird seit jeher allein schon ihrer Form wegen positive Wirkung zugesprochen: Hörnchen oder Kipferl gelten als Dämonen abwehrende Zeichen – eventuell auszuprobieren an unliebsamen Weihnachtsbesuchern. Zu Brezeln gebogenes Gebäck soll die Fruchtbarkeit fördern. Wer in dieser Hinsicht auf der sicheren Seite sein will, sollte an Vanille nicht sparen. Selbstredend an echter Vanille, nicht etwa an dem künstlich hergestellten Ersatzaroma. Die getrocknete Fruchtschote der Orchideenart Vanilla planifolia gilt als Königin unter den Gewürzen und als Aphrodisiakum schlechthin. Das Produkt tropischer Herkunft ist nicht nur für Vanillekipferl unverzichtbar, es verleiht auch Stollen, Glühwein und Kakaogetränken ihr typisch süßlich-würziges Aroma. Schon Azteken und Indianer wussten die Wirkung des wohlriechenden Präparates zu schätzen: Es ist hautreinigend, entzündungshemmend, nervenstärkend, sorgt für Ausschüttung von Glückshormonen – und es macht Lust auf Liebe. Verantwortlich dafür ist der Duftstoff Vanillin, der chemisch den Sexuallockstoffen des Menschen ähnelt. Vanille verbreite *„vom Unterleibe aus die Empfindung von Wohlbehagen über den ganzen Körper, (...) erregt und unterhält bei beiden Geschlechtern den Trieb zur Begattung"*, stellte der Arzt und Wissenschaftler Karl Sundelin 1832 in seinem „Handbuch der Speciellen Heilmittellehre" fest.[11] Kein Wunder, dass der Genuss des unkeuschen Gewürzes in vielen Klöstern lange Zeit strikt verboten war.

Auch wer seine Süßwaren mit Safran veredeln will, sollte wissen, was er tut. Seit jeher war Safran nicht nur eines der teuersten Gewürze – noch immer kostet ein Kilo der getrockneten Blütennarben des Krokusgewächses um die 8000 Euro, aus etwa 150 000 Blüten müssen dafür von Hand die orangeroten Fäden herausgezupft werden –, es ist auch eine Zutat, bei der Zurückhaltung gefordert ist. Safran gilt als herzstärkend und allgemein kräftigend, hilft bei Frauenleiden und

Depressionen. Es macht nicht nur den Kuchen gehl und gelb, sondern hemmt sogar das Wachstum von Leberkrebszellen, wie Forscher der iranischen Arak University of Medical Sciences nachweisen konnten. Außerdem wird ihm ebenso wie der Vanille aphrodisierende und potenzsteigernde Wirkung nachgesagt. Im Advent kommt die bitterscharf schmeckende Beigabe in Kuchen, Desserts und Hefegebäck, wie etwa den schwedischen Luciabrötchen, zum Einsatz. Aber: Etwas zu viel von dem farbschönen Gewürz untergemischt, und auch hier steht der Verdacht im Raum, man hätte den aufdringlichen feiertäglichen Verehrer absichtlich einmal zu oft in die Plätzchendose greifen lassen. Für ein Gericht für vier Personen reicht schon ein Milligramm der in Indien und im Mittelmeerraum angebauten Kostbarkeit. Verwendet man das Vierfache, kann man in der Küche eine gallenbittere Überraschung erleben. Und kippt einem aus Versehen die Safran-Dose aus, wird das Ganze nicht nur ungenießbar, sondern kann zunächst bewusstseinstrübende und schließlich tödliche Folgen haben: Die letale Dosis für den Menschen liegt bei 15 bis 20 Gramm.

Schokolade macht glücklich – und schön

Alle, die feststellen sollten, dass sie sich mit der hausfraulichen Betätigung doch ein wenig zu viel vorgenommen haben, brauchen sich keine Vorwürfe zu machen: Die edlen Ingredienzen müssen keine Fehlinvestition gewesen sein, denn mit ihrer Hilfe lässt sich im Bedarfsfall auch eine vorweihnachtliche Beautyauszeit einlegen. Abgesehen von Vanille, die das Hautbild verschönert und aus diesem Grund und wegen ihres betörenden Duftes in zahlreichen Cremes Verwendung findet, ist auch Schokolade ein wahres Schönheitselixier. Sie enthält Stoffe, die der Haut ein frischeres und jugendlicheres Aussehen verleihen, weswegen sie in Peelings und bei Massagen Verwendung findet.

Auf die innere Anwendung der Süßigkeit setzte dagegen schon der Aztekenherrscher Montezuma: „Xocoatl" reichte er dem spanischen Konquistador Hernando Cortez zur Begrüßung, als dieser 1519 nach Mexiko vordrang. Die in dem wohlduftenden Gebräu enthaltenen Ka-

kaobohnen waren bei den südamerikanischen Ureinwohnern ein wertvolles Genuss- und sogar Zahlungsmittel. Die Spanier brachten den Kakao nach Europa, wo er in Form von heißer Schokolade bei den Wohlhabenden reißenden Absatz fand. Mittlerweile verputzen die Deutschen allein zur Weihnachtszeit 9 000 Tonnen des Glücklichmachers in Form von Schoko-Weihnachtsmännern.

Warum die süße Versuchung nicht nur an Heiligabend vor moralischen Durchhängern schützt, weiß die moderne Wissenschaft inzwischen recht genau: Durch den Zucker in der Schokolade wird das Hormon Insulin ausgeschüttet, das die Bildung des stimmungsbeeinflussenden Botenstoffes Serotonin anregt. Dieser legt im Gehirn den Hebel auf „Gute Laune" um – was besonders im Winter von Vorteil ist, weil der Serotoninspiegel vom Ausmaß der Sonneneinstrahlung auf den Körper abhängt und bei manchem dieser in der dunklen Jahreszeit ohnehin auf Reserve steht. Verstärkt wird diese Wirkung durch das in der Kalorienbombe aufgespürte Phenylethylamin. Die wundersame Substanz, die bei Verliebten vermehrt im Blut nachzuweisen ist, fördert das positive Denken, macht wach und bereit für Aktivitäten aller Art. Zuletzt entdeckten Forscher sogar Anandamid, ein dem Haschisch ähnelndes Rauschmittel, in dem Naschwerk. Allerdings in zu geringen Mengen, als dass es zur Bescherung für Stimmung sorgen könnte.

Wenn schon nicht der Figur, so ist das weihnachtliche Grundnahrungsmittel durch ein Potpourri an Inhaltsstoffen immerhin der Gesundheit dienlich: Zahlreiche Polyphenole etwa schützen vor gesundheitsgefährdenden Umwelteinflüssen, stärken das Immunsystem, Herz und Kreislauf und bremsen die Verkalkung der Adern – je bitterer die Schokolade, das heißt je höher ihr Kakaoanteil dabei ist, umso besser.

Knecht Ruprecht kennt sich aus

Als wahrer Gesundheitsexperte erwies sich Knecht Ruprecht: Nichts als Äpfel, Nuss und Mandelkern hatte er am Nikolaustag im Gepäck, glaubt man dem Gedicht von Theodor Storm. Und brachte den Kindern damit trotzdem fast alles, was sie für eine gesunde Ernährung brauchen.

Nüsse und Mandeln sind Kraftpakete, Nerven- und Gehirnnahrung zugleich. Randvoll mit mehrfach ungesättigten Fettsäuren, liefern sie dem Organismus Energie und schützen ihn vor dem Angriff schädlicher Sauerstoffradikale. Die wertvollen Omega-3-Fettsäuren senken den Cholesterinspiegel im Blut, schützen vor Diabetes, Herz- und Kreislauferkrankungen und angeblich sogar vor Parkinson und Krebs. Zahlreiche Vitamine und Mineralstoffe – Vitamin E und B6, Folsäure, Kalium und Magnesium etwa – beugen Mangelerscheinungen vor. Zusammen mit den Spurenelementen Phosphor, Kupfer, Eisen und dem fettähnlichen Stoff Lecithin sorgen sie dafür, dass die kleinen grauen Zellen nicht in jahresendzeitlichen Tiefschlaf verfallen.

Wer das phänomenale Knabberzeug nicht pur verzehren will, kann auf Nuss- und Mandelgebäck oder auf Marzipan zurückgreifen. Als „Haremskonfekt" bezeichnete Thomas Mann Letzteres und verwies damit auf dessen orientalische Herkunft. Den Kreuzrittern ist es zu verdanken, dass die weihnachtlichste aller Süßigkeiten schließlich auch Europa erreichte. Bald verlegten sich die Apotheken auf die Herstellung der klebrigen Masse aus Mandeln, Zucker und Rosenwasser und boten es seiner mächtigen Inhaltsstoffe wegen – Mineralien, Mandelöl, jede Menge Eiweiß und Kohlenhydrate – als Viagra des Mittelalters feil.

Äpfel dürfen ebenso wie Mandarinen und Orangen schon aus rein dekorativen Gründen zu Weihnachten auf keinem bunten Teller fehlen. Wegen ihres hohen Vitamin-C-Gehalts helfen sie winterlich verschnupften Zeitgenossen bei der Genesung und allen anderen dabei, die Abwehrkräfte gegen weihnachtliche Bazillenangriffe in Stellung

zu bringen. Das Beste an den süßen Früchten: Als wohl einzige weihnachtliche Schlemmerei schlagen sie mit wenig Kalorien zu Buche:
Apfel und Orange haben nur etwa 60 Kalorien, eine mittelgroße Man-
darine gerade mal 50.

Für Genussmenschen gut zu wissen: Die gefühlte Gewichtszunah-
me von drei bis fünf Kilogramm, über die mancher nach den Feiertagen jammert, kann getrost ins Reich der Weihnachtsmythen verwiesen werden: Um derartig zuzulegen, müsste man während der
Feiertage über die normalen Mahlzeiten hinaus täglich mehrere
Tafeln Schokolade und pfundweise Stollen verputzen. Eine im „The
New England Journal for Medicine" veröffentlichte Studie belegt,
dass Mann wie Frau im neuen Jahr tatsächlich nur etwa 370 Gramm
mehr auf die Waage bringen. *„Dick wird man nicht zwischen Weihnachten und Neujahr, sondern zwischen Neujahr und Weihnachten",* lautet
die ernährungswissenschaftliche Weisheit, mit der es strenge Kalo-
rienzähler an Weihnachten lockerer angehen lassen können.

IRRTUM 12:

Der Stern von Bethlehem war der Halleysche Komet

Der Papst hält sich raus: Welches astronomische Phänomen sich hinter dem Stern von Bethlehem verberge, sei letztlich unerheblich, predigte Benedikt XVI. in der Dreikönigsmesse 2012 im Petersdom. Aus Sicht des Glaubens stelle Christus selbst *„gleichsam eine Explosion der Liebe Gottes"* dar, er sei *„der große Stern, die wahre Supernova, die uns führt"*, so sein Beitrag zur Debatte. Ausführungen, mit denen Wissenschaftler naturgemäß wenig anfangen können. Seit Jahrhunderten haben sie sich an der Lösung des Rätsels um die weihnachtliche Himmelserscheinung festgebissen.

Die Fakten, die die Bibel zu diesem Thema preisgibt, sind spärlich. *„Als Jesus zur Zeit des Königs Herodes in Betlehem in Judäa geboren worden war, kamen Sterndeuter aus dem Osten nach Jerusalem und fragten: Wo ist der neugeborene König der Juden? Wir haben seinen Stern aufgehen sehen und sind gekommen, um ihm zu huldigen"* (Mt 2, 2). So schildert Matthäus und nur er im Neuen Testament die wundersamen Ereignisse vor mehr als 2 000 Jahren. *„Und der Stern, den sie hatten aufgehen sehen, zog vor ihnen her bis zu dem Ort, wo das Kind war; dort blieb er stehen"* (Mt. 2, 9), weiß der Evangelist weiter über die einzigartigen Eigenschaften des himmlischen Wegweisers zu berichten.

Zwölf Verse und rund 270 Worte widmet Matthäus der Reise der Sterndeuter zum Jesuskind insgesamt. Nichts, als ein weiteres literarisches Stilmittel, mit dem der Verfasser seine Erzählung interessant machen und die Bedeutung der Ereignisse unterstreichen wollte? Oder doch der konkrete Hinweis auf ein natürliches Phänomen, das den weihnachtlichen Himmel damals erleuchtete? Immerhin waren die rudimentären Angaben geeignet, einen wahren Meteoritenschauer unterschiedlichster Forschungsergebnisse am akademischen Horizont aufleuchten zu lassen. Trotz halbseidener Quellenlage ließen ausgerechnet die Naturwissenschaftler vom Thema nicht ab. Bis heute bieten anerkannte Koryphäen all ihre Kunstfertigkeit auf, um das Himmelsbild auf den Stand zur Zeitenwende zurückzudrehen und es nach augenfälligen Besonderheiten abzusuchen.

Halleys Feuerkugel war zu früh dran

Und die Bibel hat doch recht – einer der ersten, der in der Neuzeit in puncto Stern von Bethlehem zu dieser Behauptung Anlass gab, war der britische Astronom Edward Halley. Mit mathematischer Exaktheit rückte er dem Phänomen der Kometen zu Leibe und kam quasi nebenbei einem Gestirn auf die Spur: Dem nach ihm benannten Halleyschen Kometen, der anschließend lange Zeit als der leuchtende Unbekannte in der Weihnachtsgeschichte galt.

Der gesuchte Himmelskörper könnte ein Komet gewesen sein, hatte schon um 200 Origines, Vorsteher der christlichen Theologenschule in Alexandria, gemutmaßt. Eine orange-gelbe Feuerkugel mit langem Schweif verewigte auch der Florentiner Maler Giotto di Bondone auf seinem Fresko „Anbetung der Heiligen Könige" in der Arenakapelle zu Padua. Die Darstellung gelang dem berühmten Renaissance-Maler der Überlieferung nach deshalb so präzise, weil er bei einem solchen kosmischen Schauspiel 1301 selbst Zuschauer gewesen war. Kein einzigartiges Erlebnis übrigens: Seit 240 v. Chr. ist der Komet der Menschheit bereits 25-mal aufgefallen, stellten Experten nach dem Abgleich mit historischen Aufzeichnungen fest. So nahe zischte er jedes Mal an der Erde vorbei, dass er mit bloßem Auge gut zu beobachten war.

Dass ein einzelnes Objekt in den Weiten des Alls für das Staunen in den irdischen Niederungen verantwortlich war, konnte allerdings erst das wissenschaftliche Universalgenie Halley beweisen. 1705 machte er sich daran, die Bahnen von 24 bis dahin bekannten Kometen zu berechnen. Er stützte sich dabei auf das von seinem berühmten Kollegen Isaac Newton 1686 formulierte Gesetz der Schwerkraft. Ausgehend von der gegenseitigen Massenanziehung aller Körper ließen sich danach die Bahnen der Planeten um die Sonne und die Bewegung von Kometen nachvollziehen. Im Zuge seiner komplizierten Fleißarbeit fiel Halley auf, dass drei der geschweiften Himmelskörper in den Jahren 1531, 1607 und 1682 auf auffallend ähnlichen Bahnen reisten. Es muss sich bei ihnen um ein und denselben, im regelmäßigen Abstand von etwa 76 Jahren wiederkehrenden Erdenbesucher handeln, schloss er und prophezeite dessen nächstes Erscheinen für das Jahr 1758. Und tatsächlich: Zuverlässig und hell leuchtend tauchte das Gebilde aus Wassereis, Kohlenmonoxid, Methan und Ammoniak am Sternenhimmel auf.

Auch um die Zeitenwende rauschte der Feuerschweif am blauen Planeten vorbei und sorgte unter dessen Bewohnern für helle Aufregung, und dies nicht unbedingt im positiven Sinn: In der Antike galten Kometen an sich als schlechtes Omen, schon deshalb wäre Halley nicht das beste Mittel der Wahl gewesen, die Ankunft des Weltenretters anzuzeigen. Faszinierend war die Erscheinung unbestritten, sogar Astronomen im fernen China vermerkten sie in ihren Aufzeichnungen, doch abgesehen davon, dass Kometen nicht besonders selten sind und die Weisen aus dem Morgenland viel zu tun gehabt hätten, wenn sie sich bei ihrem Auftauchen jedes Mal auf den Weg gemacht hätten – Halley war eindeutig zu früh dran, um eine taugliche Navigationshilfe abzugeben. Rechnet man über die Jahrhunderte zurück, muss er sich im Jahr 12 v. Chr. zu einem irdischen Stelldichein eingefunden haben. Wie man es dreht und wendet, dieser Termin passt nicht zu dem engen Zeitfenster, das Experten mittlerweile für das weihnachtliche Ereignis gesetzt haben: Zwischen 7 und 4 v. Chr. wurde Jesus nach weitgehend übereinstimmender Meinung geboren.

Kepler und der explosive Fingerzeig Gottes

Anders eine Theorie, die Halleys deutscher Kollege Johannes Kepler aufstellte. 1604 entdeckte der kaiserliche Hofastronom zu Prag einen vermeintlich neuen Stern am Himmel. Wie man heute weiß, war es eine Supernova, ein explodierender Stern, den der Gelehrte vor sein bescheidenes Fernrohr bekam. Kepler jedoch brachte das Phänomen in Zusammenhang mit einer Begegnung der Planeten Jupiter und Saturn, die er kurz zuvor ebenfalls gesichtet hatte. Diese Konjunktion habe den ersten Stern hervorgebracht, behauptete er, und Ähnliches habe sich auch bei der Geburt Christi ereignet. Kepler, der rationalen Forschung gleichermaßen verpflichtet wie im Mystizismus gefangen, deutete seine Beobachtungen als Fingerzeig Gottes, der die baldige Wiederkunft des Herrn erwarten ließ.

Die Geistesgröße des 17. Jahrhunderts irrte: Weder gibt es einen Zusammenhang zwischen Planetenkonjunktionen und Sternexplosionen, noch kehrte der Messias bisher zurück. Die von Kepler ausgemachte Annäherung der beiden Planeten aber hat tatsächlich stattgefunden, und zwar zur angenommenen Zeit von Jesu Geburt. Gleich dreimal zogen im Jahr 7 v. Chr. Jupiter und Saturn im Sternbild der Fische aneinander vorbei – im Mai, im September und im Dezember. Die beiden Himmelskörper verschmolzen allerdings nicht, wie bisweilen behauptet, zu einem einzigen Lichtpunkt, wenn man sie mit bloßem Auge betrachtete. Vielmehr rückten sie im geringen Abstand von einem Bogengrad hell leuchtend aneinander heran. Dass die spektakuläre und äußerst seltene Erscheinung von einem Kometenschweif begleitet wurde, muss allerdings nicht ins Reich der Fantasie gehören: Astronomen kennen das sogenannte Zodiakallicht. Es entsteht, wenn Sonnenlicht durch kosmische Staubpartikel gestreut und reflektiert wird und unter günstigen Bedingungen als zarter Lichtkegel auf die Erde scheint.

Ein weiteres passendes Teil zum Sternen-Puzzle fand sich auf mehr als 2 000 Jahre alten Tontafeln, die 1925 im heutigen Irak entdeckt wurden und die das Britische Museum in London verwahrt. Auf den archäologischen Sensationsfunden hatten Angehörige der babylonischen Astrologenschule zu Sippar in säuberlicher Keilschrift eben jene drei Konjunktionen vermerkt. Die professionellen Sternengucker des Altertums beschränkten sich aber nicht nur auf die Beobachtung des Rendezvous der Himmelsgiganten, sondern zogen daraus weitreichende Schlüsse. Planeten waren nach damaliger Anschauung gleichbedeutend mit Gottheiten, den Vorgängen am Himmel wurde direkte Auswirkung auf das irdische Geschehen zugesprochen. Was genau die Weisen aus dem Morgenland aus der Sternenkonstellation lasen, darüber gehen die Meinungen allerdings auseinander. Einigen Wissenschaftlern zufolge, etwa dem österreichischen Astronomen Konradin Ferrari d'Occhieppo, lassen die Fakten einen ziemlich eindeutigen Schluss zu: Danach galt Jupiter den Babyloniern als Stern der Sterne, der ihre höchste Gottheit verkörperte und zugleich Bedeutungsvolles ankündigte. Im Planeten Saturn sahen sie den Stern der Juden. Auch das Sternzeichen der Fische verwies angeblich auf Palästina und das jüdische Volk. Den frühen babylonischen Himmelsforschern war außerdem klar, behauptet zumindest Ferrari d'Occhieppo, dass eine Planetenkonstellation wie 7 v. Chr. zuletzt 854 Jahre zuvor zustande gekommen war und frühestens in weiteren 854 Jahren erneut eintreten würde.

Wissenschaftskrimi mit kleinen Fehlern

Was wäre also die logische Konsequenz in dieser Situation gewesen? Richtig: Abgesandte aus dem Königreich Babylon losschicken, die dann pünktlich – immerhin hatten sie drei Monate Zeit – zu dem Jahrtausendereignis vor Ort gewesen wären. Wenn die „magi", die gelehrten Sternenkundler, tatsächlich aus Babylon stammten. Und nicht etwa aus Persien, wie andere Weihnachtsstern-Forscher behaupten. Am

27. November, errechnete der österreichische Astronom, leuchteten die beiden Planeten hell an der Spitze des Zodiakallichts. Dessen Lichtkegel wies beständig genau auf das Dorf, das die Magier am Ende des Tages erreichten – Bethlehem. Eine wahrhaft märchenhafte Szenerie am abendlichen Himmel, dem weltverändernden Ereignis durchaus angemessen, jedoch: vermutlich eine schöne Vorstellung, zu schön, um wahr zu sein.

Durch die langsame Bewegung der Planeten, die für das menschliche Auge nicht oder erst nach Tagen wahrnehmbar ist, könnte es tatsächlich so ausgesehen haben, als ob sie an einem bestimmten Punkt stehen blieben. Tatsächlich setzten die Planeten ihren Weg nach Westen aber beharrlich fort und hätten so nicht beim Aufspüren des Ortes und schon gar nicht des Hauses, in dem Maria und Joseph dem Evangelisten Matthäus zufolge untergekommen waren, behilflich sein können.

Auch ein anderes Detail bleibt dem detektivischen Forscherenthusiasmus entgegenzusetzen: Die Bibel spricht eindeutig von einem einzelnen Stern, der offensichtlich verschwand und auftauchte, wie es ihm passte. Es ist an keiner Stelle die Rede von zwei himmlischen Leuchtkörpern, die sich annäherten und durchgängig über Monate zu beobachten waren. Am Hof von Jerusalem zum Beispiel hatte man nichts von einer ungewöhnlichen Sternenerscheinung mitbekommen. Herodes fällt aus allen Wolken, als ihn die Weisen aus dem Morgenland darauf ansprechen: *„Danach rief Herodes die Sterndeuter heimlich zu sich und ließ sich von ihnen genau sagen, wann der Stern erschienen war"*, berichtet der Evangelist Matthäus über die Ahnungslosigkeit des jüdischen Machthabers (Mt 2, 7).

Neuer Stern, neues Spiel

„Wer eine wissenschaftliche Erklärung sucht, wird eine finden", bemerkt Mark Kidger in seinem Buch „The star of Bethlehem" lakonisch. Der Astrophysiker bereicherte die Theorie einer großen Planetenkonjunk-

tion 1999 um eine Abwandlung, die er selbst und mit ihm zahlreiche Forscher zumindest nach heutigem Wissensstand für am wahrscheinlichsten halten.

Danach war die Jupiter-Saturn-Konjunktion nur der erste Hinweis auf die bevorstehenden weltverändernden Ereignisse. Gemeinsam mit einer Reihe anderer astrologisch bedeutsamer Konstellationen versetzte sie die Sternenkundigen in erwartungsvolle Spannung, die ihren Höhepunkt erreichte, als der eigentliche Stern von Bethlehem am Himmel sichtbar wurde: Eine Nova, also ein neuer Stern, den chinesische und koreanische Quellen für das Jahr 5 v. Chr. bezeugen. Bei ihm handelt es sich um den heute im Fernrohr äußert lichtschwach erscheinenden Stern „DO Aquilae", meint der an der Internationalen Sternwarte von Teneriffa tätige Astronom. Zum Zeitpunkt seiner Entstehung, als er von einem anderen Sternengebilde mit ungeheurer Wucht abgesprengt wurde, soll er sich dagegen 70 Nächte lang ungewöhnlich hell von seinen Konkurrenten abgehoben haben. Der renommierte britische Wissenschaftler bleibt bei der Einschätzung seiner Entdeckung aber vorsichtig. Er nehme an, dass er unter den unzähligen Millionen von Mitbewerbern den wahren Stern von Bethlehem ausgemacht habe. Doch würde es ihn wundern, wenn es bei dieser Einschätzung bliebe und nicht künftige Generationen einen heute anonymen, plötzlich wieder aufleuchtenden Stern ins Rennen um diesen Titel schicken würden.

Die Wissenschaft auf dem Holzweg?

War etwa doch die Konjunktion von Jupiter und Mars im Jahr 2 v. Chr., gefolgt von einer dreifachen Jupiter-Venus-Regulus-Konjunktion das revolutionäre Himmelsereignis, wie die Astronomen Ernest Martin und John Mosley glauben, das die Weisen aus dem Morgenland in Marsch setzte? Einiges spricht dafür, anderes dagegen.

Wie bei den zahlreichen anderen Theorien, die im Umlauf sind, erweist sich: Der Stern von Bethlehem ist ein Rätsel, dessen hundertprozentige Aufklärung auch mit modernster wissenschaftlicher Methodik nicht so recht gelingen will. Matthäus' Erzählung erscheine ihm aus astronomischer Sicht zu unvollständig, um daraus irgendeine wissenschaftliche Schlussfolgerung ziehen zu können, resümierte der englische Astronom und Bibelforscher Edward Walter Maunder bereits im Jahre 1908. Kategorischer formulierte es der Kieler Neutestamentler Jürgen Becker in seinem Buch „Jesus von Nazaret": *„Der Stern (…) ist astronomisch nicht definierbar, weil es keinen Stern gibt, der im Osten aufgeht, von Norden nach Süden, konkret: von Jerusalem nach Bethlehem, sich menschlichem Tempo anpassend, einen Weg zeigt, um dann über einem Haus stillzustehen."*

Hat die offizielle katholische Kirche also doch recht, und die naturwissenschaftliche Herangehensweise ist an dieser Stelle nicht gefragt, weil all ihre elaborierten Ergebnisse ohnehin unerheblich sind? *„Die tiefste Botschaft der Geschichte von den Magiern ist, dass die Geburt Jesu eine kosmische Bedeutung hatte"*, erklärt der Vatikan-Astronom Guy Consolmagno. *„Wir werden die Wahrheit nie mit Sicherheit wissen. Das ist gut so"*, so das Fazit des Jesuiten, das es in einer technikgläubigen Welt zu verdauen gilt.

Vielleicht gab es also tatsächlich eine revolutionäre Himmelserscheinung, die die Jesusanhänger als dramaturgischen Aufhänger nutzten, um die Geburtslegende überhaupt erst zu entwickeln. Vielleicht lautet die Erklärung aber auch schlicht und einfach: Der Stern von Bethlehem ist ein Wunderstern ohne jegliche reale Entsprechung.

Symbolisch, biblisch, gut

Egal wäre es dann, ob die Geburt tatsächlich zu Bethlehem stattgefunden hat – was die meisten Fachkundigen inzwischen bestreiten. Und auch über Engel und Prophezeiungen im Traum, von denen es im Fortgang der Weihnachtsgeschichte nach Matthäus nur so wimmelt, müsste man sich keine Gedanken machen. Denn: Der Stern von Bethlehem wäre rein symbolisch zu verstehen. In der antiken Vorstellungswelt und in Rückbezügen auf das Alte Testament läge hier der Schlüssel zu des Rätsels Lösung.

Jesus ist der prophezeite Messias, der wahre Gottessohn und der Retter Israels – das war es, was der Evangelist Matthäus seinen Lesern mit den ihm zur Verfügung stehenden Mitteln verdeutlichen wollte. Deshalb setzte er auf die Metapher eines aufgehenden Sterns – ein damals bewährtes Stilmittel, das die Geburt bedeutender Persönlichkeiten anzeigte und bei ägyptischen Pharaonen ebenso Verwendung fand wie etwa bei Nero oder Alexander dem Großen. Deshalb griff der Evangelist die Verheißungen des Alten Testamentes auf und ließ sie in seine Erzählung einfließen: *„Es wird ein Stern aus Jakob aufgehen und ein Zepter aus Israel aufkommen"* (Num 24, 17), berichtete etwa schon das 4. Buch Mose über eine himmlische Erscheinung. Und deshalb schließlich, so die Meinung zahlreicher Religionswissenschaftler, war es fast schon zwingend erforderlich, dass ein besonders eindrucksvoller Stern über dem Neugeborenen zu Bethlehem am nächtlichen Himmel erstrahlte.

„Geht Barbara im Klee, kommt's Christkind im Schnee"

Es ist nicht Grün, nicht Rot, und auch Gold wird überschätzt – weiß ist die Farbe, die an Weihnachten wirklich zählt. Erst wenn sie den grauen Alltag in Form einer eleganten Schneedecke überzieht, kommt wahre Festtagsstimmung auf. „*I'm dreaming of a white* – und nicht etwa green – *christmas*", singt Bing Crosby und spricht damit der Mehrheit der Deutschen aus der Seele. Denn es ist nicht dasselbe, wenn Schneeflöckchen und Weißröckchen sich zur Bescherung nicht blicken lassen. Und wenn der Schnee nicht leise rieselt, sondern das Gras frühlingshaft sprießt, macht das plüschige Felloutfit des Weihnachtsmanns keinen Sinn, und wozu er eigentlich seinen Schlitten braucht, kann dann niemand sagen.

Barbara kennt sich nicht aus

Ob der Schnee an den Feiertagen auch in tieferen Lagen unter den Füßen knirscht oder man sich besser rechtzeitig in Richtung Berge aufmacht, mit dieser Frage werden die Meteorologen deshalb bereits mit Beginn der Adventszeit gelöchert. Auskunft können sie den ungeduldigen Schneeanbetern jedoch noch nicht geben, denn ihre Zunft blickt seriöserweise nicht länger als zwei Wochen voraus. Wissenschaftlich begründete Skrupel, mit denen sich die guten alten Bauernregeln nicht aufhalten. Sie weisen in Sachen Wetter wochen-, ja monatelang in die Zukunft. Teilweise schon in der Antike, meist aber im späten Mittelalter entstanden, sind sie das Konzentrat bäuerlicher Naturbeobachtung, das von Generation zu Generation weitergegeben und angepasst wurde. Ihre Richtigkeit stellen einige von ihnen bis heute unter Beweis – auf andere sollte man sich nicht unbedingt verlassen.

„Geht Barbara im Klee, kommt's Christkind im Schnee", behauptet eine der reimgewordenen Wetterweisheiten. Auf welchem Untergrund Barbara auch immer daherschreitet, sie tut dies am 4. Dezember, denn dies ist nach katholischem Brauch ihr Ehrentag. Der Legende nach hatte sie sich im 3. Jahrhundert in Nicomedia in der heutigen Türkei zum Christentum bekannt – eine mutige Haltung, denn die Minderheiten-Religion wurde blutig verfolgt. Auch der jungen Schönen kam ihr Glaube teuer zu stehen: Erst wurde sie vom eigenen Vater denunziert, anschließend im Gefängnis grausam misshandelt. Auf dem Weg zu ihren Peinigern hatte sie einen Kirschzweig gepflückt, so heißt es, der just am Tag ihrer Hinrichtung in voller Pracht erblühte. In der Tradition dieser Überlieferung werden noch heute Anfang Dezember die Barbarazweige von den Bäumen geschnitten und in warmes Wasser gestellt. Wenn sich ihre Knospen um die Weihnachtszeit öffnen, bringt dies dem Volksglauben zufolge Glück im neuen Jahr.

Zum weihnachtlichen Brauchtum hat die Märtyrerin also durchaus beigetragen, nur als zuverlässige Vorbotin der weißen Pracht taugt sie weniger. Die Wetterstatistik zeigt: Ist der Boden an ihrem Gedenktag grün, so ist er an Weihnachten nicht etwa weiß, sondern wird mit einer Wahrscheinlichkeit von etwa 60 Prozent grün bleiben.

... aber Eligius weiß Bescheid

Eligius ist da schon eher der Mann, an den die Anhänger einer weißen Weihnacht sich halten sollten. Im Kreis der christlichen Volksheiligen machte er als freigiebiger und wundertätiger Schmied von sich reden. Zum Dank erinnert die Kirche alljährlich am 1. Dezember an den Gottesdiener französischer Herkunft. *„Fällt auf Eligius ein kalter Winter-tag, die Kälte noch vier Wochen bleiben mag"*, lautet die auf ihn bezoge-ne Bauernregel – und diese hat tatsächlich einen wissenschaftlichen Hintergrund: Liegt die Temperatur an diesem Tag oder überhaupt zu Beginn des Monats im Durchschnitt unter dem Gefrierpunkt, so fällt mit einer Wahrscheinlichkeit von etwa 70 Prozent der Dezember ins-gesamt winterlich kalt aus. Die moderne Meteorologie begründet die-se Tatsache mit der sogenannten „Erhaltungsneigung der Großwetter-lage in einem stabilen Hochdruckgebiet": Diese lässt sich von aufkom-menden Tiefs nicht so schnell verdrängen. Einigermaßen auf der si-cheren Seiten können sich Schnee-Enthusiasten allerdings erst wäh-nen, wenn sich Anfang Dezember zusätzlich bereits eine Schicht des begehrten weißen Niederschlages auf dem Boden abgezeichnet hat. Denn dann ist mit ebenfalls 70-prozentiger Wahrscheinlichkeit auch an mindestens einem der Feiertage mit einer Schneedecke zu rech-nen, wissen Experten wie der Berliner Meteorologie-Professor Horst Malberg.

Weiße Weihnacht ist ein Klischee

Generell muss man jedoch einsehen: Die Vorstellung von einer wei-ßen Weihnacht ist ein Klischee – daran können die Meteorologen zu-sammen mit allen Heiligen nichts ändern. Es wird uns als solches von Werbung, Film und Fernsehen suggeriert, hat aber mit der Realität wenig zu tun. Die Zahlen des Deutschen Wetterdienstes belegen dies: Bis das gesamte Bundesgebiet an Weihnachten 2010 wieder einmal unter einer flächendeckenden Schneedecke lag, waren viele grüne Dezember ins Land gegangen – davor war dies im Jahr 1986 zu ver-zeichnen gewesen.

Naturgemäß zeigt sich Petrus in Sachen Schnee je nach Region unterschiedlich spendabel, aus dem Vollen schöpft er nur in unmittel-barer Nähe der Alpen und in höheren Berglagen. Wer dagegen etwa in Frankfurt am Main an Heiligabend aus dem Fenster sieht, wird nur alle acht Jahre einen romantischen Flockentanz zu Gesicht bekommen. Die Menschen in Hamburg und Aachen können sogar nur alle zehn Jahre mit einer weißen Weihnachtsüberraschung rechnen. In Dresden stapft der Weihnachtsmann immerhin alle vier Jahre durch die kalte Pracht. Öfter vergönnt ist ihm dies den langjährigen Wetteraufzeichnungen zufolge nur in München: Die Schneehochburg unter den großen Städten versinkt alle drei Jahre in einem Meer aus Eiskristallen. Die Behauptung, dass weiße Weihnachten früher häufiger vorkamen, ist übrigens eine Mär. Lediglich die 1960er Jahre waren ungewöhnlich schneereich und damit die Ausnahme und nicht die Regel.

Missgünstiges Wintertauwetter

Der Grund für das häufige Ausbleiben weihnachtlicher Schneefälle: Der Dezember ist in Deutschland eigentlich kein typischer Wintermonat. Bis zur Mitte des Monats liegen die Tagestemperaturen oft noch mehrere Grade im Plusbereich, und auch die Nächte sind häufig frostfrei. Erst anschließend wird es kühler, und die ersten Flocken können fallen. Alle, die sich dann hinreißen lassen und schon von Weihnachten wie aus dem Bilderbuch träumen, haben die Rechnung jedoch ohne das Wintertauwetter gemacht – eine milde Phase, die sich in unseren Breiten regelmäßig an den vielversprechenden dezemberlichen Wintereinbruch anschließt.

Ein kräftiges Tiefdruckgebiet mit Kern über der Nordsee liegt dabei auf der Lauer. Es hält osteuropäische Kaltluftmassen von Deutschland fern und winkt gleichzeitig milde Luft aus dem Mittelmeerraum durch. Diese Winde aus Südwest bis West, die zu allem Überfluss oft Regenfälle im Gepäck haben, machen einer eventuellen zarten Schneedecke bis in die höheren Lagen der Mittelgebirge den Garaus. Traurig, aber meteorologisch gesehen ganz normal. Die Fachleute verbuchen den Temperaturanstieg Ende Dezember als Singularität: als eine jener eigenartigen Wetterlagen, die zu einer bestimmten Zeit mit hoher Wahrscheinlichkeit auftreten und einem linearen Verlauf von Wetterelementen wie Temperatur und Niederschlagsmenge einen Strich durch die Rechnung machen.

Frau Holle im Glück

Nur alle sieben bis neun Jahre schwächt sich das missgünstige Tief-druckgebiet soweit ab, dass es gegen die russischen Luftmassen nichts ausrichten kann und diese Deutschland gebietsweise eine Ahnung von strengem Winter verschaffen. Damit Frau Holle gleichzeitig ausrei-chende Mengen Schnee aus ihren Kissen schütteln kann, müssen im komplizierten Zusammenspiel der Wetterfaktoren weitere Bedingun-gen erfüllt sein: Feuchtigkeit muss in den Wolken mit von der Partie sein, wohltemperiert versteht sich und keinesfalls zu warm. Im besten Fall lagert sich das kalte Wasser an winzige Staubteilchen an und ge-friert gerade rechtzeitig, um die Menschen spätestens auf dem Weg in die Christmette in Form von filigranen Eiskristallen zu erfreuen. Dazu müssten allerdings in luftiger Höhe Temperaturen von minus zwölf Grad oder weniger herrschen, ansonsten wäre es schnöder Regen, der den Kirchgängern auf den Kopf prasselt. Andererseits darf es im ent-scheidenden Moment nicht zu eisig werden: Unterschreitet die Tem-peratur minus 30 Grad, kann die Luft zu trocken werden, der Prozess kommt nicht in Gang und es passiert nichts.

Fügt sich aber eines zum anderen, und es beginnt an Weihnachten oder, noch besser, exakt an Heiligabend zu schneien, ist dies genau betrachtet also ein Geschenk des Himmels im wahrsten Sinne des Wortes. Und für diejenigen unter den Meteorologen, die angesichts der Kompliziertheit der Lage weiße Weihnachten prognostiziert hat-ten, wäre es dies wohl ebenfalls. Allen anderen bleibt die einzige Wet-terregel, auf die an Weihnachten wirklich Verlass zu sein scheint: *„Wer rät trocken oder nass, der trifft auch mitunter was."*

Hitler wollte von Weihnachten nichts wissen

Ein Fest zu Ehren eines jüdischen Messias konnte unmöglich in ihrem Sinne sein, von Nächsten- oder gar Feindesliebe hielten sie nichts, und „Friede auf Erden" war ihre Sache nie gewesen. Keine Frage: Das christliche Weihnachtsfest und die Nazis passten nicht zusammen. Parteiorgane wie die „Neue Gemeinschaft" wetterten dementsprechend gegen die *„sentimentale konfessionelle Rührseligkeit"*: Es *„besteht für uns keinerlei Veranlassung, in der ‚Volksweihnacht' Engel, Hirten oder Gestalten der kirchen-christlichen Legende auf die Bühne zu bemühen"*, hieß es in einer Ausgabe des Jahres 1937. Der „Völkische Beobachter" hatte bereits 1925 in Aussicht gestellt, was stattdessen zu erwarten war: *„Nein, nicht Frieden sollte zu diesem Weihnachtsfest gelehrt und mit tausend Glocken verkündet werden, sondern Unfriede und Kampf"*.[12]

Umdeuten statt abschaffen

Den unliebsamen Anlass einfach abschaffen – diese Konsequenz zogen die Ideologen des Systems dennoch zu keinem Zeitpunkt in Betracht. Sie sannen darauf, der Deutschen liebstes Fest umzudeuten, und dies gründlich: Es von seinem lästigen religiösen Ballast befreien, systemkonformes Gedankengut aufsatteln und die Feier, die mit dem christlichen Weihnachten nicht viel mehr als den Namen gemein hätte, anschließend als Zugpferd vor den nationalsozialistischen Propaganda-Karren spannen, so lautete der Plan in Kurzfassung.

Weihnachten sei in Wahrheit germanischen Ursprungs, fabulierten Nazideutschlands Feierstrategen schon bald. Denn: Bereits in vorchristlicher Zeit hätten die Altvorderen in der Zeit um die Wintersonnenwende ihr Julfest begangen. Ob es eine solche Feier jemals gegeben hat, ist zweifelhaft. Die Hinweise darauf sind spärlich und stammen noch dazu aus nachchristlicher Zeit. Nichtsdestotrotz: Die Argumentationslinie der Hitlergetreuen stand fest: Die Christen hätten sich des germanischen Erbes bemächtigt, es für ihre Zwecke ausgenutzt und jeden einzelnen ursprünglich germanischen Weihnachtsbrauch mittels neuem Inhalt verfremdet. Wirklich neu war diese Theorie, wie so viele Versatzstücke des nationalsozialistischen Weltbildes, nicht. In ähnlich pseudowissenschaftlicher Germanenschwärmerei ergingen sich deutsch-religiöse Sekten im Umfeld der Jugend- und Lebensreformbewegung bereits in den 1920er Jahren, wie die Autorin Doris Foitzik in ihrer Untersuchung „Rote Sterne, braune Runen" feststellt. Diese Thesen im Sinne der braunen Ideologie zuzuspitzen und für die praktische Propaganda-Arbeit nutzbar zu machen, damit war im „Amt Rosenberg" nach 1933 eine stattliche Anzahl dienstbarer Volkskundler betraut. Sie sollten die „Regermanisierung" des Weihnachtsfestes bewerkstelligen und ein „arteigenes" Brauchtum, wie es im NS-Jargon hieß, entwickeln respektive erfinden.

Schräger Pathos unterm Hakenkreuz

Joseph Goebbels, Reichspropagandaminister und damit oberster Chef aller politischen Indoktrination, konnte derweil auch bei diesem Thema nicht von seiner Vorliebe für öffentliche Großveranstaltungen lassen. Er integrierte Weihnachten in den nationalsozialistischen Festkalender, noch bevor verbindliche Feierregelungen erarbeitet werden konnten. Wenige Tage nach der ebenfalls mit Glanz und Gloria inszenierten Wintersonnenwende am 21. Dezember kamen die riesigen

Hakenkreuzfahnen, Hitlerplakate und Propagandatransparente abermals zum Einsatz. Mit solcherlei Allzweckdekoration der neuen Zeit geschmückt, nahm man es mit dem Programm in den große Sälen des Reiches anfangs nicht allzu genau: Erlaubt war, was Wirkung versprach. Marschmusik und Sieg-Heil-Rufe reihten sich unschuldig an Elemente des christlichen Weihnachtsfestes. Nach „Stille Nacht, heilige Nacht" stimmte man nicht minder inbrünstig das Horst-Wessel-Lied an, auf politische Brandreden konnte ohne Weiteres ein Krippenspiel folgen, bei dem SA-Männer als Laiendarsteller ihr Bestes gaben. Eine ausgefeiltere Festordnung, die in ihrer strengen Abfolge von Liedern und Texten an die christliche Liturgie erinnerte, bildete sich erst bis 1937 heraus. Zu einem Zeitpunkt, als sie schon fast wieder obsolet war: Noch vor Weihnachten 1939 zettelte Hitler in Polen den Zweiten Weltkrieg an, und die Situation änderte sich grundlegend.

Mit den sogenannten Volksweihnachtsfeiern, die parallel zu den öffentlichen Inszenierungen der NSDAP stattfanden, machten sich die perfiden faschistischen Propagandisten den christlichen Begriff der Nächstenliebe dienstbar: Vehikel waren die Sammelaktionen des Winterhilfswerks, denen in der Adventszeit an kaum einer Straßenecke des Reichs zu entgehen war. Die von dieser Organisation feilgebotenen Ansteckenadeln zu erstehen hatte für getreue Volksgenossen und alle, die diesen Anschein wahren wollten, verpflichtenden Charakter. An Weihnachten schließlich wurden die nicht ganz freiwillig abgetretenen Geld- und Sachspenden an Bedürftige verteilt. Und zwar als Zeichen für die *„lebendige nationale Solidarität des deutschen Volkes" (...),* die *„blutmäßig ewig begründet"* sei, wie Hitler es bereits auf einer Rede des Jahres 1933 verstanden wissen wollte.[13]

Feiern für den Krieg

War man an den weihnachtlichen Vorgängen im Familienkreis höhererseits anfangs nicht interessiert, änderte sich dies mit Kriegsbeginn schlagartig. Die Alarmlampen leuchteten bei den Verantwortlichen auf bei der Vorstellung, das Singen und Feiern im heimischen Wohnzimmer sich selbst zu überlassen. Angesichts der traurigen Realität des Krieges könnten die Menschen sich der brandgefährlichen Friedensbotschaft der Kirchen zuwenden, anstatt der Kriegspropaganda der Partei zu vertrauen, so der wohl nicht unberechtigte Verdacht. Das weihnachtliche Brauchtum und die damit verbundenen Emotionen müssten deshalb schleunigst in die richtigen, sprich: in aggressiv-chauvinistisch-braune Bahnen gelenkt werden, um der Kritik am Krieg oder gar am NS-Staat keinen Vorschub zu leisten. Dumm außerdem: An öffentliche Weihnachtsspektakel und Wintersonnenwendfeiern war aufgrund des Verdunkelungsgebots und der allgemein angespannten Lage im fortdauernden Krieg bald nicht mehr zu denken.

Ab 1939 und verstärkt ab 1942, als ein baldiges Kriegsende nicht mehr in Aussicht stand, widmete der NS-Propaganda-Apparat dem Thema Weihnachten im Familienkreis seine volle Aufmerksamkeit. Die einzelnen Dienststellen, allen voran die Goebbels unterstehenden Abteilungen der Reichspropagandaleitung, drängten mit einer Vielzahl von Ratgebern in die privaten Haushalte.

Unfrieden auf Erden, den Trauernden ein Wohlgefallen

Weihnachten wurde darin politisiert, ideologisiert und solange verbogen, bis es kaum etwas gab, was sich nicht mithilfe des neugeschaffenen Hochfestes der nationalsozialistischen Propaganda rechtfertigen und glorifizieren ließ: der Tod von Millionen von Soldaten an der Front, die Trauer und Überforderung von Müttern und Frauen in der Heimat, der nicht enden wollende Krieg oder der Überfall auf andere Nationen.

An dem mittwinterlichen Feiertag hatte man fortan den Sieg der Sonne im Kampf gegen die Finsternis zu begehen – so die grundlegende Idee, auf die zuvor schon andere Kulturen gekommen waren. Schon die Römer begingen am 25. Dezember den Geburtstag ihres unbesiegbaren Sonnengottes „Sol invictus", und auch die antiken Griechen ebenso wie eventuell die alten Germanen beraumten um diese Zeit Festivitäten an. Die Demagogen von Hitlers Gnaden vereinnahmten diesen Gedanken ebenso unverfroren, wie sie christliche Elemente aufgriffen und diesen neue, meist komplett konträre Inhalte aufzwangen.

In der Logik ihrer agitatorischen Pamphlete stand außer Zweifel, dass die Sonne vom Nazi-Regime verkörpert wurde und die Finsternis von all denen, die dagegen aufbegehrten. Klar war auch, dass die Guten per se das Recht besaßen, sich gegen die Schlechten „zu wehren". Wie die Nationalsozialisten absurd verdrehte Tatsachen für ihre Argumentation nutzten, zeigt ein Ausschnitt aus dem 1942 erschienenen Propaganda-Machwerk „Deutsche Kriegsweihnacht": Wenn man bedenke, heißt es darin, *„daß der Bolschewismus das Weihnachtsfest mit Stumpf und Stiel ausgerottet und dass der Amerikanismus es zu einem Rummel mit Jazz- und Barbetrieb verunstaltet hat, dann wissen wir, daß wir auch im Kriege, nein, gerade im Kriege Weihnachten in der Familie begehen müssen; denn auch dafür, daß wir dieses Fest behalten und gestalten dürfen, stehen unsere Soldaten die Wacht."*[14]

Die Vorsehung und der Heldentod

Eine Erlöserfigur würde zu diesem Grundthema des gerechten Krieges gut passen, befanden die Verantwortlichen. Ein ominöser jüdischer Jesus aus Nazareth war ihrer Meinung nach jedoch von Anfang an eine schlechte Wahl: Im zwölf Jahre währenden „Tausendjährigen Reich" war Adolf Hitler höchstpersönlich dazu ausersehen, den Deutschen das Heil zu bringen. Der Allmächtige immerhin blieb den Menschen erhalten, wenn sie sich damit abfinden konnten, dass er nun als persönlicher Schutzherr des Führers fungierte. Wie in Hitlers „Mein Kampf" nachzulesen und in der Folge in Propagandaschriften aller Art behauptet, hatte er als abstrakter Gott der „Vorsehung" im entscheidenden Augenblick grundsätzlich die Hände zugunsten der Nazis im Spiel: Bei der Machtübernahme Hitlers ebenso wie beim Scheitern der Attentate gegen den Despoten und bei den Kriegen, die er allerorten vom Zaun brach.

Aus dieser Logik heraus konnten die auf den Schlachtfeldern niedergemetzelten Soldaten keinesfalls etwas falsch gemacht haben. Nicht etwa mit dem Größenwahn der Obrigkeit oder politischen Fehlentscheidungen hatte ihr Tod zu tun, das Schicksal war schuld. Denn es hatte den Weg vorgegeben, den die Soldaten heldenhaft beschritten.

Dieser Helden des Vaterlandes und nicht etwa des Jesuskindes sollte man deshalb sinnvollerweise an Weihnachten gedenken. Schließlich hätten schon die Germanen zu mittwinterlichem Termin ihrer Toten gedacht und ein Fest zu Ehren der Sippe und insbesondere der Mütter veranstaltet, versuchten Hitlers Traditionsverdreher den Deutschen weizumachen.

Verklärte Mütter, verkitschte Lieder

Insbesondere an ihrem Mütterkult strickten die Nazis in den Kriegsjahren eifrig, und dies nicht, weil sie besonders frauenfreundlich gewesen wären. Aber, so die einfache Rechnung, die sie aufmachten, den in der Heimat ihren Mann stehenden Ehefrauen und Müttern musste emotionaler Trost geboten werden. Koste es, was es wolle, sie mussten zur Treue zum System verpflichtet werden, andernfalls könnten auch ihre Gatten und Söhne an der Front die Motivation zum Durchhalten verlieren. In Gedichten und Weihnachtsliedern wurde die „deutsche Frau" dementsprechend verklärt und erreichte eine Position, die in früheren Tagen der Jungfrau Maria zugestanden hatte: Ihr als der nimmermüden Gebärerin von Deutschlands Soldaten ver-

dankte das Land seine Zukunft. Stets tapfer, unermüdlich, pflichtbe-
wusst, gütig, aufopfernd bis zur Selbstaufgabe war sie, kurz: eine Heilige nach nationalsozialistischem Gusto.

Ob die Frauen oder ein Teil von ihnen angesichts der täglichen Not
und des Todes zahlreicher Angehöriger tatsächlich diesem Idealbild
nacheiferten, ist die Frage. Die Mühe, die die Kulturbeauftragten im
Dienste Goebbels' in die textliche Umgestaltung des weihnachtlichen
Liedgutes steckten, hätten sie sich aber wohl in jedem Fall sparen können. Aus den Melodien der traditionellen christlichen oder profanen
Weihnachtslieder wollten auch die findigen Brauchtumsakrobaten
des Regimes ihren Vorteil ziehen, allein an den Texten haperte es ihrer Ansicht nach. Also: Ein klein wenig an deren Inhalt geschraubt,
und schon konnten sie auch der Weihnachtsfeier nationalsozialistischen Musters einen weihevollen Rahmen verleihen: *„Stille Nacht,
heilige Nacht, hast du, Mutter an mich gedacht? Hängt am Weihnachtsbaum silbern ein Stern für dein Kind in verlorener Fern",* lautete etwa
der Vorschlag, der die erste Strophe des berühmtesten deutschsprachigen Weihnachtslieds auf Linie bringen sollte.[15] Durchsetzen konnte
er sich in der Bevölkerung ebenso wenig wie die Umdichtungen anderer beliebter Weihnachtslieder, etwa „Es ist ein Ros' entsprungen"
oder „Leise rieselt der Schnee".

Aber auch gänzlich neue Lieder brachten die Parteigenossen zustande, wie das bekannte „Hohe Nacht der klaren Sterne" des Haus- und
Hofdichters der Hitlerjugend, Horst Baumann. *„Hohe Nacht der klaren
Sterne, die wie weite Brücken stehn über einer tiefen Ferne, drüber unsere
Herzen gehen",* so dessen erste Zeilen, die selbstredend jeden christlichen, aber in ihren schiefen Bildern auch jeden sonstigen nachvollziehbaren Sinn vermissen ließen. Gesungen wurde das schwülstige
Machwerk wie andere Gesangsstücke ähnlichen Tenors auf öffentlichen Veranstaltungen, zuhause hielten die Familien dagegen nach
wie vor an den bewährten traditionellen Weihnachtsliedern fest.

Frau Holle wird befördert

Die Weihnachtserzählungen des Neuen Testaments waren, so von höherer Seite verordnet, aus dem Heilig-Abend-Ritual zu streichen. Stattdessen sollten Eltern ihren Kindern eigens erdichtete neue deutsche Märchen zu Gehör bringen. Die Verfasser setzten darin Weihnachten als Fest der Sippe, des Lichtes und des Wiedererwachens der Natur in Szene und behaupteten, sie würden damit tradierte germanische Mythen aufgreifen. Das Christkind hatte in ihren Geschichten ausgedient, als Gabenbringerin musste nun die gute alte Frau Holle herhalten. Diese stamme aus der germanischen Mythologie, sei womöglich die Inkarnation der germanischen Göttin Frigga-Freya, so die frei erfundene Begründung. Kollege Nikolaus erging es wenig besser: Statt seiner durfte am 6. Dezember sein ihm ehemals Untergebener, Knecht Ruprecht, die Geschenke verteilen. Denn auch dieser finsteren Gestalt sei vor dem Einschreiten der Nationalsozialisten Unrecht getan worden: In Wahrheit handle es sich bei ihm um den germanischen Gott Wodan, einst hätten die Menschen ihn an diesem Tag verehrt und nicht jenen christlichen Gabenbringer im Bischofsornat.

Wo es an harten Fakten mangelte, musste die Sprache das Ihrige leisten, um das Dargestellte glaubhafter erscheinen zu lassen. Lieblingsworte der Nazis waren der Volkskundlerin Doris Foitzik zufolge „ewig", „Ahnen", „seit unvordenklichen Zeiten". Gemeinsam mit dem im Übermaß verwendete Präfix „ur" sollten sie die historische Authentizität der Inhalte von Märchen, aber auch von Gedichten und Sachtexten unterstreichen.

Hakenkreuzbasteln und Schneebunkerbauen

Empfindlich zeigten sich Hitlers Meistermanipulatoren auch gegenüber den gegenständlichen Symbolen des traditionellen Weihnachtsfestes. So durfte der Christbaum nur noch im Wohnzimmer stehen, wenn er als „Jultanne" oder „Weltenbaum" firmierte – besonders vorbildliche Volksgenossen zeichneten sich dadurch aus, dass sie zu des-

sen Befestigung an einen Baumständer mit Hakenkreuzverzierung
gedacht hatten. Der Adventskranz hieß jetzt „Julkranz", und die
Hausfrau fabrizierte, so zumindest die Wunschvorstellung der Obrigkeit, Plätzchen in Form von „Julhirschen", „Schimmelreitern" oder
anderen Hirngespinsten, für die man die germanische Mythologie
verantwortlich machte. Wer auf das Kind in der Krippe nicht verzichten mochte – die Mittel für neuen Weihnachtsschmuck waren in
Kriegszeiten äußerst begrenzt –, konnte immer noch behaupten, es
handle sich keinesfalls um den vormals unter dem Namen „Jesus" bekannten Knaben, sondern um ein systemkonformes „Lichterkind".

Nicht unbeträchtliche Energien verwendeten Hitlers Feierexperten
auch auf die Festlegung des geeigneten „Julschmucks". Orientierung,
was an grünen Tannenzweigen hängen durfte, ohne dass man in trau-
ter weihnachtlicher Runde weltanschaulichen Schaden nähme, boten
unter anderem die sogenannten „Vorweihnachts-Kalender". Diese gab
die NSDAP noch in den Jahren 1942 bis 1944 heraus, als andere Pub-
likationen längst dem Druckverbot wegen Papiermangels erlegen waren. Darin fanden sich zum Beispiel Bastelanleitungen für Kugeln mit
der Aufschrift „Heil Hitler", für Hakenkreuz- und Runenanhänger sowie für Sonnenräder, die die traditionellen Strohsterne ersetzen sollten. Wer diese *„ahnenüberkommenen Sinnbilder einer germanischen
Weltschau"*[16], wie es in dem kriegstreiberischen Propagandasammel-
surium hieß, nicht selbst aus Teig, Sperrholz oder Messingblech fertigen wollte, konnte ähnlich Geschmackvolles auch als industriell
gefertigten Glasschmuck kaufen und diesen zusammen mit eisernen
Kreuzen oder kleinen Handgranaten dekorativ platzieren. Ersatzweise taten es auch die Sammelfiguren des Winterhilfswerks, kleine
Schneemänner oder Tannenbäume etwa, die zwar keinerlei tiefere
Symbolik aufwiesen, aber zumindest frei von christlichem Inhalt waren. Wie sich die Kinder die Wartezeit bis zur Bescherung verkürzen
sollten, auch darüber hatten sich die Autoren des „Vorweihnachtska-
lenders" Gedanken gemacht: Im Bauen von Schneebunkern oder im
Malen von zerstörtem feindlichen Kriegsgerät sahen sie einen angemessenen Zeitvertreib für tapfere kleine Volksgenossen.

So gefährlich und emotional aufgeladen die weihnachtlichen Beeinflussungsversuche der Nationalsozialisten waren, so sehr sie aggressive und menschenverachtende Ziele verfolgten, die Bevölkerung zeigte sich von ihnen größtenteils unbeeindruckt. Der Mehrheit der Deutschen war der weihnachtliche Flickenteppich aus pseudogermanischer, mystischer Spinnerei, verwoben mit Kriegshetze und sinnentleerten christlichen Symbolen, zu fadenscheinig, als dass sie sich ihn freiwillig ins Wohnzimmer geholt hätte. Sie hielten fest am Inventar der christlich-bürgerlichen Weihnacht, wenn nicht aus offener Opposition, so aus Tradition und einfacher Gewohnheit.

Bescherung ist am 24. Dezember

Am 24. Dezember hat das Warten ein Ende, das weiß in Deutschland jedes Kind. Warum sonst hätte der Adventskalender 24 Türchen? Und mit welchem Recht trüge der Heilige Abend seinen Namen, wenn nicht just an diesem Tag die Feierlichkeiten zu Ehren des neugeborenen Jesuskind ihren Höhepunkt erreichten?

Dieser weitverbreiteten Ansicht zum Trotz: Die Geschenke gab es nicht immer zu diesem Termin, viele andere Länder halten sich bis heute nicht an ihn. Am 6. oder am 25. Dezember, am 1., am 5. oder am 6. Januar – das Datum, an dem die Menschen rund um den Globus glänzende Augen angesichts der weihnachtlichen Gabenpracht bekommen, ist nicht immer das gleiche.

Weihnachten ist am 25. Dezember

Das Weihnachtsfest hat am 25. Dezember stattzufinden, so bestimmten es die Kirchenoberen auf dem Konzil von Konstantinopel anno 381. Die Feierlichkeiten eröffnete die Christmette: Ursprünglich ein Gottesdienst in den frühen Morgenstunden des 25. Dezembers, der bald aber schon um Mitternacht davor begangen wurde. Eine aufgrund nächtlicher Alkoholexzesse zumindest in deutschen Landen ungünstig gewählte Uhrzeit, wie sich bald herausstellte. In reformatorischer Zeit vorverlegte man deshalb die Messe in protestantischen, sehr viel später auch in katholischen Gegenden – und zwar auf den

Nachmittag oder frühen Abend des 24. Dezembers. Bald ließen viele Familien dem Gottesdienst die Bescherung zuhause unmittelbar folgen. Im Zuge der Säkularisierung und der Vermischung ehemals katholischen und evangelischen Brauchtums verzichtete man zunehmend ganz auf die kirchliche Einstimmung und ließ zum vakant gewordenen Termin am Nachmittag des 24. Dezembers Christkind oder Weihnachtsmann mit ihrem stetig wachsenden Berg an Geschenken anrücken.

Hexen, Kobolde, ruppige Weihnachtskerle

Einen Tag zu früh kommen die Gabenbringer hierzulande also ins Haus. Geht es nach kirchlicher Übereinkunft, sandte Gott erst tags darauf den Menschen das größte aller Geschenke: seinen Sohn. Im Advent haben die Christen vier Wochen Zeit, sich auf die Wiederkehr dieses Ereignisses vorzubereiten. Der letzte Tag dieser Phase der inneren Einkehr ist der 24. Dezember – Fasten und Beten lautet an ihm die Devise. Dennoch haben nicht nur die Deutschen und ihre deutschsprachigen Nachbarn in Österreich und der Schweiz in Sachen Weihnachtsparty mit fröhlichem Geschenkeverteilen keine Zeit zu verlieren, auch in anderen Teilen der Welt setzte sich der vorverlegte Termin durch.

Der Anlass ist überall der gleiche. Die Feiern rund um den Globus unterscheiden sich trotzdem nicht nur im Datum, sondern auch in der Art der weihnachtlichen Bräuche. Vorausgehende heidnische Rituale spielen in sie ebenso hinein wie unterschiedliche geschichtliche Entwicklungen und soziale Strukturen. Zur Weihnachtszeit sind denn längst nicht nur das herzensgute Christkind, der altehrwürdige Nikolaus und der großväterliche Weihnachtsmann unterwegs. Einen Stau im geheimen Wegenetz der internationalen Gabenbringer könnte man befürchten angesichts des Aufmarschs von Zwergen, Hexen, Kobolden, ruppigen Weihnachtskerlen, Ziegenböcken und anderen verwegenen Gestalten, die den unterschiedlichen Legenden zufolge in den entscheidenden Tagen ihre umfangreiche Fracht zu bewältigen suchen.

Verkehrte Welt in Russland

Was den Zeitpunkt des Weihnachtsfestes angeht, so hält die russisch-orthodoxe Kirche die Fahne der Tradition hoch – und dies im doppelten Sinne. Sie feiert Christi Geburt nicht nur am 25. Dezember, sondern hält sich dabei auch an den alten julianischen Kalender. Dieser ist gegenüber dem 1582 eingeführten, international gebräuchlichen gregorianischen Kalender um knapp zwei Wochen zurückversetzt. Gläubige Russen begehen deshalb zusammen mit Weißrussen, Ukrainern, Serben, Mazedoniern und anderen Anhängern dieser Glaubensrichtung den 25. Dezember 13 Tage später: am 7. Januar, der liturgisch am Vorabend, also am 6. Januar beginnt. Statt Häppchen und Champagner steht für orthodoxe Christen an diesem Tag strenges Fasten auf dem Programm. Erst wenn sich abends die Sterne am Himmel zeigen, wird ein festliches Abendessen aufgetischt. Durchhaltevermögen ist auch während der prachtvollen Christmetten in der Nacht zum 25. Dezember gefragt: Die Gottesdienste dauern mehrere Stunden und sind im Stehen zu absolvieren.

Wenig christlich muten die weltlichen Vergnügungen an, die sich an das kirchliche Intermezzo anschließen: Die Russen frönen an den Feiertagen Orakelbräuchen, der Wahrsagerei und dem Spiritismus: Mädchen blicken bei Kerzenlicht in Spiegel, um einen Blick auf ihren Zukünftigen zu erhaschen. Aus Lage, Form und Aussehen von Zinn, Bohnen oder Schuhen schließt man auf bevorstehendes Glück und Unglück, aus dem Wetter am Weihnachtsabend wird die nächstjährige Ernte prognostiziert. Die Festtage enden in Russland am 13. Januar, dem Tag, an dem die russisch-orthodoxe Kirche Neujahr begeht.

Bescherung ist an Silvester

Für westeuropäische Besucher nicht weniger verwunderlich: An Weihnachten steht man mit seinen Päckchen alleine da, denn Bescherung ist in Russland am Abend des 31. Dezembers oder am Neujahrstag. Generell erinnern die weihnachtlichen Bräuche im Reich zwischen Europa und Asien an unser Silvester, während die Neujahrsfeier im besinnlichen Gewand des Weihnachtsfestes daherkommt und noch dazu der wichtigste Feiertag des Jahres ist.

Kein Zufall, denn nach der Oktoberrevolution von 1917 waren die weihnachtlichen Bräuche über lange Jahrzehnte verboten. Als Ersatz für das christliche Fest ließen sich die kommunistischen Machthaber in den 1920er Jahren eine weltanschaulich unbedenkliche Neujahrsfeier einfallen, den unliebsamen Symbolen feudal-bürgerlicher Herkunft hängten sie ein mehr oder weniger fadenscheiniges Deckmäntelchen um. So wurde der Weihnachtsbaum durch die simple Umbenennung in „Neujahrstanne" in marxistisch-leninistischen Haushalten salonfähig. „Ded Moros", auf Deutsch: „Väterchen Frost", wurde dazu ausersehen, fortan systemkonform den Geschenkesack zu schultern. Mit weißem Rauschebart und langem Pelzmantel sah diese Personifikation des Winters dem ausgemusterten Weihnachtsmann verdächtig ähnlich, konnte aber seine nicht-christliche Herkunft aus der russischen Märchenwelt belegen. Freundlicherweise setzten die Propagandisten dem neuen Gabenbringer eine attraktive Begleitung in die Troika – seinen Schlitten, der von drei Pferden oder Rentieren gezogen wird: „Snegurotschka", das „Schneeflöckchen", traditionell dargestellt vom hübschesten Mädchen im Umkreis, begleitet den Gevatter bei öffentlichen Auftritten. Einen weiteren Gehilfen hat er in „Novij God", dem Jungen „Neujahr".

Bei der Bevölkerung kam das von den Sowjets protegierte Weihnachtstrio gut an. Mit Beginn der 1990er Jahre erlebten die christlichen Bräuche eine Renaissance, gleichzeitig orientierte sich die reiche Oberschicht am Westen und fand Gefallen an X-Mas und Santa Claus nach amerikanischem Vorbild. Das Resultat: In unseren Tagen können die feierfreudigen Russen nicht nur Weihnachten und Neujahr gleich zweimal feiern – nach weltlichem gregorianischen Kalender und nach kirchlichem julianischen Kalender –, sie können sich dabei nach Gusto aus einer Vielfalt von Bräuchen unterschiedlichster Herkunft bedienen.

Bambini im Geschenkerausch

Das große Los haben italienische Kinder zur Weihnachtszeit gezogen: Das nicht enden wollende Päckchenauspacken beginnt am 6. Dezember, wenn nach guter katholischer Sitte San Nicola den Bambini Präsente vor die Zimmertür gelegt hat. Eine Woche später fallen wieder kleine Überraschungen für den Nachwuchs ab: Am 13. Dezember steht, ähnlich wie in Skandinavien, das Fest von Santa Lucia auf dem Programm. Machen sich die Sprösslinge am 23. Dezember die Mühe und ziehen der Tradition entsprechend als Schäfer verkleidet von Haus zu Haus, können sie nochmals Süßigkeiten oder Geld abstauben. Zum eigentlichen Weihnachtstermin am 25. Dezember hat schließlich Il Bambinello Gesu, das Jesuskind, schon am frühen Morgen Geschenke für die lieben Kleinen hinterlassen. Ersatzweise steht in neuerer Zeit an diesem Tag Babbo Natale, der Weihnachtsmann, zur Verfügung, um den Gabenstrom auf dem italienischen Stiefel nicht vorzeitig versiegen zu lassen.

Am 6. Januar schließlich warten alle auf die Hexe Befana. Auf ihrem Besen prescht sie dem Volksglauben zufolge heran und schafft weitere Aufmerksamkeiten durch den Schornstein ins Innere der Häuser. Ungezogene Kinder haben diesmal allerdings nur Kohlestücke in Form von schwarz gefärbten Zuckerstücken zu erwarten. Der Legende nach war die furchterregend hässliche, aber gutherzige Gestalt den Heiligen Drei Königen auf ihrem Weg nach Bethlehem begegnet. Deren Aufforderung mitzukommen folgte sie zunächst nicht. Als sie den Weisen später nachreiste, war es zu spät: Der wegweisende Stern war mittlerweile erloschen. Noch immer irrt sie deshalb auf der Suche nach dem kindlichen Messias durch den nächtlichen Himmel. Da jedes Kind das Jesuskind sein könnte, hinterlässt sie vorsichtshalber auch in jedem Haus ein Geschenk.

Bescherung ist am 6. Januar

Noch vor einigen Jahrzehnten fand die Bescherung der Kinder in Italien ausschließlich am 6. Januar statt, in manchen ländlichen Regionen ist das bis heute so geblieben. Als Befana um die Wende zum 20. Jahrhundert zunehmend die Konkurrenz des Weihnachtsmannes zu spüren bekam, erhielt sie ausgerechnet von Benito Mussolini Unterstützung. Die Propagandisten des Faschistenführers bemächtigten sich der rüstigen Seniorin, um sie als systemkonforme Wohltäterin der italienischen Jugend zu inszenieren.

Heute gilt der 6. Januar als der Gedenktag der Heiligen Drei Könige, insofern ist es durchaus passend, dass die Hexe ihre Geschenke zum selben Zeitpunkt verteilt wie einst ihre biblischen Kollegen. Vielleicht richtet sich die unansehnliche Gabenbringerin aber auch nach einem Termin aus frühantiker Zeit: Mancherorts feierte man nämlich den Geburtstag des Herrn tatsächlich zunächst am 6. Januar, bis das Fest im 4. Jahrhundert in Ost- und Westkirche verbindlich auf den 25. Dezember gelegt wurde.

Die Spanier und das Glückspielfieber

Das katholische Spanien leidet im Advent unter chronischem Glücksspielfieber. Höhepunkt der Vorweihnachtszeit ist die Ausspielung der staatlichen Weihnachtslotterie am 22. Dezember. Wenn der Gewinner des Hauptpreises „El gordo", „Der Dicke", im Fernsehen verkündet wird, sind die Straßen auf der Iberischen Halbinsel leergefegt. Da die Lose der größten und ältesten Lotterie der Welt teuer sind – König Karl III. führte sie bereits 1763 zur Sanierung der Staatskasse ein –, legen die Menschen für ihren Erwerb nicht selten zusammen. Ganze Dörfer sind dadurch zwei Tage vor Weihnachten schon zu Millionären geworden.

Zu Glücksrittern werden Groß und Klein auch, wenn am 24. Dezember nach einem festlichen Abendessen die „Urne des Schicksals" auf den Tisch kommt. Jedes Familienmitglied darf sich eines der darin enthaltenen verpackten Geschenke herausangeln. Wer eine der untergemischten Nieten abbekommen hat, zieht gleich noch einmal. Erster religiöser Programmpunkt unter den bis dahin nicht gerade christlichen weihnachtlichen Vergnügungen: Um Mitternacht beginnt traditionell die Misa de Gallo, die Messe des Hahns. Dieser Frühaufsteher unter den Tieren war es nach Ansicht der Spanier, der das neugeborene Jesuskind als Erster erblickte.

In der ersten Januarwoche schließlich rauscht in Spanien zwar nicht Befana durch den Kamin, dafür hielten bereits am 5. Januar nicht minder spektakulär die Heiligen Drei Könige Einzug in die Dörfer und Städte. Die bisweilen per Hubschrauber oder Boot, meistens aber klassisch auf Pferden oder Kamelen eintreffenden Besucher werden von Trommlern, Festkapellen und der wartenden Menschenmenge empfangen. Zuhause stellen die Kinder am Abend der feierlichen Umzüge Wasser und Brot für die Reittiere der Könige vor die Tür. Tags darauf finden sie dort die Geschenke, die ihnen die fremdländischen Besucher zum Dank dafür hinterlassen haben.

Skandinavische Mittwinterbräuche

An Kerzen, Lichtern und funkelnder Weihnachtsdeko sparen die Skandinavier üblicherweise nicht, denn diese sind gut investiert: Die Winter in ihrer Heimat sind lang und dunkel, die Sonne hat sich bereits mit dem ersten Frost vielerorts verabschiedet. Christbaum und Weihnachtsmann hatten in der zweiten Hälfte des 19. Jahrhunderts im Gepäck der dänischen und schwedischen Oberschicht Einzug in die Region gehalten, und gefeiert wird wie bei uns am 24. Dezember. Die Ähnlichkeiten zur deutschen Ausgestaltung des Festes haben sich damit weitgehend erledigt. Denn größtenteils wurzeln die weihnachtlichen Anstrengungen in skandinavischen Ländern in vorchristlichen Ernte- und Mittwinterbräuchen.

Hektisch war der Dezember in vorchristlicher Zeit, und hektisch ist er geblieben. Schlachten, Bierbrauen, Holzeinbringen, Festtagskleidernähen, Talglichtergießen stand damals auf dem Plan, heute wird geputzt, gebastelt, geschmückt, gekocht und gebacken, was das Zeug hält. Ruhe zieht erst ein – zumindest in Norwegen und im Nachbarstaat Finnland –, wenn am 24. Dezember der berühmte Weihnachtsfrieden verkündet wird: Das Fest sei *„mit der angemessenen Frömmigkeit zu begehen"*, man habe *„sich im übrigen still und ruhig zu benehmen"*[17], lautet die Ansage, die die Bevölkerung der finnischen Stadt Tukur seit 1320 vom Balkon des örtlichen Rathauses zu hören bekommt und die heutzutage im Fernsehen verbreitet wird. Bei Zuwiderhandlung verstand die Obrigkeit in der Vergangenheit keinen Spaß: Besonders drakonische Strafen hatte zu erwarten, wer an den Weihnachtstagen gegen Recht und Ordnung verstieß.

Leuchtende Jungfrauen, fliegende Geschenke

In Schweden hat sich währenddessen Besinnlichkeit schon mit dem Lucia-Fest am 13. Dezember breitgemacht. Am nach alter julianischer Kalenderrechnung kürzesten Tag des Jahres verkleidet sich das älteste Mädchen der Familie als Lucia, um die bevorstehende Rückkehr des Lichts zu zelebrieren. Im weißen Kleid, mit rotem Band um die Taille und Kerzenkranz auf dem Kopf zieht sie mit ihrem Gefolge – anderen weiß gekleideten Mädchen und als Wichtel, Sternenknabe und Pfefferkuchenmännchen verkleideten Jungs – durch die Straßen. Der stimmungsvolle Brauch steht in der Tradition heidnischer Sonnenwendfeierlichkeiten, vermischte sich in christlicher Zeit aber mit der Legende um die heilige Lucia. Die mildtätige Jungfrau lebte in Syrakus auf Sizilien und wurde, so heißt es, während der römischen Christenverfolgung um 300 n. Chr. hingerichtet.

Die schwedische Hausfrau hat Glück: Dem Volksglauben zufolge stehen ihr bei den anstrengenden Weihnachtsvorbereitungen fleißige Hausgeister zur Seite. Zum Dank für ihre Hilfe bekommen sie an Heiligabend eine Schüssel mit süßem Milchbrei – wer es vergisst, braucht sich nicht zu wundern, wenn ihm die wichtelartigen Wesen im nächsten Jahr übel mitspielen. Mit Kartoffelsalat und Würstchen ist es im

Königreich an Weihnachten nicht getan, die Familie freut sich auf das Julbord – ein Büffet mit bis zu 60 Speisen. Nach dem Festmahl geht es fröhlich weiter, und Jung und Alt tanzen gemeinsam um den Weihnachtsbaum. Auch die Bescherung wurde in früheren Zeiten zum ausgelassenen Gesellschaftsspiel: Der Überbringer eines Geschenks pochte an die Haustür, öffnete sie und warf seine Gabe unter dem Ruf „Julklapp" hinein – anschließend machte er sich möglichst unerkannt davon. Die Reime, die auf den Päckchen zu lesen waren, ließen die Schweden an Weihnachten zu einer Nation von Dichtern werden: Denn aus den liebevoll bis ironisch-gehässigen Formulierungen musste erraten werden, für wen das Präsent bestimmt war. In Erwartung der einen oder anderen fliegenden Überraschung stehen noch heute viele Wohnzimmertüren und Fenster am Weihnachtsabend offen. Meist ist es aber der „Jultomte", die schwedische Version des Weihnachtsmannes, dem die Kinder an diesem Tag entgegenfiebern.

Geister, Ziegenböcke und Ikea-Nippes

Aus bäuerlicher Zeit stammt die Sitte, am Weihnachtstag Stroh in Häusern und Kirchen zu verstreuen. Im „Julstroh" fanden Orakelbräuche und Geschicklichkeitsspiele statt, in der Nacht nutzte man die piksende Unterlage als gemeinschaftliche Schlafstatt. Um die unsichtbaren Geister aller Art im kommenden Jahr gnädig zu stimmen, überließ man ihnen derweilen das eigene Bett.

In Stroh hüllten sich in Schweden und Norwegen in der Vergangenheit auch Scharen junger Männer, um sich in den aus der nordischen Mythologie stammenden „Julbock" zu verwandeln. Mit Masken aus Fell und Birkenrinde angetan, zogen sie singend von Hof zu Hof und führten kleine Theaterstücke auf. Ähnlich dem heiligen Nikolaus sprachen sie Lob und Tadel aus, Präsente hatten sie ursprünglich aber nicht zu bieten, im Gegenteil: Sie wollten für ihre Darbietungen beschenkt und bewirtet werden. Erst ab dem 18. Jahrhundert traten die menschgewordenen Bockgestalten selbst als Gabenbringer an, im 19. Jahrhundert unterstützten sie immerhin noch den neu eingeführten Weihnachtsmann in seiner Heiligabend-Mission. Heute jedoch steht das Horntier üblicherweise untätig und auf ein geflochtenes Strohaccessoire geschrumpft unter dem geschmückten Baum – das Möbelhaus Ikea machte den Bock in dieser Form als weihnachtliches Symbol weltweit bekannt.

Feiern, bis König Knut kommt

Der hohe Norden wartet mit einer Vielzahl weiterer fantasiebeflügelnder weihnachtlicher Gestalten und Bräuche auf. So gibt sich in Norwegen an Heiligabend der „Julenissen" die Ehre. Dass er etwas kleiner und etwas lustiger ist als seine Weihnachtsmann-Kollegen in anderen Ländern, ist nicht verwunderlich: Er ist mit den Nissen, den Kobolden seines Landes, verwandt.

Eine Ehefrau und einen festen Wohnsitz kann der finnische Gabenbringer vorweisen. Der Joulupukki wohnt nach landläufiger Überzeugung mit seiner Angetrauten Joulumuori im Ohrenberg in der Nähe des Städtchens Rovaniemi. Seine Geschenke, die er das Jahr über gemeinsam mit einem Heer von Elfen fabriziert hat, kann er allerdings erst unters Volk bringen, wenn dieses den am 24. Dezember landesweit anstehenden Friedhofsbesuch absolviert hat: Nirgendwo sonst verfügen die Toten über ähnlich weihnachtlich herausgeputzte Wohnstätten.

Auf wüste Gestalten machten sich die Isländer früher in der Adventszeit gefasst. Die Jólesveinar, die 13 Weihnachtskerle, trieben ab dem 12. Dezember ganze 13 Tage ihr Unwesen. Auf das Stibitzen von Lebensmitteln, das Erschrecken von Kindern und ähnlichen Schabernack waren sie abonniert. Ob der internationalen Konkurrenz reißen sich die der altisländischen Sagenwelt entstammenden Unholde inzwischen zusammen und mimen gutwillige Gabenbringer. Werden ihnen Missetaten von Kindern bekannt, legen sie diesen zur Strafe allerdings auch heute noch alte Kartoffeln in die bereitgestellten Schuhe.

Das Weihnachtsfest endet in Skandinavien übrigens nicht wie bei uns mit dem Dreikönigstag am 6. Januar, sondern erst eine Woche später. Am Ehrentag Knuts IV., eines freigiebigen und beliebten dänischen Herrschers des 11. Jahrhunderts, wird traditionell noch einmal festlich getafelt und der Weihnachtsbaum vor die Tür gesetzt.

Ritterliche Sause mit Eberkopf

Die Engländer feiern Weihnachten ausgelassen, mit großem Festessen und in mit Papiergirlanden, Lorbeer und Stechpalmen üppig geschmückten Räumen. Bei ihrer karnevalesk anmutenden Interpretation des Festes – gerne tragen die sonst so reservierten Briten zu diesem Anlass Papierhüte auf dem Kopf und entzünden Knallfrösche – können sie sich auf ein berühmtes Vorbild berufen: Schon König Artus, jener sagenumwobene Heerführer aus der Zeit um 500 n. Chr., ließ der Legende nach für seine verdientesten Ritter eine Weihnachtsfeier der Extraklasse springen: Mit Eberkopf, Plumpuddding und anderen Köstlichkeiten schlug man sich den Bauch voll, während Gaukler, Akrobaten und Dichter für das entsprechende Rahmenprogramm sorgten.

Ausgiebiges Tafeln an den Feiertagen gilt bis heute als britische Tradition, allerdings ist der Eberkopf mittlerweile „George" gewichen, dem traditionell am 25. Dezember servierten Truthahn. Auf flambierten Plumpudding zum Nachtisch – jenes Pflaumenporridge mit Rindertalg, Rosinen, Ingwer und Muskatnuss – können die Briten bis heute keinesfalls verzichten. Wer die darin eingebackene Münze findet, darf sich etwas wünschen. Glommen im alten England ähnlich wie in Skandinavien und Frankreich riesige Weihnachtsblöcke aus Baumstämmen stundenlang vor sich hin, so wurden diese ab dem 19. Jahrhundert mangels geeigneter Feuerstellen zunehmend von einem handlicheren hölzernen Utensil verdrängt: Königin Victorias deutscher Gatte hatte den Weihnachtsbaum aus seiner Heimat mitgebracht.

Bescherung im Schlafanzug

Der Morgen des 25. Dezembers macht passionierte Langschläfer in Großbritannien, Australien, den USA, Kanada und Neuseeland mobil. In aller Frühe hört man dort die Kinder zum Kaminsims oder ins Wohnzimmer trippeln, um die dort aufgehängten Weihnachtsstrümpfe zu inspizieren. In der Regel mit reicher Ausbeute, denn der in England unter dem Titel Father Christmas, in den anderen englischsprachigen Ländern unter dem weniger formellen Namen Santa Claus bekannte Alte war schon in der Nacht aktiv: Durch den Kamin rutschend hatte er sich Eintritt in die Häuser verschafft, um alle der Familie zugedachten Geschenke in jenen extralangen gestrickten Gebilden zu verstauen. Der überschaubare Lohn für seine Mühe: ein Becher Milch und ein paar Plätzchen auf der Fensterbank. In Down Under immerhin hat man angesichts von Temperaturen von über 30 Grad gelegentlich ein Einsehen und stellt dem Alten mit einem Glas kaltem Bier Gehaltvolleres bereit. Seinen Weg vom Nordpol auf die verschiedenen Kontinente bewältigt das Dickerchen der Überlieferung nach mithilfe eines Schlittens, gezogen von einem Rentiergespann inklusive des vielbesungenen rotnasigen Rudolphs. Nur in Australien sind ihm ersatzweise sechs schneeweiße Kängurus zu Diensten.

Mit den Geschenken hat der Spaß am Weihnachtstag noch längst kein Ende: Die Kinder dürfen sich verkleiden, Märchenaufführungen besuchen und mit Christmas Crackers hantieren – Knallbonbons, die winzige Geschenke und Sprüchebanderolen enthalten. Derweil nehmen die Erwachsenen wörtlich, dass Weihnachten das Fest der Liebe ist: Mädchen und Frauen, die unter an den Türrahmen aufgehängten Mistelzweigen hindurchgehen, dürfen geküsst werden – ungefragt. Nur um Punkt 15 Uhr ist in England und im gesamten Commonwealth etwas mehr Ernst erbeten. Im Fernsehen richtet die Queen ihre Weihnachtsansprache an das Volk.

Hexenbisse und milde Gaben

Keine Schlägerei, sondern Wohltätigkeit ist an Englands 2. Weih-
nachtsfeiertag, dem Boxing Day, angesagt: Früher erhielt das Personal
an diesem Tag eine kleine Geschenkschachtel, die „box". Heute ist
dies der Termin, um Postboten und Müllmänner mit einem Trinkgeld
zu bedenken. Auch wenn es mit der weihnachtlichen Besinnlichkeit
schon zu diesem Zeitpunkt weitgehend vorbei ist – Pubs haben ebenso
wieder geöffnet wie die Geschäfte –, offiziell endet Weihnachten im
Königreich wie bei uns am 6. Januar. Allerdings stehen dann nicht die
Heiligen Drei Könige vor der Tür, sondern Mari Lwyd: eine ganz in
weiß gekleidete Hexe. Wer die von ihr gestellten Rätsel nicht lösen
kann oder selbst für sie keine verzwickten Fragen parat hat, muss die
ungute Alte mit Essbarem besänftigen oder schlimmer noch: wird von
ihr gebissen.

Von wahrer weihnachtlicher Nächstenliebe zeugt dagegen eine
Sitte, die sich die Iren bewahrt haben. Sie stellen Kerzen in die Fenster
ihrer Häuser, und alle dürfen sich eingeladen fühlen, die wie einst
Maria und Joseph hungrig und obdachlos sind.

Multikulturelles Weihnachtspuzzle

Die Weihnachtstraditionen der Britischen Inseln bahnten sich ihren
Weg in die ehemaligen Kolonien Australien, Neuseeland und Nordamerika. In den USA vermischten sie sich mit den Versatzstücken heimatlichen Brauchtums, die die Einwanderer anderer Nationen wie Italiener,
Skandinavier, Mexikaner oder Franzosen bei ihrer Einreise in die neue
Welt im Gepäck hatten. Alle gemeinsam verliehen dort dem Fest seinen
heutigen multikulturellen Anstrich: Skandinavischer Julklapp findet
ebenso statt wie die Bescherung vor stilechten italienischen Krippen
oder typisch deutschen Weihnachtsbäumen. Die Mexikaner steuerten
rot leuchtende Weihnachtssterne zum bunten Mix der amerikanischen
Weihnacht bei und verabreden sich nach wie vor zur traditionellen
Posada: Die Hauptdarsteller Maria und Joseph ziehen dabei, begleitet

von der Kirchengemeinde, von Haus zu Haus und bitten singend um Aufnahme. Diese wird ihnen gewährt, und eine ausgelassene Feier bei bester Bewirtung kann beginnen.

Typisch amerikanisch sind die fulminanten Christmas-Paraden. Mit lauter Marschmusik und Kolonnen beleuchteter Umzugswagen läuten sie vielerorts die Weihnachtszeit ein. Bezüglich der Größe der Weihnachtsbäume, der Üppigkeit der Dekoration, des Ausmaßes an Kitsch und der Anzahl der verschickten Weihnachtskarten werden die Vereinigten Staaten ihrem Ruf als dem Land der unbegrenzten Möglichkeiten gerecht. Was die Aufschrift der Grußbotschaften angeht, so gibt man sich bei aller Weihnachtsbegeisterung zurückhaltend: Mit dem Text „Season's Greatings" oder „Holiday Greetings" flattern sie ins Haus – schließlich will man im Schmelztiegel USA die Anhänger anderer Religionsgemeinschaften nicht vor den Kopf stoßen. Wer dennoch „Happy Xmas" auf seine Karte schreibt, outet sich übrigens nicht als abkürzungsfanatischer Kulturbanause: Mit „X" beginnt in der griechischen Schreibweise der Name „Christus".

Glühwein on the rocks

Der Sonnenstaat Florida und andere Regionen des riesigen Landes sind von Natur aus für weihnachtliche Romantik nicht unbedingt geschaffen. Genauso wenig wie Australien oder Neuseeland, denn dort fällt Weihnachten in den Hochsommer. Trotzdem will sich niemand, schon gar nicht die ortsansässigen Geschäftsleute den Spaß vermiesen lassen. Der Glühwein liegt bei Temperaturen um die 35 Grad umständehalber auf Eis, und der Truthahn wird in Form eines Barbecue unter freiem Himmel serviert. Der Weihnachtsmann nutzt die Gunst der Stunde und packt sein südländisches Temperament aus. Nonchalant tauscht er Pelzmantel gegen Badehose, den großväterlichen Schlitten gegen Surfboard oder rasante Wasserski. Seiner wartenden Klientel legt er die Geschenke unter Palmen oder wohlmeinend geschmückte Plastikbäume und tanzt mit ihr, wenn es sein muss, barfuß im Sand.

Stimmung kommt am heißesten Sommerweihnachtstag auf, wenn sich die Nacht über ihn senkt. Das wissen auch die Menschen in Down Under und verlagern ihre weihnachtlichen Vergnügungen deshalb gerne in den Abend. Carols By Candlelight nennt sich ein Brauch, der schon in der Vorweihnachtszeit für schummrige Besinnlichkeit sorgt: Die Bewohner eines Ortes kommen zusammen, um bei Kerzenschein gemeinsam Weihnachtslieder zu singen oder den Darbietungen eigens engagierter Sänger und Orchester zu lauschen.

Kampf ums Gabenbringer-Monopol

Der von Werbung, Film und Fernsehen international protegierte Weihnachtsmann hat in den meisten Ländern den Kampf gegen die traditionellen Gabenbringer aufgenommen. Er tut sein Bestes, um sich den landestypischen Gepflogenheiten anzupassen: In Brasilien reist er, wie es sich für den Manager eines weltweit operierenden Unternehmens gehört, am Weihnachtsabend im Helikopter an. In Grönland fährt er seine Geschenke auf dem Hundeschlitten aus, und in Australien bändigt er ein Gespann aus sechs weißen Kängurus. Für seine zunehmende Kundschaft in Asien hat er eigens kitschig-bunteste Päckchen geschnürt, in Sri Lanka hängt er mit klobigen Fingern filigrane Mitbringsel in Bambusbäume, auf Hawaii deponiert er seine Gaben schwitzend unter Palmen, und in Südafrika hat er gelernt, dass diese unter die bereitgestellten baumähnlichen Drahtgestelle gehören. Dun Che Lao Ren nennt er sich in China, mit Hoteiosho stellt er sich in Japan vor, diverse weitere Künstlernamen hat er sich in anderen Ländern zugelegt. Und trotzdem: Verdrängen konnte er die alteingesessenen weihnachtlichen Brauchtumsfiguren bisher nicht – vielleicht auch deshalb nicht, weil diese ihm eine zu verwirrende Vielfalt an Bescherterminen entgegenzusetzen haben.

Bescherung ist am 5. Dezember und am 1. Januar

Ganz fatal ist die Situation in den Niederlanden. Dort müsste er sich quasi gegen sich selbst durchsetzen. Einst war er als heiliger Nikolaus von Europa in die neue Welt ausgewandert, um von dort als säkularisierter Weihnachtsmann namens Santa Claus zurückzukehren. Ebenjenes Alter Ego aus früherer Zeit, Sinterklaas in der Landessprache genannt, weigert sich nun beharrlich, ihm die Position Eins der weihnachtlichen Gabenbringer zu überlassen. Jener Vorgänger im Bischofsornat reist bereits Mitte November per Schiff aus Spanien an – so will es die Legende. Am Abend des 5. Dezembers – nicht früher und nicht später – erhalten die Kinder ihre Geschenke aus seiner Hand, so will es der Brauch seit Jahrhunderten, und so soll es nach Meinung der meisten Niederländer auch bleiben.

In Griechenland darf sich der Weihnachtsmann von den Scharen an Kindern, die bereits am 24. Dezember musizierend durch die Straßen ziehen, nicht täuschen lassen: Dort darf er erst zum gänzlich ungewohnten Termin am Neujahrstag mit Geschenken auf der Matte stehen. Nur dann nämlich kann er dem heiligen Basilius Konkurrenz machen, einem wohltätigen Bischof aus der Zeit um 350 n. Chr., den die Griechen traditionell an diesem Tag erwarten. Auf den Philippinen müsste er seinen Repräsentationspflichten ganze sechs Wochen nachkommen, denn dort läuten die Glocken der katholischen Kirchen das Weihnachtsfest bereits am 16. Dezember ein. Endgültig ins Schleudern käme er wohl, wollte er sich als internationaler Gabenbringer auf hoher See profilieren: Wenn norwegische mit russischen, deutschen, philippinischen und Seeleuten anderer Nationen außerhalb der staatlichen Hoheitsgewässer zusammentreffen, wann genau soll er dann an Bord zur Geschenkeübergabe schreiten?

Der Weihnachtsmann wohnt im hohen Norden

Santa ist ein Finne. Die Einwohner von Rovaniemi wissen das schon lange, mittlerweile können sie es auch dem Rest der Welt beweisen: „Offizieller Wohnort des Weihnachtsmannes" lautet der markenrechtlich geschützte Titel, den die EU der Stadt im Herzen Lapplands 2010 zuerkannte.

Die geschäftstüchtigen Nordlichter ließen es sich einiges kosten, um sich ihres Ehrenbürgers würdig zu erweisen. In den 1980er Jahren zimmerten sie ein ganzes Dorf aus Blockhütten in die arktische Landschaft. Hier residiert der Rotberockte mit seiner Entourage aus Rentieren und einer nicht unbeträchtlichen Zahl von Wichteln – nicht nur das „Hauptpostamt des Weihnachtsmannes" ist in Santa Claus Village angesiedelt, auch ein Museum, Werkstätten und eine unübersichtliche Zahl von Souvenirshops gilt es zu betreiben. Bis zu zehn Stunden am Tag hält der unverwüstliche Alte in Stoßzeiten Hof. Er schüttelt Hände von weither angereisten Bewunderern, posiert für Erinnerungsfotos – sommers wie winters, denn Weihnachten ist in Rovaniemi das ganze Jahr.

Damit sich die Weihnachtsmann-Jünger nicht zu schnell aus der Region verabschieden, setzten die an ausgefallenen Ideen nicht armen Nordmänner auf Sprengstoff: 100 000 Kilo Dynamit jagten sie in den 1990er Jahren in den Syväsenvaara-Hügel keine drei Kilometer vom glitzernden Hüttendorf entfernt, um ihm eine 8 000 Quadratmeter große, weitverzweigte Höhle abzutrotzen. Ein unterirdisches Winter-Wunderland entstand und eine weitere Wirkungsstätte für den nimmermüden Kinderfreund: Auch im neuen Santa Park hatte er nach dem Willen des Investoren-Konsortiums von nun an zwischen Eisskulpturen und Weihnachts-Tingeltangel den gutmütigen Grüßonkel zu mimen.

Die Finnen schufen beton- und baumstammharte Fakten, was den Wohnort des Weihnachtsmannes angeht, könnte man also meinen. Doch ganz so einfach ist die Sache nicht. Schon innerhalb des Landes am Polarkreis sorgen weitere Anschriften für Verwirrung.

Mehr Adressen als jeder Steuerflüchtling

Frühere Generationen von Finnen verorteten den Joulupukin noch gut 200 Kilometer nordwestlich des heutigen Touristenspektakels in der Grenzregion zu Russland. Dort sei er im Korvatunturi zuhause, einem Berg, dem die Natur praktischerweise die Form eines Ohres verliehen hat. Dank dieses speziellen Weihnachtsmann-Anwesens dürfte bei den Geschenken eigentlich nichts schiefgehen, denn sein Bewohner kann im Inneren des steinernen Schallüberträgers die Wünsche der Kinder aus aller Welt laut und deutlich hören. In den 1920er Jahren hatte der Rundfunkmoderator Markus Rautio dieses Märchen in Finnland populär gemacht. Dumm nur, dass er auf vermarktungstechnische Grundsätze damals noch so überhaupt nicht bedacht war: Menschenleer und kaum zu erreichen ist die Gegend, in der er die geheime Werkstatt des Santa Claus ansiedelte. Als man Jahrzehnte später zur wirtschaftlichen Förderung der Region einen weihnachtlichen Themenpark plante, half alles nichts: Santa musste umziehen und bekam seinen Zweitwohnsitz im dank Flughafen leicht erreichbaren Städtchen Rovaniemi zugewiesen.

Markenrecht hin oder her, indessen erhebt auch Nachbar Schweden Anspruch auf den weißhaarigen Rauschebart: Dieser sei in Wahrheit im mittelschwedischen Mora beheimatet – schließlich hat man

ihm dort am malerischen Siljasee nicht umsonst ebenfalls einen Frei-
zeitpark errichtet. Der Nachkomme des heiligen Nikolaus wohnt in
Grönland, ist man sich dagegen in Dänemark sicher. In Amerika will
man ihn und seine Getreuen am Nordpol ausgemacht haben. In den
Niederlanden erwartet man den spendablen Besucher traditioneller-
weise jedes Jahr per Schiff aus Spanien. Schnell zeigt sich: Der Weihnachtsmann hat eine Fülle von Adressen, denen jeder Steuerflücht-
ling Respekt zollen müsste.

Mit 28 000 Sachen über den Schlitten-Highway

Nebenbei bemerkt: Auch was sein Arbeitspensum angeht, ist der alte
Mann ein Phänomen. Wie er es zum Beispiel schafft, seinen repräsentativen Verpflichtungen nachzukommen, Millionen Briefe zu beantworten und nebenbei noch Fabrikhallen voller Geschenke zu basteln, bleibt sein Geheimnis. Zur Frage, wie er den rasanten Marathon
im Geschenkeverteilen hinbekommt, haben Physiker des Wissen-
schaftsmuseums Phaeno in Wolfsburg dagegen genaueste Berechnungen angestellt: Was den Auslieferungsbereich innerhalb Deutschlands angeht, müsste der Senior auf seinem Schlitten danach mit genau 28 603 Kilometern pro Stunde von Haus zu Haus heizen, um alle
etwa elf Millionen deutschen Kinder im Alter bis 15 Jahren rechtzeitig zu bescheren. Damit wäre er mit 23-facher Schallgeschwindigkeit
und schneller als jedes Flugzeug unterwegs. Der brave Rudolph dürfte dabei ganz schön ins Schwitzen kommen, aber nicht nur er allein: 3 000 stramme Burschen seiner Art wären ein angemessenes
Gespann, um das riesige Gefährt nebst allen benötigten Geschenken
zum Fahren zu bringen, wie die Wissenschaftler errechneten.

Briefkasten-Kommune mit dem Christkind

Fakt ist: Auch in Deutschland hat der phänomenale Päckchenbote an seine kindliche Kundschaft gedacht und leistet sich gleich mehrere Briefkasten-Dependancen, in denen er über die Adventszeit erreichbar ist. Um seine Arbeit effizienter zu gestalten, kooperiert er seit Längerem mit der Deutschen Post. Hatten deren Mitarbeiter zunächst vielerorts die regelmäßig eintrudelnden Wunschzettel in Eigenregie nach Dienstschluss beantwortet, zeigte das Unternehmen, das damals noch Deutsche Bundespost hieß, angesichts der wachsenden Anzahl dieser Bittbriefe schließlich ein Einsehen: 1967 öffnete das erste offizielle Weihnachtspostamt in Himmelsthür, einem Stadtteil von Hildesheim. Mittlerweile hat die Post diese Traditionsfiliale aus Kostengründen geschlossen, die Briefe an den Weihnachtsmann werden aber trotzdem nach wie vor beantwortet.

In der Folge entstanden weitere solcher Dienststellen – jeweils an Orten, die man mit etwas gutem Willen mit Weihnachten zusammenbringen konnte: im brandenburgischen Himmelpfort etwa, im thüringischen Himmelsberg oder im niedersächsischen Himmelreich. Übrigens: Auch Schreiben, die unter diesen Adressen an das Christkind gerichtet sind, lässt der Weihnachtsmann als Grandseigneur der alten Schule großzügig durch seine fleißigen, zumeist ehrenamtlichen Helfer beantworten. Und dies, obwohl die missliebige engelhafte Konkurrenz inzwischen eigene Postämter unterhält, wie im nordrhein-westfälischen Engelskirchen, im bayerischen Himmelstadt und im niedersächsischen Himmelpforten. Der Nikolaus hat sich die Adressen im niedersächsischen Nikolausdorf und im saarländischen St. Nikolaus reserviert. Aber auch hier herrscht Toleranz in den Schreibstuben: Egal, an welchen der weihnachtlichen Repräsentanten die Briefe gerichtet sind, sie erhalten ihre Antwort nebst der bei Philatelisten begehrten Sonderbriefmarke und dem weihnachtlichen Sonderpoststempel.

Zwischen Tradition und Moderne

Das Schreiben von E-Mails an den Weihnachtsmann macht dagegen keinen Sinn, zumindest hierzulande nicht. Dass die Post die weihnachtliche Großaktion nicht nur aus reiner Nächstenliebe durchführt, sondern auch, um dem Nachwuchs das Briefeschreiben näherzubringen, kann vermutet werden. Am Weihnachtsmann jedenfalls liegt der E-mail-Verzicht nicht. In anderen Ländern, wie in Frankreich etwa oder auch im 1856 gegründeten, dienstältesten Postamt der Welt im US-amerikanischen Indiana, setzt der zipfelbemützte ältere Herr längst auf Tempo und jagt seine Grußbotschaften in Sekundenschnelle durch das Datennetz.

Eine besondere Vorgeschichte besitzt das älteste Weihnachtspostamt im deutschsprachigen Raum: 1695 lebte im oberösterreichischen Städtchen Steyr der schwerkranke Kapellmeister Ferdinand Sertl. Um Linderung seiner Leiden von höherer Seite zu erbitten, stellte er eine Christkindfigur aus Wachs in eine ausgehöhlte Fichte in der Nähe seines Heimatortes. Und tatsächlich, das Wunder geschah: Nachdem der gottesfürchtige Mann beharrlich vor seiner stillen Andachtsstelle im Wald gebetet hatte, wurde er von seiner Krankheit erlöst. Die frohe Kunde sprach sich herum, andere Gläubige taten es ihm nach, und bald schon wurde eine Wallfahrtskirche an dem Ort errichtet, der fortan Christkindl genannt wurde. Die österreichische Post nahm das Zusammentreffen geballter Frömmigkeit – der Nachbarort heißt zu allem Überfluss Unterhimmel bei Steyr – als Zeichen und richtete 1950 an Ort und Stelle ein weihnachtliches Sonderpostamt ein.

Der Nordpol ist überall

Der Weihnachtsmann wohnt am Nordpol, sind sich amerikanische Kinder seit jeher sicher. Kann gar nicht sein, denn dort würden seine Rentiere mangels Futter kläglich verenden, mag mancher Finne miesepetrig entgegenhalten, den Amerikanern ist's egal. Sie nehmen es mit der Geografie in diesem Punkt nicht so genau und verlagern den

Nordpol in New York zum Beispiel kurzerhand mitten in die Stadt: in das Hauptpostamt an der 33. Straße. Seit über 80 Jahren landen hier die Sendungen, die Kinder an den Herrn im Plüschmantel adressiert haben. Auch in vielen anderen Orten finden sich Postämter, die die mit krakeliger Kinderhandschrift versehenen Irrläufer nicht unbeantwortet lassen. Insgesamt 75 Städte sind Teil der „Operation Santa", die die staatliche US-Post initiierte, um den Weihnachtsmann bei seinem guten Werk zu unterstützen. Die an den Gabenbringer gerichteten Anliegen werden im Zuge dieser Aktion in den Postämtern anonym veröffentlicht. Mit etwas Glück findet sich ein Spender, der den Wunsch rechtzeitig zur Bescherung wahr werden lässt.

Wer auf seinen Weihnachtskarten trotzdem unbedingt mit dem Poststempel „North Pole" beeindrucken will, kann auch das im Land der unbegrenzten Möglichkeiten tun, ohne gleich eine Expedition ins ewige Eis starten zu müssen. Wärmer anziehen sollte man sich jedoch schon, denn der Ort mit dem Abenteuer versprechenden Namen liegt im hohen Norden Alaskas. Bereits im Hochsommer gibt die zahlreiche Kundschaft in North Pole Briefe vom Weihnachtsmann für die Lieben zu Hause in Auftrag. In der Wintersaison wird das Postamt der 2 600-Seelen-Gemeinde von Anfragen an den Gabenbringer dann geradezu überschwemmt. Im eigens eingerichteten Santa Claus House funkelt Christmas-Nippes jeglicher Art. Zum Abschied grüßt der Weihnachtsmann an der Hauptstraße, wenn schon nicht persönlich, so doch ganzjährig und millionenfach fotografiert in Form eines riesigen beleuchteten Plastikschildes.

Ist der Weihnachtsmann eine Erfindung?

Er kann fliegen, verteilt Milliarden von Geschenken und ist über das Benehmen aller Kinder bestens informiert. Wie macht der Superman in Rot-Weiß das bloß? Ist er am Ende gar eine Erfindung der Erwachsenen? Verwundern mag es nicht, wenn die Jüngsten misstrauisch sind.

Weltberühmt wurde Virginia O'Hanlon, als sie ihre Zweifel 1897 in einem Brief an die „New York Sun" zu Papier brachte: *„Einige meiner kleinen Freunde sagen, dass es keinen Weihnachtsmann gibt"*, schrieb die 8-Jährige. *„Bitte sagen Sie mir die Wahrheit: Gibt es einen Weihnachtsmann?"*, forderte sie das Traditionsblatt auf.

Die Zeitung betraute den Redakteur Francis Pharcellus Church mit dem heiklen Thema. *„Virginia, deine kleinen Freunde haben unrecht. Sie sind beeinflusst von der Skepsis eines skeptischen Zeitalters. Sie glauben an nichts, das sie nicht sehen"*, antwortete dieser in einem offenen Brief. *„Ja, Virginia, es gibt einen Weihnachtsmann. Er existiert so zweifellos wie Liebe und Großzügigkeit und Zuneigung bestehen, und du weißt, dass sie reichlich vorhanden sind und deinem Leben seine höchste Schönheit und Freude geben. O weh! Wie öde wäre die Welt, wenn es keinen Weihnachtsmann gäbe. (…) Es gäbe dann keinen kindlichen Glauben, keine Poesie, keine Romantik, die diese Existenz erträglich machen"*, argumentierte der Journalist. Und weiter: *„Die wirklichsten Dinge in der Welt sind jene, die weder Kinder noch Erwachsene sehen können."*[18]

Elegant aus der Affäre gezogen, kann man dem Zeitungsmann da wohl nur attestieren. Sein poetisches Statement wurde zu einer der berühmtesten Veröffentlichungen der amerikanischen Presse. Bis zur Einstellung der „New York Sun" 1950 schaffte es die Geschichte jedes Jahr zur Weihnachtszeit auf die Titelseite. Anschließend übernahmen sie Zeitungen in aller Welt – in Deutschland druckt sie seit 1977 alljährlich die „Welt am Sonntag".

Santa im Visier des Militärs

Die Sache mit dem Weihnachtsmann ist kein Spaß. Alle, die daran noch Zweifel haben, kann vielleicht die Tatsache überzeugen, dass sich sogar das Militär seit geraumer Zeit für den bärtigen Kuttenträger interessiert. NORAD, das gemeinsame Luftabwehrkommando der USA und Kanadas, normalerweise auf Bedrohungen aus der Luft spezialisiert, fahndet jedes Jahr pünktlich zu Heiligabend nach dem genauen Aufenthaltsort des rasenden Rentierschlittenfahrers. Hat ihn die Leitstelle der Organisation in den Rocky Mountains per Radar, Satellit und sonstiger modernster Technik ausfindig gemacht, gibt sie die Daten zur Veröffentlichung frei: Auf der Internetseite www.noradsanta.org können Kinder und Erwachsene in acht Sprachen verfolgen, wo der himmlische Geschenkebote gerade Station macht. Alle fünf Minuten wird die Position seines Gespanns auf der Weltkarte aktualisiert. Auch eine Telefonhotline hat das Luftwaffenkommando eigens im NORAD-Quartier in Colorado Springs eingerichtet. Unter der Nummer 001-719-474-2111 geben Hunderte freiwillige Helfer Auskunft, wie der Weihnachtsmann bei seiner Reise um den Globus vorankommt.

„Tracking Santa Claus", so der Code-Name der wahrhaft weltbewegenden Operation, die die Luftabwehr bereits im Jahre 1955 übernommen hatte – eine Milliarde Aufrufe von Besuchern aus über 200 Ländern verzeichnete die Webpage zuletzt. Begonnen hatte alles mit dem Missgeschick eines amerikanischen Kaufhauses. Auf einer Werbeanzeige warb es mit einer Santa-Claus-Hotline – versehentlich wurde diese mit einem Zahlendreher abgedruckt. Als das erste Kind diese Nummer wählte, hatte es unversehens Oberst Harry Shoup, Einsatzleiter am Continental Air Defense Command Operations Center, der NORAD-Vorgängerorganisation, am Apparat. Der verdutzte Offizier, der bald unter dem Namen „Colonel Santa" bekannt wurde, schaltete schnell: Er sei zwar nicht der Weihnachtsmann, aber er könne auf seinen Radarsystemen nachschauen, wo der gerade unterwegs sei, versprach er diesem und den zahlreichen weiteren jugendlichen Anrufern, mit denen er an diesem Abend telefonierte. Shoup und seine Kollegen behielten die Aufgabe in den folgenden Jahren bei, besonders leicht macht sie ihnen bis heute das getreue Rentier Rudolph: Seine verräterisch rot leuchtende Nase ist an jedem Ort der Welt besonders leicht zu orten und sorgt dafür, dass Santa, egal wo er sich befindet, nicht unentdeckt bleibt.

Das Christkind ist ein blonder weiblicher Engel

Das Christkind unserer Tage residiert in Nürnberg. Als eine Art Germanys Top-Rauschgoldengel wandelt es alljährlich über den Weihnachtsmarkt der Frankenmetropole – das mädchenhafte Antlitz von blonder Lockenpracht umrahmt, das Haupt mit einem goldenen Krönchen geschmückt und die Flügel andeutungsweise unter dem wallenden Ornat verborgen. Bei der Auswahl der himmlischen Repräsentantin geben sich die Veranstalter der weltberühmten Touristenattraktion die größte Mühe, alle zwei Jahre organisieren sie eigens ein professionelles Christkind-Casting. Und dennoch: An ein niedliches Weihnachtsmaskottchen solcher Art hatte Martin Luther nicht im Geringsten gedacht, als er den Heiligen Christ als weihnachtlichen Gabenbringer einführte.

Mysteriöse Kunstfigur

Mit der Heiligenverehrung aufräumen und mit allem, was von Christus und dem wahren Glauben ablenkt – dieses Ziel hatte sich der kritische Theologe im Zuge der Reformation gesetzt. Auch das Monopol des Nikolaus bei der Kinderbescherung wollte er da nicht länger durchgehen lassen. Bei der Suche nach einem Sympathieträger, der dem beliebten Alten Konkurrenz machen konnte, kam ihm die Figur des Heiligen Christ wie gerufen: Mit dem Umweg über sie konnte Christus künftig am Tag seiner Geburt quasi selbst als Gabenbringer auftreten. Die wahre Bedeutung von Weihnachten wurde so ins Zentrum gerückt und der Brauch des Schenkens nach Meinung des Reformators endlich in einen sinnvollen Zusammenhang gebracht. Erfunden, wie vielfach behauptet, hat Luther den alternativen weihnachtlichen Überraschungsgast nicht. Bereits in Dokumenten aus vorreformatorischer Zeit taucht dieser parallel zum heiligen Nikolaus als Präsentebote auf. Ab 1535 wetterte der Wittenberger Professor zunehmend gegen die Kinderbescherung am Nikolaustag und forderte, dass in protestantischen Familien der Heilige Christ oder auch das Christkind, wie die Figur schon bald genannt wurde, den Job am Weihnachtstag auszuführen hätte.

Mit Heiliger Christ war Jesus Christus gemeint, darin sind sich die Experten einig. Allerdings nicht in der Personifikation des Neugeborenen im Stall zu Bethlehem – dieses hätte sich beim Geschenkeverteilen wohl auch schwer getan. Fest steht: Weiblich kann das Christkind in der Nachfolge des Heiligen Christ eigentlich nicht sein. Doch die Sache ist kompliziert. Die Annahme, dass es wennschon dennschon männlich sein müsste, scheint ebenfalls nicht hundertprozentig richtig: *„Die Gestalt des Christkindes hat eine Eigendynamik entwickelt und ist eher eine mythologische Fantasiegestalt – halb Jesuskind, halb Engelchen, ein androgynes Wesen"*, erklärte Alexander Saberschinsky von der Stabsstelle „Spiritualität und Gottesdienst" des Erzbistums Köln in einem Gespräch mit der Nachrichtenagentur dpa. *„Das Mysterium, wer oder was das Christkind nun eigentlich sei, ist nie aufgeklärt worden"*[19], weiß auch Weihnachtsforscher Manfred Becker-Huberti. Weil dem so ist, haben sich die Menschen, abhängig von Konfession und regionaler Herkunft, ganz unterschiedliche Bilder von dem glöckchenklingelnden Fabelwesen gemacht.

Nicht blond und auch kein Engel

Mit einem Engel hatte der Jesusknabe nichts gemein. Und wäre er blond gewesen, wäre dies wahrscheinlich an irgendeiner Stelle vermerkt worden, schließlich ist diese Haarfarbe im Nahen Osten nicht gerade häufig. Trotzdem musste sich der Heilige Christ bald seine Verwandlung in ein engelsgleiches Goldlöckchen gefallen lassen, und dies ausgerechnet in seinem protestantischen Stammland. Schuld daran waren die evangelischen Einkehrspiele, die sich aus den seit dem frühen Mittelalter bekannten katholischen Weihnachtsspielen entwickelt hatten. Im Mittelpunkt dieser Theaterstücke, die anfangs in Schulen, später auch im Familienkreis aufgeführt wurden, stand das Christkind. Zumeist männliche Jugendliche, aber auch ältere Mädchen übernahmen dabei die Rolle einer häufig ganz in Weiß gekleideten oder mittels Schleier verhüllten Figur, die die anderen Kinder auf ihr Bibelwissen prüfte und sie nach ihren Schandtaten fragte. Im Gefolge der Ehrfurcht einflößenden Gestalt befanden sich unter anderem der Verkündigungsengel und die Jungfrau Maria. Hier geriet im Laufe der Zeit einiges durcheinander: Das Christkind verschmolz zunehmend mit diesen beiden Statisten des weihnachtlichen Schauspiels. Seine engelhaften und weiblichen Züge verstärkten sich, bis sein weichgespültes, geflügeltes Alter Ego entstanden war.

Luther zum Trotz hielten währenddessen die Katholiken größtenteils Gevatter Nikolaus die Treue. Erst Anfang des 19. Jahrhunderts entwickelten auch sie eine Vorliebe für das Christkind, dann allerdings mit Vehemenz. Einer im Atlas der deutschen Volkskunde veröffentlichten Befragung zufolge hatte das Christkind bereits 1932 den überwiegend katholischen Süden und Westen Deutschlands für sich erobert. Paradoxerweise wandten sich die Protestanten im Norden und Osten Deutschlands gleichzeitig vom Christkind ab und zeigten sich von einem neuen Teilnehmer an der Gabenbringer-Konkurrenz fasziniert: dem Weihnachtsmann – einer verweltlichten und aus den USA rückimportierten Fassung des heiligen Nikolaus. Die ursprüngliche Situation, in der das Christkind geschenketechnisch für die Protestanten zuständig war und eine männliche Nikolausfigur die Katholiken versorgte, hatte sich also ins Gegenteil verkehrt. Was das Aussehen des Christkindes angeht, hielten sich die Katholiken immerhin näher an die ursprüngliche Vorgabe und stellten es sich als kindlichen Knaben im Alter von drei bis sechs Jahren vor. Aber auch bei dieser unschuldigen Gestalt, auf bildlichen Darstellungen oft in ein knöchellanges Gewand gehüllt, wurde die Verbindung zu Jesus Christus im Laufe der Zeit immer unklarer. Ähnlich wie Kollege Nikolaus stand das Christkind bald im Dienst einer moralisierenden, vorgeblich christlichen Pädagogik: Nur die braven Kinder konnten mit seinem Erscheinen rechnen – eine Aussage, die das echte Christuskind so wohl nicht unterschrieben hätte.

Engels-PR und himmlische Special Effects

Selbst wenn das Christkind nicht als Vertreterin ihrer Spezies angesehen werden kann, ein wichtiges Symbol für Weihnachten sind Engel allemal. Bei keinem anderen Thema in der Bibel treten sie in ähnlich beeindruckender Konzentration auf. Spezialisiert auf Glamour, Glanz und Gruseleffekte, sind sie es, die den Advents- und Weihnachtsgeschichten Spannung verleihen. *„Fürchte Dich nicht"* haben sie nicht umsonst gebetsmühlenartig auf den Lippen, denn ihr Auftreten ist immer ebenso überraschend wie spektakulär, und stets haben sie schier Unglaubliches zu verkünden – der Jungfrau die Geburt eines Kindes etwa und kulanterweise wenig später dem Ehemann das Vorliegen einer unbefleckten Empfängnis: *„Fürchte dich nicht, Maria; denn du hast bei Gott Gnade gefunden. Du wirst ein Kind empfangen, einen Sohn wirst du gebären: dem sollst du den Namen Jesus geben. Er wird groß sein und Sohn des Höchsten genannt werden"* (Lk 1, 30–32). Mit diesen Worten versuchte der Erzengel Gabriel, Maria die zu erwartenden weltbewegenden Ereignisse beizubringen. Währenddessen hielt ein anderer himmlischer Abgesandter ihren Angetrauten bei Laune: *„Joseph, Sohn Davids, fürchte dich nicht, Maria als deine Frau zu dir zu nehmen; denn das Kind, das sie erwartet, ist vom Heiligen Geist "*, beruhigte er den Zimmermann im Traum (Mt 1, 20).

Derart vorbereitet konnte die Geburt stattfinden, und sofort stand wieder einer der PR-Experten von Gottes Gnaden bereit, um bei dem Geschehen für die richtige Öffentlichkeitswirkung zu sorgen: *„Fürchtet euch nicht, denn ich verkünde euch eine große Freude, die dem ganzen Volk zuteilwerden soll. Heute ist euch in der Stadt Davids der Retter geboren. Er ist der Messias, der Herr. Und das soll euch als Zeichen dienen: Ihr werdet ein Kind finden, das in Windeln gewickelt, in einer Krippe liegt"*, verkündete ein „Engel des Herrn" den Hirten in der Nachbarschaft. Diese eilten daraufhin los, um dem weihnachtlichen Wunder persönlich beizuwohnen (Lk 2, 10–12). Eine kleine Showeinlage konnten sich die wundersamen Nachrichtenübermittler nicht verkneifen – wenn das Jesuskind schon unter bescheidensten Umständen geboren wird, für ein Geburtstagsständchen der Extraklasse sollte offensichtlich gesorgt sein: Als zahlenmäßig unüberschaubare „himmlische Heerscharen" rotteten sie sich wie aus dem Nichts auf dem freien Feld vor den Toren Bethlehems zusammen, um aus vollen Engelskehlen ein Loblied auf ihren Herrn anzustimmen: *„Ehre sei Gott in der Höhe und Friede auf Erden, den Menschen ein Wohlgefallen"* (Lk 2, 14). Den Schrecken der Hirten, die der *„Glanz des Herrn umstrahlte"*, wie es bei Lukas heißt, kann man sich vorstellen.

„Hört alle zu, was euch das Christkind sagt"

Kein Wunder, dass auch Nürnberger Metallhandwerker und Dockenmacher, wie Puppenhersteller früher genannt wurden, ein Faible für die überirdischen Wesen bewiesen. Schon früh, wahrscheinlich bereits im 16. Jahrhundert, brachten sie Christkind und Engel zusammen und kreierten als eine Art Mischwesen den Rauschgoldengel. Seinen Namen verdankte das fränkische Engala jenem papierdünnen, geschlagenen, leicht knisternden Messingblech, aus dem die Figur hauptsächlich bestand: dem Rauschgold. Aus dem wie echtes Blattgold funkelnden, aber wesentlich günstigeren Material waren ihr opulentes Gewand, ihre hohe Krone und die großen Flügel gefertigt, nur der bemalte Kopf bestand aus Holz. Echte Rauschgoldengel sind mittlerweile eine Rarität, ihre heute auf dem Weihnachtsmarkt der Stadt angebotenen Urenkelinnen haben das steife, rauschende Gewand längst gegen biegsame, leichter herzustellende Papier- oder Metallfolienkleider eingetauscht.

Die Nationalsozialisten hinderte ihre propagierte Religionsfeindlichkeit nicht daran, die Tradition des Nürnberger Christkindlmarktes für ihre Zwecke zu instrumentalisieren. 1933 fand sich der Rauschgoldengel auf Plakaten wieder, die nie gesehene Besucherströme in die Stadt an der Pegnitz locken sollten. Das Christkind in Gestalt einer jungen Schauspielerin hatte, flankiert von zwei ebenfalls leibhaftigen Rauschgoldengeln, erstmals zur Eröffnung des Marktes einen Prolog zu sprechen – streng nationalsozialistischen Inhalts versteht sich. Nach dem Krieg hielt man an der Inszenierung fest, allein die Eröffnungsrede tauschte man stillschweigend aus. Friedrich Bröger, Chefdramaturg der Städtischen Bühnen Nürnberg-Fürth, fand eine neue, politisch unverfängliche Fassung, die seit 1966 unverändert blieb: *„Ihr Herrn und Frau'n, die ihr einst Kinder wart, ihr Kleinen, am Beginn der Lebensfahrt, ein jeder, der sich heute freut und morgen wieder plagt: Hört alle zu, was euch das Christkind sagt"*[20], rezitiert Nürnbergs berühmteste Repräsentantin seither alljährlich von der Kirchenempore der Frauenkirche.

Miss Weihnachtsengel und der Knochenjob

Da dem äußerlich einem Rauschgoldengel ähnelnden Wesen bei einem Absturz aus luftiger Höhe seine Flügel nichts nützen würden, verbirgt es unter seinem wallenden Gewand vorsichtshalber ein ganz profanes Sicherungsseil. Auch sonst ist der vorweihnachtliche Job weniger romantisch als anstrengend. Übernahmen ihn in den ersten Nachkriegsjahrzehnten professionelle Schauspielerinnen, so fahndet die Stadt seit 1969 unter der Bevölkerung nach geeigneten Darstellerinnen.

Die Anforderungen an die Weihnachtsprinzessin in spe sind hoch: Nur gebürtige Nürnbergerinnen, die mindestens 1,60 Meter groß und zwischen 16 und 19 Jahre alt sind, kommen infrage. Damit nicht genug: Die künftige Trägerin der Goldlockenperücke darf kein Schwächling sein und auch nicht unter Höhenangst leiden – die Empore ist hoch, das Engelsoutfit schwer und die Adventszeit ebenso lang wie die Wege über den Weihnachtsmarkt. Rhetorisch gewandt muss das Zauberwesen außerdem sein und hart im Nehmen – denn der Prolog hat es in sich, ebenso wie der übervolle Terminkalender des Christkinds und die Wissbegier seiner internationalen Anhängerschaft. Über einen Mangel an Bewerberinnen konnten sich die Nürnberger Stadtväter bei ihrer Misswahl der besonderen Art gleichwohl noch nie beschweren. Die ihrer Meinung nach engelhafteste aller Kandidatinnen stellt die Christkindl-Jury im Rathaus nach mehreren Auswahlrunden jeweils pünktlich zu Beginn der Saison Anfang November der Öffentlichkeit vor.

Geschätzte 25 000 Augenpaare ruhen allein bei der Eröffnungszeremonie auf der Siegerin, die zu diesem Anlass mit ihrem goldenen Kleid um die Wette strahlt – noch. Denn dies ist nur eine der ersten und in jedem Fall die wichtigste von insgesamt rund 200 Verpflichtungen, die sie zwischen erstem Advent und Heiligabend erwarten. Von einem einmaligen weihnachtlichen Einsatz, wie ihn einst Luthers Heiliger Christ anlässlich der Bescherung vor sich hatte, kann seine Nachfolgerin im Amt nur träumen. Auch heimlich und unsichtbar wie in früheren Tagen versieht das Christkind sein Werk längst nicht mehr. Es steht im Gegenteil im Scheinwerferlicht von Fernsehinterviews und unzähligen Live-Auftritten. Lächeln und Händeschütteln sind die irdische Obsession der himmlischen Abgesandten – sie tut dies in Kindergärten, Seniorenheimen, auf der Feuerwache, in Krankenhäusern und in Florian Silbereisens adventlicher Volksmusikshow. Hat die fränkische Schülerin nach zweijähriger Amtszeit vom Christkindspielen nicht genug, geht ihr Repräsentationsjob in die Verlängerung: Sie wird Zuständige für Auslandsangelegenheiten und wandelt weiter auf die Weihnachtsmärkte von Glasgow oder Chicago.

Der Advent ist eine Zeit des Schlemmens

Im Advent – abgeleitet vom lateinischen „adventus", die Ankunft – erwarten die Christen ihren Messias. Sie haben vier Wochen Zeit, sich auf dieses Ereignis angemessen vorzubereiten. Eine Ansage, die in unseren Tagen offensichtlich Interpretationsspielraum bietet: Nicht wenige nutzen die Frist bis zur eigentlichen Geburtstagsparty des Jesuskindes, um Magen und Leber vorsorglich einem gründlichen Test zu unterziehen. Die Anlässe, im letzten Monat des Jahres noch einmal nach allen Regeln der Kunst über die Stränge zu schlagen, sind zahlreich: Zuckersüße Nikolausfeiern, likörgetränkte Kaffeekränzchen, glühweinselige Weihnachtsmarktbesuche und opulente Firmenweihnachtssausen stehen auf dem Programm. Punsch, Plätzchen und festtäglicher Braten, Stollen, Striezel und Schokolade – Warten scheint keine leichte Aufgabe zu sein angesichts des Hungers und Dursts, den die Menschen unseres Kulturkreises alljährlich in der Vorweihnachtszeit verspüren.

Der Advent als strenge Fastenzeit

Eigentlich war das alles so nicht gedacht. Den Ausruf „Blasphemie" hätte man hinsichtlich dieser Ausschweifungen vor nicht allzu langer Zeit befürchten müssen. In der russisch-orthodoxen Kirche gilt ein derart zügelloses Verhalten noch heute als einem Gläubigen nicht angemessen. Denn: Der Advent war ursprünglich als Fastenzeit konzipiert. Schlemmen, Zechen, Tanzen und anderes weltliches Vergnügen waren untersagt, sogar Hochzeiten durften in diesen Wochen nicht stattfinden.

Kein Fleisch, kein Alkohol – so lautete für die Christen in Teilen Galliens und Spaniens schon ab dem 4. Jahrhundert die vorweihnachtliche Devise. In Rom stellte man sich ab dem 5. Jahrhundert mit Askese und einem gottgefälligen Lebenswandel auf das Eintreffen des Erlösers ein. Die ursprünglich sechs Sonntage umfassende Adventszeit war Papst Gregor dem Großen im 6. Jahrhundert dann aber doch zu lang: Er verkürzte das allgemeine Büßen und Fasten auf vier Wochen. Die Zahl vier habe dabei einen tieferen Sinn, so die Argumentation der Geistlichkeit, denn sie symbolisiere die 4000 Jahre, die sich die Menschheit nach kirchlicher Berechnung bis zum Eintreffen des Gottessohnes habe gedulden müssen. Verbindlich festgelegt wurde dieser Zeitplan, wonach der Advent am vierten Sonntag vor dem Fest beginnt und an Heiligabend endet, erst sehr viel später, nämlich 1570 durch Papst Pius V. Während die reformatorischen Kirchen sich ihm anschlossen, beharrt die Erzdiözese Mailand bis heute auf ihrer eigenen, gallischen Tradition und setzt den Advent mit sechs Wochen an.

Nicht bevor der erste Stern am Himmel steht

Ebenso lange dauert das „Philippsfasten", wie die Zeit der inneren Einkehr in den orthodoxen Ostkirchen heißt. Sie beginnt am 15. November des entsprechenden Kalenders und verdankt ihren Namen dem Apostel Philipp, dessen Fest die Gläubigen tags zuvor begehen. Während der 40 Tage bis Weihnachten Körper und Seele reinigen und sich ganz auf Gott konzentrieren, lautet die Aufgabe, die in unseren Tagen nicht nur für Familien mit Kindern eine echte Herausforderung darstellt. Denn Fleisch ist ebenso verboten wie Eier, Milch oder andere tierische Produkte. Süßigkeiten oder gar Alkohol kommen erst recht einem kulinarischen Sündenfall gleich. Ist Fisch anfangs noch erlaubt, so wird das Fasten einige Tage vor Weihnachten strenger. Strenggläubige orthodoxe Christen gönnen sich dann nicht mehr als gedünstetes Gemüse, Reis mit Rosinen oder ein bescheidenes Getreidesüppchen. Auf üppigste weihnachtliche Festtagsmenüs haben selbstredend auch die Hausfrauen in Russland, Griechenland oder Bulgarien ihren Ehrgeiz gerichtet. Doch die Küche verlassen die fastenbrechenden Delikatessen nicht, bevor im Gedenken an den Stern von Bethlehem an Heiligabend der erste Stern am Himmel steht.

Auch wenn man es hierzulande schon in den Jahrhunderten davor mit dem vorweihnachtlichen Verzicht vor allem in städtischen Regionen nicht mehr ganz so genau nahm, das katholische Kirchenrecht schreibt das Adventsfasten erst seit 1917 nicht mehr zwingend vor. Das Fastengebot für den 24. Dezember als dem Vorbereitungstag auf das Fest hielt sich sogar bis weit ins 20. Jahrhundert: Es entfiel 1966, als Papst Paul VI. den offiziellen Buß- und Fastenkatalog neu ordnete. Die Katholiken können es seither handhaben, wie es die Protestanten schon immer taten: Sie können sich in den Wochen vor dem Fest mit dem Segen der Kirche essens- und verhaltenstechnisch am Riemen reißen, müssen es aber nicht. Martin Luther sah im Fasten keine Notwendigkeit, keinesfalls wollte er seine Glaubensbrüder dazu zwingen. Er selbst schätzte es zwar als körperliche Übung, gleichzeitig wandte er sich aber gegen die Vorstellung, man könne sich allein durch den Verzicht auf bestimmte Speisen und Genussmittel Gottes Sympathie quasi erarbeiten.

Schlemmereien mit magerer Vergangenheit

Im Mittelalter jedenfalls war an Heiligabend Fleischloses geboten. Bei allen, die es sich leisten konnten, standen damals schon Karpfen und andere Grätentiere auf dem Speisezettel. Fisch war auch deshalb das Gericht der Wahl, weil man es mit Jesus Christus und dem Christentum allgemein assoziierte. Wer mehr aufs Geld schauen musste, besorgte Hülsenfrüchte wie Linsen oder Bohnen. Er konnte sich dann damit trösten, dass der eigene Wohlstand zumindest im kommenden Jahr ebenso zunehmen würde wie der Umfang dieser quellenden Speisen – denn diese wundersame Konsequenz stellte der Volksglaube in Aussicht. Mit mehr Geld und mehr Glück in der nahen Zukunft wurden auch körnerreiche Zutaten wie Mohn in Zusammenhang gebracht. Und wer Äpfel an Weihnachten im Haus hatte, so hieß es, der musste sich um seine Gesundheit so bald keine Sorgen machen. Mit rein pflanzlicher Kost ist es unterm Baum zwar meist nicht mehr getan, aber der Brauch, das Feiern mit einem eher bescheidenen Mahl einzuläuten, hat sich bis heute erhalten. Würstchen mit Kartoffelsalat sind also nicht nur praktisch, sondern haben ihren tieferen Sinn: In ihnen spiegelt sich das Bewusstsein, dass am 24. Dezember als dem letzten Tag des Advents einst Contenance geboten war.

An den allseits beliebten Stollen, der in unseren Tagen als einer der Hauptverantwortlichen für lästiges nachweihnachtliches Hüftgold gilt, konnte man sich in früheren Zeiten übrigens in jeder Hinsicht ohne schlechtes Gewissen halten. Denn: Er enthielt nichts als Wasser, Hefe und Öl. Dass das einst tranig-fade Fastengebäck trotzdem seine kalorienangereicherte Weltkarriere hinlegte, ist Papst Innozenz VIII. zu verdanken. Auf Anfrage des Kurfürsten Ernst von Sachsen ließ er sich im Gegensatz zu einigen seiner Vorgänger im Amt erweichen und erlaubte 1491 die Zugabe von Milch und Butter. Vor allem, was Letztere angeht, eine weise Entscheidung, da in dem Land des Bittstellers *„keine Ölbäume wachsen und dass man des Öls nicht genug, sondern viel zu wenig und stinkend habe"*[21], wie der Pontifex in seinem diesbezüglichen Schreiben feststellte.

Nicht zuletzt die Dresdner Bäcker sahen dies ebenso. Sie schöpften fortan aus dem Vollen, um mit ihrem Striezel den berühmtesten unter den figur-ruinierenden Rosinenbomben zu kreieren. Butter, Butter und nochmals Butter verlangt dessen Rezept – laut der Bestimmungen des eigens gegründeten „Schutzverbandes Dresdner Stollen" fette 50 Prozent des Mehlanteils –, um den vielen Zucker nebst Rosinen, Orangeat und Zitronat zu binden. Ein Stück des puderzuckerbestäub-

ten Gebildebrots, das das in Windeln gewickelte Jesuskind symboli-
sieren soll, kommt auf um die 400 Kilokalorien und ist damit wenn
auch nicht länger aus religiöser, so doch aus ernährungswissenschaft-
licher Sicht mehr als eine kleine Sünde.

Mettensau, Martinsgans und unglückselige „Gregors"

Üppiges wurde in früheren Zeiten erst kredenzt, wenn das adventliche Fasten nach der Mitternachtsmesse offiziell beendet war. Das
große Schlemmen war meist am 25. Dezember als dem eigentlichen
Festtag angesagt. Für die geschrumpften Mägen gab es kein Pardon,
nach den kargen Wochen kam dann die „Mettensau", ein deftiger
Schweinebraten, auf den Tisch. Der Begriff „Schwein haben" steht allerdings nicht umsonst umgangssprachlich für „Glück haben", denn
vom Schicksal begünstigt waren diejenigen, die sich diese teure Spe-
zialität damals leisten konnten. Die überwiegende Mehrheit freute
sich, wenn es an Weihnachten für Blut- und Leberwürste, die sogenannten „Mettenwürste", reichte.

Die Borstentiere müssen heutzutage nur noch in Skandinavien im
Dezember verstärkt um ihr Leben bangen: Während der Juleber, der
Schweinebraten, in Schweden von der festtäglichen Tafel nach wie
vor nicht wegzudenken ist, konnte er sich hierzulande als weihnachtlicher Klassiker nicht halten. Anders erging es dem Federvieh: Bald
schon zelebrierten die begüterten Schichten das Ende des langen
Wartens – auf den Gottessohn und ungezügelte Völlerei – gerne auch
mit einem delikaten Gänsebraten. Der Überlieferung nach war Queen
Elisabeth I. nicht ganz unschuldig an der Einführung dieses weihnachtlichen Gerichts, das in Deutschland ursprünglich dem Martins-
tag am 11. November vorbehalten war. Angeblich hatte sie 1588 beim
Verzehr jenes gehaltvollen Schmorbratens die Nachricht vom Sieg ihrer Truppen über die feindliche spanische Armada erhalten. Die Mon-
archin nahm's als gutes Omen und bestand darauf, dass die Gans
künftig zu einem gelungenen Weihnachtsfest unbedingt dazugehörte.

Den Deutschen kam diese Tradition gerade recht, sie übernahmen sie bald darauf. In Großbritannien geht es trotz anders lautender königlicher Anweisung mittlerweile zu Ehren von Christi Geburtstagsfest jedoch den Truthähnen an den Kragen – zu den Seltsamkeiten im Vereinten Königsreich zählt es dabei, dass deren Bewohner den unglückseligen Tieren den einheitlichen Vornamen Gregor zuerkennen, bevor sie sich das Geflügel an der weihnachtlichen Tafel schmecken lassen.

Falsche Fische mit übelriechender Verwandtschaft

Eine andere Legende geht davon aus, dass das Geflügel sein weihnachtliches Dahinscheiden einflussreichen Feinschmeckern zu verdanken haben könnte. Die an gutes Essen gewöhnten Adeligen wollten sich demnach schon im Mittelalter nicht mehr bis zum Ende der fleischlosen Zeit gedulden und sannen auf Abhilfe. Fische zumindest seien ja in der Adventszeit erlaubt, so der Ausgangspunkt ihres angeblichen Gedankenspiels. Wenn man nun genau darüber nachdachte: Was waren Enten und Gänse eigentlich anderes? Als Wasservögel lebten auch sie im nassen Element und mit ihren schuppentragenden Nachbarn in Seen und Flüssen Seite an Seite. Aus diesen Gründen deklarierten die selbst ernannten Naturforscher das Federvieh kurzerhand um, bereicherten die Spezies der Fische um eine bemerkenswerte Unterart und ihre vorweihnachtlichen Tafeln um so gar nicht magere Fastenalternativen.

Was das Fest der Liebe kulinarisch gesehen ausmacht, darüber entwickelten sich rund um den Globus im Laufe der Zeit unterschiedliche Anschauungen. Die extremste darunter vertreten wohl die Isländer: Die Nachfahren der unerschrockenen Wikinger lassen sich am 23. Dezember traditionell Kaest Skata, fermentierten Rochen, schmecken. Um den in frischem Zustand hochgiftigen Fisch unbeschadet genießen zu können, muss er wochenlang vor sich hin verwesen. Haben dann selbst die Schadstoffe freiwillig sein Fleisch verlassen, wird dieses mit ausgelassenem Schafsfett zu einem zähen Brei verrührt. „Gammelrochen" lautet die noch untertriebene umgangssprachliche Bezeichnung für das

Gericht, denn es verströmt einen Geruch, der jedem Festlandeuropäer den Boden unter den Füßen wegzieht. Für fremdländische Mägen ebenfalls nicht unbedingt ein Hochgenuss ist Lutefisk, Laugenfisch, der in Norwegen und anderen skandinavischen Ländern als Delikatesse gilt. Auch er ist schon ziemlich lange tot, wenn er auf den festtäglichen Tellern landet: Zuvor wurde er getrocknet, in Ätznatron gewässert, wieder entwässert, um schließlich als quallenartiges Etwas mit Speck, Erbsenpüree und vor allem jeder Menge Aquavit serviert zu werden.

Weniger spektakulär, aber auch nicht jedermanns Sache sind die Rezepte, die andere Nationen aus gegebenem Anlass in petto haben. Während die Franzosen den Rest der Welt von Austern, Schnecken und vor allem Gänsestopfleber zu Weihnachten nicht immer überzeugen können, bleibt für die Briten weitgehend unverständlich, wie jemand zum Fest der Feste ohne Plumpudding – jene über mehrere Wochen gereifte Nachspeise aus Trockenfrüchten, Nüssen und Rindernierenfett – auskommen kann. Mit der Bibel halten es immerhin an Heiligabend noch heute viele Polen: Sie verzichten nicht nur auf Fleisch, sondern servieren traditionell zwölf Gerichte – für jeden Apostel eines.

Weihnachten ist das Fest der Familie

An Weihnachten wird die Geburt eines besonderen Kindes gefeiert. Also ist es zu Recht das Fest von Eltern und Kindern – und weil an diesem Tag niemand allein bleiben soll, auch das der übrigen Verwandtschaft. Die Familie kommt zusammen, isst und beschert großzügig im Angesicht des Baumes und inszeniert und feiert sich dabei selbst – so und nicht anders soll es sein. Warum? Weil das schon immer so war und eine uralte Tradition ist, lautet die Argumentation, die zu hören bekommt, wer sich diesem wichtigsten Ritual im deutschen Festkalender entziehen will.

Ganz so stimmt das aber nicht. Heiligabend und die Familie waren nicht von Anfang an unzertrennlich, sie fanden erst im Laufe der letzten 400 Jahre zusammen – und auch die Kinder rückten samt Geschenken erst nach und nach ins Zentrum des Geschehens. In manchen ländlichen Gegenden hielt das bürgerliche Weihnachtsfest gar vor wenig mehr als 100 Jahren Einzug.

Krippenspiele und Kanonenschüsse

Seinen Anfang nahm Weihnachten, wie es sich für ein christliches Fest gehört, in der Kirche. Drei Messen müssten es sein, um die Geburt des Herrn angemessen zu begehen, meinte Papst Gregor I. im 6. Jahrhundert. Und eilte in der Folge zu drei verschiedenen Kirchen in Rom, um sie zur vorgegebenen Zeit abzuhalten: die Christmette in der Nacht zum 25. Dezember, eine weitere Messe im Morgengrauen und eine im Laufe dieses Tages.

Die Liturgie des Gottesdienstes, zu dem sich die Mitglieder der westlichen Kirche auch außerhalb Roms bald zu mitternächtlicher Stunde versammelten, war aufwendig. Zu aufwendig und unverständlich oftmals für das einfache Volk, das weder lesen konnte, noch des Lateinischen mächtig war. Ab dem 11. Jahrhundert sann man deshalb auf Unterhaltsameres und brachte vor dem eigentlichen Gottesdienst die biblischen Erzählungen als Krippenspiel auf die kirchliche Bühne. Musiker wie Hornbläser oder Trompeter sorgten für Stimmung in den Kirchenschiffen, Hirtenlieder wurden gesungen, in München wurden lange Zeit gar Kanonenschüsse zur Christmette abgefeuert – erst 1808 wurde der ohrenbetäubende Salut zu Ehren des Jesuskindes verboten. Puristen ging diese Art eines volkstümlich-fröhlichen Geburtstagsfestes bald zu weit, zumal es ab dem 15. Jahrhundert seine Fortsetzung auf der Straße fand.

Wilde Partys statt Würstchen und Bescherung

Geschenke gab es damals keine, dafür kam die Bevölkerung anderweitig auf ihre Kosten. Weil die Krippen- und Weihnachtsspiele so schön waren, gingen sie außerhalb der Kirchenmauern weiter und endeten nicht selten in wilden Maskenumzügen. In den Wirtshäusern stimmte sich die Gemeinde mit reichlich Alkohol auf den Kirchgang ein. Und auch auf den Weihnachtsmärkten, die rund um die ehrwürdigen Gotteshäuser entstanden, kam keine Langeweile auf.

Das Volk freute sich auf die gemeinschaftlichen Festivitäten – die Obrigkeit sah sie mit Missbehagen: Ausschreitungen dieser Art seien eine Gefahr für den Anstand, sie untergrüben den religiösen Charakter des Anlasses und seien mit volkstümlichem Aberglauben im Bunde, so der Tenor zahlreicher herrschaftlicher Kampfschriften gegen das weihnachtliche Treiben. *„Da geht's Fressen und Saufen an, als wäre man auf dem letzten Faschingsballe. Und nun, wenn man sich zur Ehre*

Gottes vollgefressen, da geht's Spielen an", lautete etwa eine Beschwerde aus dem barocken Wien.[22]

Einzug ins Private

Im Zuge der Aufklärung griff man durch und versuchte in evangelischen Gegenden die Ausschreitungen durch das Vorverlegen des Gottesdienstes in den Griff zu bekommen. Da *„auf dem Christabend viel Gaukeley, Kinder-Spiel und Tumult getrieben wird, als befehlen wir euch hiermit (…) die Christmette nicht des Abends, sondern des Nachmittags um 3 Uhr zu halten"*[23], ließ der preußische König 1711 seine Untertanen wissen. Andernorts untersagte man die nächtlichen Umtriebe ganz. Auch die Katholiken nahmen die Exzesse des Christfests ins Visier, zusätzlich hatten sie es auf die Krippen abgesehen. Um dem Aberglauben des Volkes nicht zu unterstützen, ließ zum Beispiel Erzherzogin Maria Theresia von Österreich Mitte des 18. Jahrhunderts das Aufstellen von Krippen in der Öffentlichkeit, also auch in den Kirchen verbieten. Kaiser Joseph II. untersagte die Krippenspiele während der Messfeier. Bemühungen um eine fromme Ausgestaltung des Festes, die schon damals nichts brachten, im Gegenteil: Die geächteten weihnachtlichen Bräuche machten sich nun zunehmend in den Privathäusern breit.

Auch die Reformation hat ihren Teil dazu beigetragen, die ursprünglich kirchliche Feier in den Kreis der Familie zu überführen. Luther propagierte das allgemeine Priestertum aller Gläubigen. In seiner Schrift „An den christlichen Adel" aus dem Jahr 1520 schlug er den Gläubigen Revolutionäres vor: *„Was aus der Taufe gekrochen ist, das mag sich rühmen, dass es schon Priester, Bischof und Papst geweiht sei."*[24] Der Vater, aushilfsweise die Mutter sollte demzufolge als eine Art Hauspriester die Familie im Gebet anleiten und im Katechismus unterweisen – und dies geschah, in Ergänzung zum kirchlichen Gottesdienst, zunehmend auch an Weihnachten.

Geschenke und Heilig-Abend-Ritual

Nun endlich kamen auch die Geschenke ins Spiel: Das Geburtstagsfest Jesu sei der passende Anlass für sie, verbreiteten die Reformatoren, und das Christkind der passende Überbringer. Die bis dahin übliche Bescherung am 6. Dezember durch den heiligen Nikolaus, so der Plan, sollten die Kinder dafür ganz schnell vergessen.

Dementsprechend übten sich protestantische Haushalte schon früh im familiären Heiligabend-Ritual, während ihre katholischen Nachbarn noch zur heiligen Messe in die Kirche eilten. Die Entwicklung des Festes verlief jedoch keinesfalls einheitlich, sondern regional unterschiedlich vom späten 17. bis ins 20. Jahrhundert. Mancherorts fand man durchaus Gefallen an der häuslichen Besinnlichkeit und hielt parallel dazu trotzdem noch für einige Zeit an den öffentlichen Lustbarkeiten fest.

Federführend bei dieser Entwicklung waren jedoch generell die begüterten Schichten – zunächst der Adel. Mit Beginn des 19. Jahrhunderts sorgte das aufstrebende Bürgertum für weitreichende Veränderungen. Die städtischen Arbeiterfamilien ahmten die weihnachtlichen Moden nach, bis sie sich zuletzt auch in der Landbevölkerung durchsetzten.

Biedermeier und die Brauchstifter

Das Weihnachtsfest in unserem heutigen Sinne ist zu großen Teilen ein Kind des Biedermeiers und damit noch keine 200 Jahre alt. Durch die Karlsbader Beschlüsse von 1819 blieb das wirtschaftlich aufstrebende Bürgertum von der politischen Mitwirkung weitgehend ausgeschlossen. In seinen Ambitionen enttäuscht, zog es sich ins Private zurück. Wer es sich leisten konnte, investierte in eine „gute Stube", ein behaglich eingerichtetes Wohnzimmer, in dem das Familienleben ungestört von den Wirrnissen der Außenwelt kultiviert werden konnte. Auch der weihnachtlichen Prachtentfaltung bot sich hier erstmalig ausreichend Platz. Das Aufstellen von Christbäumen, die durch den

Ausbau des Eisenbahnnetzes nun in den großen Städten ohne Probleme zu bekommen waren, gehörte von nun an zu den Festtagen unbedingt dazu.

Auch dem Nachwuchs wurde in der ersten Hälfte des 19. Jahrhunderts mehr Aufmerksamkeit gewidmet als je zuvor. Er wurde geför-
dert und gefordert, in wohlhabenderen Familien bekam er sogar ein
eigenes Zimmer, in dem er ungestört spielen durfte. Der weihnachtlichen Schenkkultur eröffnete dies neue Dimensionen und nebenbei
auch der Pädagogisierung des Weihnachtsfestes: Für ihre Bemühungen erwarteten die Eltern von ihren Kindern im Voraus wochenlanges
Artigsein, am Tag der Bescherung selbst Weihnachtsliedersingen, Ge-
dichterezitieren und allgemeine Dankbarkeit. Die Familie war es, auf
die es in diesem Zeitalter ankam, und so konzentrierte sich auch der
Heilige Abend auf diesen intimen Kreis.

Geheiligte deutsche Wohnzimmer-Liturgie

Im Zuge einer zunehmend säkularisierten Welt vermischten sich ehemals evangelisches und katholisches Brauchtum, und es entstand das
„fast liturgisch anmutende festliche Programm", wie Volkskundlerin
Weber-Kellermann es in ihrem Buch „Das Weihnachtsfest" bezeichnete, das sich bis heute erhalten hat. Heiligabend wurde *„zu einer Art
Institution mit geheiligten, kultivierten und tabuisierten Verhaltensnor-
men"*, bilanziert die Wissenschaftlerin. Disharmonie und Konflikte
werden dabei bis heute ausgeblendet und dafür das Wunschbild der
glücklichen Familie hochgehalten.

Dabei war es ein Sonderweg, den Deutschland in Sachen Weih-
nachten beschritten hatte. Nach den Veränderungen im Zuge der Re-
formation und des Biedermeiers war das Fest der Liebe während des
Deutsch-Französischen Krieges von 1870/71 und des Ersten Weltkrie-
ges eine Verbindung mit dem deutschen Chauvinismus eingegangen.
Der geschmückte Baum, massenhaft zur moralischen Erbauung der
Soldaten in deren Quartiere und Lazarette geschafft, wurde zum
Symbol der deutschen Weihnacht schlechthin. In ihm spiegelten sich

Friedenssehnsucht, Heimatliebe und familiäre Verbundenheit. Eine hochemotionale Gefühlslage, die in Friedenszeiten erhalten blieb und hierzulande bis heute in weihnachtlich geschmückten Wohnzimmern mitschwingt.

Mag es also in Deutschland an Weihnachten besonders innig und gemütlich zugehen, weite Teile des Restes der Welt zeigen sich davon unbeeindruckt: Für die Einwohner romanischer Länder, Australier, Südamerikaner und zahlreiche andere Nationen ist der Geburtstag des Herrn kein Anlass, sich in den eigenen vier Wänden einzuschließen. Sie lassen der Bescherung im Familienkreis nach wie vor öffentliche Feiern mit Freunden und Nachbarn folgen.

Knecht Ruprecht ist der Gehilfe des Nikolaus

„Good guy – bad guy": Dieses Spiel wurde nicht etwa für die Kommissare zeitgenössischer Krimis erfunden, Sankt Nikolaus und sein ihm treu ergebener Knecht Ruprecht waren darin schon lange vorher Profis. In der Bischofskluft einen frommen Eindruck hinterlassen, aus dem goldenen Buch vorlesen, anschließend den braven Kindern Präsente überreichen, so die machbare Aufgabe des einen. Actionqualitäten, um nicht zu sagen: Skrupellosigkeit, außerdem eine möglichst furchterregende Erscheinung waren währenddessen von seinem Gegenüber gefordert. Die Rute trug die teuflisch anmutende Gestalt dabei nicht umsonst: Auf Geheiß seines Herrn übernahm Knecht Ruprecht schlagkräftig die Disziplinierung des weniger folgsamen Nachwuchses – in früheren Zeiten zumindest sah sein Part dies vor. Heute hält er sich bei seinen familiären Gastauftritten zumeist schweigend im Hintergrund, rasselt, pädagogisch geläutert, allenfalls das eine oder andere Mal mit seiner schweren Eisenkette.

Knecht Ruprecht wird solide

Einst jedoch hatte sich der ewige Zweite von seiner undankbaren Rolle und seinem bedeutenderen Mitspieler emanzipiert. Als im Zuge der Reformation der Nikolaus in einigen Gegenden nicht mehr gern gesehen war und durch das Christkind ersetzt werden sollte, nutzte Knecht Ruprecht die Gunst der Stunde: Noch bevor jenes von Luther protegierte Wesen sich breitmachen konnte, hatte er in einigen Gegenden, wie in Thüringen zum Beispiel, schon den frei gewordenen Gabenbringerposten besetzt. Allein und in Eigenregie war er am Nikolaustag, gelegentlich auch am Weihnachtstag unterwegs, um nun endlich selbst nach Herzenslust Geschenke zu verteilen. Dabei war er äußerst effizient: Für Lob und Belohnung sah er sich ebenso zuständig wie für die Ermahnung, wenn es sein musste auch für die Bestrafung seines kindlichen Publikums. An anderen Orten, wo ihm das Christkind zuvor gekommen war, bot er diesem seinen Begleitschutz an. Mit positiven Auswirkungen auf sein Benehmen: Unter dem Einfluss des ätherischen Wesens hatte er sich seine grobschlächtigen Manieren bis ins 19. Jahrhundert abgewöhnt, wie Theodor Storms Klassiker „Von drauß' vom Walde komm ich her" beweist. Er und nicht etwa der Nikolaus fungiert darin als guter „alter Gesell", der im Dialog mit dem Christkind im Himmel den weihnachtlichen Wald durchstreift. Seine Rute trifft nur die schlechten Kinder „*auf den Teil, den rechten*". Viel lieber aber gibt er sich großzügig und verschenkt „*Äpfel, Nuss und Mandelkern*", denn die „*essen fromme Kinder gern*".

Dass Knecht Ruprecht also durchaus nett sein konnte, wenn er wollte, geriet im Laufe der Zeit dennoch wieder in Vergessenheit. Auf Dauer war ihm sein Job als Gabenbringer nicht vergönnt. Entweder übernahm ihn das Christkind im Laufe der Zeit doch lieber selbst, oder er wurde vom Weihnachtsmann verdrängt – einer Figur, die sowohl Züge von Knecht Ruprecht als auch solche des heiligen Nikolaus auf sich vereinte. Heute darf der Held aus Theodor Storms Gedicht, wie gehabt, am Nikolaustag nur den Assistenten mimen.

Krampus, Klaubauf und der übrige teuflische Clan

Aber auch in seiner Funktion als Begleiter des Nikolaus blieb Knecht Ruprecht vor Konkurrenz nicht verschont. Seine eigene grobschlächtige Verwandtschaft – je nach Region als Krampus, Pelznickel, Klaubauf, Hans Muff, Aschenklas, Buttenmandl, Hans Trapp, Pelzmärtel, Leutfresser, Bullerklas, Erbsbär und unter anderen Namen bekannt – drängte es danach, dem Auftritt des Heiligen durch ihre Anwesenheit den nötigen Respekt zu verschaffen. Die unübersichtliche Anzahl von Mitgliedern dieses unheimlichen Clans unterschied sich deutlich in ihrem Aussehen. Ziemlich hässlich allesamt, war ihre Ähnlichkeit mit dem Leibhaftigen auf die eine oder andere Weise jedoch nicht zu übersehen. So sprachen vor allem die Hörner, die einige von ihnen auf dem Kopf trugen, eine deutliche Sprache. Auch ihre geschwärzten oder hinter gruseligen Masken und zotteligen Bärten verborgenen Gesichter verrieten sie und wiesen in die gleiche Richtung wie ihre bodenlangen schwarzen Kutten oder archaischen Maskierungen aus Stroh, Pelzen und Blättern. Ausgestattet mit Sack und Rute, ließen die finsteren Gestalten, und lassen in einigen Gegenden auch heute noch, ihre Peitschen knallen oder sorgten mit Rasseln, Ketten und Glocken für ohrenbetäubenden Lärm, Gänsehaut und Unbehagen. Schaurige weibliche Erscheinungen waren beim Spuk am Nikolaustag ebenfalls mit von der Partie – in Bayern zum Beispiel die ganz in Lumpen gehüllte Butzen-Bercht.

In den christlichen Dualismus mit Himmel und Hölle, Gott und Teufel, Belohnung und Bestrafung fügten sich die dämonischen Gestalten ohne Mühe ein. Deshalb bedurfte es keiner weiteren Erklärung, damit auch Kindern oder weniger Gebildeten klar war, dass hier das personifizierte Böse dem personifizierten Guten zu Diensten war. Wehe dem, der dem Mann in der Bischofstracht – diesem vorgeblich ehrenhaften Kinderfreund – Anlass bot, seine Monster von der Leine zu lassen.

Auswüchse christlicher Pädagogik

Skrupel kannte die Pädagogik früherer Jahrhunderte keine, was die Ausgestaltung der Horrorszenarien anging, denen der unbotmäßige Nachwuchs ins Auge blicken musste. Sahen die Kinder die Nikolausbegleiter mit ihren Säcken oder auch die hexenähnliche Butzen-

Bercht mit ihrem großen Korb anrücken, so machte sich bei ihnen nicht etwa die Vorfreude auf darin verborgene Mitbringsel breit. Vielmehr bekamen sie es mit der Angst, die Schreckgestalten würden sie am Ende ihres inquisitorischen Besuches in diesen Behältnissen abtransportieren. Damit nicht genug: Wer unter ihnen nicht glaubhaft und umgehend Besserung gelobte, musste befürchten, von seinen Entführern gequält und schlimmstenfalls sogar aufgefressen zu werden. Denn so stand es in Reimform auf Flugblättern, die im 16. und 17. Jahrhundert in großer Zahl in Umlauf waren, so zeigten es detailreich Bilder und Holzschnitte aus der damaligen Zeit, und so hatten es wohl nicht wenige der Kleinen von ihren Eltern zu hören bekommen.

Eine Erklärung für diese vorreformatorischen Entgleisungen der Dienerschaft des Nikolaus bietet der Freiburger Volkskundler Werner Mezger. Seiner Meinung nach gehören die Begleiter des bescherenden Bischofs allesamt zur Familie der Kinderfresser. Ideengeschichtlicher Ahnherr dieser aus dem Italien des 14. Jahrhunderts importierten Figuren ist tatsächlich niemand anderes als der Teufel höchstpersönlich – das fiese Aussehen und Betragen der Security-Mannschaft des Heiligen ist also nicht weiter verwunderlich. Erstaunlich ist allerdings umso mehr die Wandlung, die Knecht Ruprecht als Einziger unter seinen Kollegen vollzogen hat. Auch wenn er seine Aufgabe als Kinderfreund und Gabenbringer nur für kurze Zeit versah, sein gezügeltes und einigermaßen gesellschaftsfähiges Auftreten behielt er bei und konnte sich so – auch im Zuge der Ausbreitung des Hochdeutschen – in großen Teilen des Landes gegen seine unzivilisierten Konkurrenten durchsetzen.

Höllenlärm und schreiende Kinder

Der Name des bekanntesten unter den Nikolausbegleitern geht auf das altertümliche „rûhperht", „rauher Percht", zurück, vermuten die Experten. Knecht Ruprecht stünde damit in besonders enger Beziehung zu den alpenländischen Perchten. Ihren Namen verdanken diese zotteligen und mit kiloschweren dämonischen Masken daherkommenden Umzugsgestalten dem Datum, an dem man ihnen hauptsächlich begegnen kann: dem 6. Januar. Im kirchlichen Kalender steht an diesem Tag „Epiphanias", das Fest der Erscheinung des Herrn. Über dessen mittelhochdeutsche Bezeichnung, „perhtnahten" soll sich im Laufe der Zeit der Name „Perchten" herausgebildet haben, so die Ergebnisse der Wissenschaft.

Dass die Rolle des unheiligen Pendants zum Nikolaus durchaus Potenzial bietet, finden offensichtlich die Jugendlichen unserer Tage: In Süddeutschland, aber auch in anderen Regionen des Bundesgebiets sowie in Teilen Österreichs schließen sie sich zu Horden von Krampussen zusammen, nehmen in großer Zahl an Perchtenläufen oder ganz in Stroh gehüllt an Buttnmandlläufen teil und lassen durch unterschiedlichsten Mummenschanz in mittwinterlichen Nächten keine Langeweile aufkommen. Ihre Mission, die sie dank freundlicher Unterstützung der Fremdenverkehrsämter nicht selten zur Touristenattraktion werden lässt: unheimliches Schaulaufen, unerkanntes Leuteerschrecken, ungestraftes Lärmproduzieren. Bisweilen treiben es die Vermummten bei ihrer Art der Brauchtumspflege jedoch zu weit – gebrauchen ihre Ruten allzu heftig, lassen ihre Pöbeleien in Schlägereien ausarten oder bringen durch ihren Krawall gar kleine Kinder zum Weinen, weswegen Krampusumzüge und ähnliche Veranstaltungen mancherorts schon wieder verboten wurden.

Die wilden Kerle fahren nicht mit

In weiten Teilen Europas konnten sich die wilden Kerle jedoch ebenfalls bis heute halten. So erscheint Gevatter Nikolaus in Frankreich gemeinsam mit Père Fouettard, in der Schweiz unterstützt ihn eine Figur namens Schmutzli, in den Niederlanden übernimmt dies Zwarte Piet. Die anhaltenden Diskussionen über die schwarze Hautfarbe letzteren Begleiters zielen übrigens in die falsche Richtung: Er verdankt diese nicht etwa rassistischem Gedankengut, sondern seiner teuflischen Herkunft. In Luxemburg ist der zweite Mann des gegensätzlichen Duos als Housecker bekannt, im Elsass heißt er Hans Trapp.

Glaubt man der Legende, handelt es sich dabei um eine Verballhornung des Namens eines einstigen Hofmarschalls der Kurfürsten von der Pfalz: Hans von Trotha. Dieser streitbare Ritter drangsalierte im 15. Jahrhundert nicht nur seine Untertanen, sondern legte sich sogar mit dem Papst an. Grund genug, ihn im Volksglauben im Laufe der Zeit zum Kinderschreck werden zu lassen.

Einzig bis nach Übersee reichten die Familienbande der finsteren Mannschaft des Nikolaus nicht. In der Neuen Welt angekommen, war dem Heiligen sein verrufener Anhang abhanden gekommen. Vielleicht besser für ihn – umso leichter konnte er seinen Imagewandel zum smarten Santa Claus bewerkstelligen.

IRRTUM 21:

Es bringt Unglück, den Weihnachtsbaum vor dem 6. Januar abzuschmücken

Diese Mähr gibt es tatsächlich: Allerdings nur in Großbritannien und Irland. „Little Christmas" heißt der Tag, an dem Weihnachten auf den Inseln offiziell vorbei ist und der Christbaumschmuck landauf, landab im Keller zu verschwinden hat. Auf keinen Fall vorher und auch nicht nachher – eigentlich: Die Queen zum Beispiel lässt sich nicht unter abergläubischen Termindruck setzen und besteht bis Anfang Februar auf ihrer königlichen Weihnachtsdekoration.

Wem hierzulande unmittelbar nach der Bescherung die feierliche Stimmung vergangen ist, kann den Lichterbaum jederzeit des Wohnzimmers verweisen, ohne weiteres Ungemach oder das ahnungsvolle Kopfschütteln der Nachbarn auf sich zu ziehen. Die meisten Weihnachtsbäume dürfen jedoch auch in deutschen Haushalten bis zum Dreikönigstag im Warmen bleiben. Alle, die sehr an ihrem wohlriechenden Zimmergenossen hängen, können ihn sogar noch länger behalten: In Bayern und in anderen katholischen Gegenden wird der Baum traditionell erst zu Mariä Lichtmess am 2. Februar, dem früheren Ende der Weihnachtszeit, abgeschmückt. Entsorgen muss man ihn dann allerdings im Alleingang, denn die Müllabfuhr holt ihn nur bis Mitte Januar kostenlos ab.

Der Grünling und das Glück

Da steht er dann traurig neben der Restmülltonne, seinem Schicksal harrend. Über zehn Jahre brauchen Tannen, bis sie zu stattlichen Weihnachtsbäumen herangewachsen sind. Nach den Festtagen ergeht es ihnen, wie es Hans Christian Andersen 1844 in seiner Geschichte „Der Tannenbaum" beschrieb – niemand kann mehr etwas mit ihnen anfangen: *„Und eines Tages kamen Leute auf den Speicher, und ein Diener trug den alten Tannenbaum auf den Hof. ‚Nun werde ich leben', jubelte der Baum und breitete seine Zweige aus. Aber die waren alle vertrocknet und gelb. Nur der Stern aus Goldpapier saß noch oben an der Spitze und glänzte im hellen Sonnenschein. Die Kinder, die am Weihnachtsabend den Baum umtanzt hatten, kamen herbei und riefen: ‚Seht, was da noch an dem hässlichen alten Tannenbaum sitzt!' Und sie traten auf die Zweige, dass es krachte und knickte."* Am Ende wird Andersens personalisierter Weihnachtsbaum in Stücke gehackt und verbrannt – was im Übrigen kein alltagstauglicher Tipp ist und im neuen Jahr tatsächlich großes Unglück heraufbeschwören könnte: Tannenbäume enthalten große Mengen an Harz, das beim Anzünden in Kombination mit den ausgetrockneten Nadeln schon schlimme Explosionen verursacht hat.

Keinen Weihnachtsbaum aufzustellen ist in Sachen Glück jedoch ebenso wenig zielführend. Denn seine spitzen Nadeln halten das Unheil ab, das wussten schon die Menschen vor vielen Generationen. Wer etwa während der zwölf Rauhnächte zwischen Weihnachten und dem Dreikönigstag auf diesen Schutz verzichtet, ist selber schuld: *„Er kann auf keinen grünen Zweig kommen"*, weiß das bekannte Sprichwort, das auf diesen uralten Volksglauben zurückgeht.

Auch wenn man es meinen könnte, der harzige Hüne und das Fest der Liebe gehörten nicht von Anfang an zusammen. Zwar ist schon auf den ältesten Darstellungen der Geburt Christi aus dem 4. Jahrhundert bisweilen ein Baum mit im Bild – dem Ort des Geschehens entsprechend, handelt es sich dabei allerdings jeweils um eine Palme. So, wie wir den Christbaumkugelträger kennen, als nadelnden Mittelpunkt einer besinnlichen Familienfeier, gibt es ihn erst seit wenigen Hundert Jahren. Allerdings ließen zahlreiche ältere Bräuche den Kult ums weihnachtliche Gesträuch bereits anklingen.

Symbol der Hoffnung

Seit jeher maßen die Menschen der größten Spezies unter den Pflanzen besondere Bedeutung zu: Bäume galten als Sitz der Götter, waren Sinnbild der Fruchtbarkeit und des Lebens. Unzählige Märchen und Legenden ranken sich um die Zauberkraft der im Erdreich verwurzelten Riesen. Kein Wunder also, dass die Zweige von Fichte, Tanne, Kiefer, Eibe, Buchsbaum und anderen frostresistenten Gewächsen schon in vorchristlicher Zeit die Renner unter den winterlichen Deko-Materialien waren. Grün ist die Farbe der Hoffnung – darauf vertrauten unsere Vorfahren, wenn sie sich mitten im Winter von der Sonne und allen guten Geistern verlassen fühlten. In den dunkelsten Tagen des Jahres holten sie sich die farbbeständigen Symbole ins Haus, um sich den Glauben an Wärme, Licht und das Wiedererwachen der Natur im Frühling zu bewahren. Der nadelnde Wandschmuck war in doppelter Hinsicht praktisch: Als eine Art botanische Allzweckwaffe schützte er gleichzeitig vor Hexen und Dämonen. Sogar Blitz, Hagelschlag und Katastrophen aller Art könnten dank der mächtigen Glücksbringer der eigenen Wohnstätte nichts anhaben, so der verbreitete Glaube.

Die Römer setzten anlässlich des Jahreswechsels gleichfalls auf das magische Grün und ließen sich Zweige nebst guten Wünschen und kleinen Geschenken zukommen. Außerdem trugen sie zum Ende des Jahres die Lorbeerkränze ausnahmsweise nicht auf dem Kopf, sondern ins Innere ihrer Häuser, um sich so des Wohlergehens im neuen Jahr zu versichern. Im Mittelalter begann man kleine Bäumchen zu Richtfesten, Maifeiern und anderen öffentlichen Veranstaltungen mit Bändern, Blumen oder bunten Eiern herauszuputzen.

Die wahren Urahnen der heutigen Weihnachtsbäume sehen Historiker aber in den immergrünen Mitspielern der kirchlichen Paradiesspiele. Am 24. Dezember veranstaltete die Geistlichkeit für die breite Schicht der Analphabeten unter den Gläubigen eine Art Theaterstück, das die biblische Geschichte von der Erbsünde und der Vertreibung aus dem Paradies nachstellte. An dramaturgisch bedeutsamer Stelle pflückte Eva von den Zweigen eines eigens in der Kirche aufgestellten Baumes die verbotene Frucht, sprich: einen Apfel. Um das „Paradiesische" an dem natürlichen Requisit zu verdeutlichen – immerhin erlag Adam dessen Verlockungen –, wurde es in der Folge nicht nur mit roten Äpfeln, sondern auch mit goldenen Nüssen, Gebäck und Süßigkeiten geschmückt.

Aufessen statt abschmücken

An diese Aufmachung erinnert der Grünling, der 1419 im Freiburger Heilig-Geist-Spital stand und nach Expertenansicht der erste echte Weihnachtsbaum gewesen sein könnte. Leicht zu vergeben ist dieser Titel nicht, denn die Meinungen gehen auseinander, über welche Eigenschaften ein veritabler Weihnachtsbaum verfügen muss: Schmuck, Lichter, muss er im Familienkreis stehen, oder zählt auch ein für die Öffentlichkeit bestimmter Baum? Jenes frühe Exemplar in Freiburg jedenfalls war zwar noch kerzenlos, aber mit Schmuck großzügig bedacht: Früchte, Nüsse und Süßwaren blitzten zwischen seinen Zweigen hervor. Die freigiebige Bruderschaft der Bäcker hatte den essbaren Christbaumschmuck gespendet, damit Arme und Kinder sich am Neujahrstag daran sattessen konnten.

Nicht jeder neue Brauch wird sofort in historischen Dokumenten vermerkt. Deshalb weiß heute niemand mehr genau, wann und wo der erste Gabenträger dieser Art stand. Als frühe Hochburg der Christbaumbegeisterten weisen die überlieferten Quellen jedoch übereinstimmend den Südwesten Deutschlands und insbesondere das Elsass aus: Schon 1494 hatte sich der Straßburger Stadtschreiber Sebastian Brant in seiner Moralsatire „Das Narrenschiff" über das Getue mit den grünen Wedeln lustig gemacht. Nichtsdestotrotz machte sich kaum 50 Jahre später ein Tannenbaum mit seinen ausladenden Ästen zu Weihnachten im ehrwürdigen Straßburger Münster breit. 1550 hatte der neue Brauch offenbar solche Ausmaße angenommen, dass sich die Oberen von Freiburg im Breisgau genötigt sahen, das unrechtmäßige Fällen von Tannenbäumen unter Strafe zu stellen. Auch die Kirche stand dem Kult ums geschmückte Grün anfangs nicht gerade positiv gegenüber. Zum einen fürchtete auch sie um ihre Bäume – große Waldgebiete waren zur damaligen Zeit in ihrem Besitz. Zum anderen sahen sie bei dem heidnischen Brauch den Satan wirken. Johann Conrad Dannhauer, Theologe und evangelischer Prediger im Straßburger Münster, geißelte 1657 die unschuldige Freude am Tannenbaum als verwerfliche „Lappalie", der die Gläubigen zu Weihnachten mehr Aufmerksamkeit widmeten als „Gottes Wort".[25]

Prestigeträchtige Schmuckstücke

Der Weihnachtsbaum hingegen setzte seinen Siegeszug sternengeschmückten Hauptes fort. Vor allem die städtischen Handwerkszünfte wollten sich ihn bei ihren gemeinschaftlichen Weihnachtsfeiern nicht mehr nehmen lassen. Nachdem besonders spendable Familienväter mit dem stachligen Weihnachtsmitbringsel auch zu Hause für Begeisterung gesorgt hatten, gelang dem Bäumchen der Sprung ins sich herausbildende traute Heim des Biedermeier. Endgültig zur Mode wurde der Glitzerbaum aber auch, weil ihn gegen Ende des 17., Anfang des 18. Jahrhunderts das gehobene protestantische Bürgertum und der Adel als prestigeversprechendes Accessoire entdeckt hatten. War der Bäumling in früheren Zeiten häufig kopfüber an den Holzbalken einfacher Behausungen gehangen, so fürchtete die feine Gesellschaft um ihre fragilen Stuckdecken. Die grünen Schmuckstücke – Nadelbäume kamen in jener Zeit ebenso zum Einsatz wie Laub- oder Buchsbäume – fanden zurück auf den Boden und wurden auf einem Tisch oder auf dem edlen Parkett der weitläufigen Salons platziert. Der Vorteil: Die Bäume konnten von nun an unkomplizierter mit ihrem sprichwörtlichen Lichterglanz versehen werden.

Für verbrieftes Aufsehen sorgte so etwa Herzogin Dorothea Sibylle von Schlesien, als sie 1611 als eine der ersten ihren Weihnachtsbaum mit Bienenwachskerzen ausstaffierte. Ein damals sündhaft teures Vergnügen, das sich bis ins 19. Jahrhundert nur Wohlhabende leisten konnten – danach gab es die Wachsersatzstoffe Stearin und Paraffin. Gespart wurde in den adeligen Häusern aber auch sonst an nichts: *„Da richtet man Tische wie Altäre her und stattet sie für jedes Kind mit allerlei Dingen aus, wie neue Kleider, Silberzeug, Puppen, Zuckerwerk und alles Mögliche. Auf diese Tische stellt man Buchsbäume und befestigt an jedem Zweig ein Kerzchen. Das sieht allerliebst aus"*, erinnerte sich 1708 Liselotte von der Pfalz, verheiratet mit Herzog Philipp von Orléans, im fernen Frankreich an den Brauch, der ihr aus Kindertagen in Hannover vertraut war.[26]

Grüner Emporkömmling

Während die Protestanten den Weihnachtsbaum in vielen größeren Städten als Alternative zur Krippe in ihr Weihnachtsfest übernahmen und ihn Mitte des 19. Jahrhunderts auch in ihren Kirchen willkommen hießen, blieb er auf dem Land noch lange unbekannt. Vor allem die Katholiken taten sich schwer mit dem grünen Emporkömmling. Sie verspotteten ihn als „Lutherbaum" und verunglimpften seinetwegen gar den Protestantismus als „Tannenbaum-Religion". Erst gegen Ende des 19. Jahrhunderts konnte die katholische Kirche nicht umhin, den herausgeputzten Naturburschen als christliches Symbol neben der traditionellen Krippe in ihren Gotteshäusern zu dulden. Den Zweitnamen „Christbaum" legte sich der Tännling vorsichtshalber von nun an vor allem in katholischen Gegenden zu, um an seinem Sinn und Zweck nur ja keinen Zweifel aufkommen zu lassen.

Nicht, dass er sich bis dahin über mangelnden Zuspruch hätte beschweren müssen: Dichter und Literaten zeigten früh ein ausgesprochenes Faible für den schmucken Lichterbaum und verewigten ihn in unzähligen Werken. Dichterfürst Johann Wolfgang von Goethe beschrieb 1774 in „Die Leiden des jungen Werther" die *„Erscheinung eines aufgeputzten Baumes mit Wachslichtern, Zuckerwerk und Äpfeln"*, die seine Betrachter in nichts weniger als „*paradiesische Entzückung*" verfallen ließ. 1816 schwärmte E.T.A. Hoffmann in seiner Erzählung „Nussknacker und Mäusekönig": „*Als das Schönste an dem Wunderbaum musste aber wohl gerühmt werden, dass in seinen dunkeln Zweigen hundert kleine Lichter wie Sternlein funkelten und er selbst in sich hinein- und herausleuchtend die Kinder freundlich einlud, seine Blüten und Früchte zu pflücken.*" Einen ersten Weihnachtshit, der von Sachsen aus um die ganze Welt ging, landete 1824 der Leipziger Lehrer Ernst Anschütz: Er dichtete einem bestehenden Liebeslied einen neuen Text an und verwies in der dritten Strophe auf die überlieferte Funktion des Immergrünen: „*O Tannenbaum, o Tannenbaum, dein Kleid will mich was lehren: Die Hoffnung und Beständigkeit gibt Trost und Kraft zu jeder Zeit.*" Die wohl romantischste Beschreibung des Weihnachtsbaumes in seiner natürlichen Umgebung schuf 1862 Theodor Storm mit der Novelle „Unter dem Tannenbaum". Sie enthält die Gedichtzeilen: „*Von drauß' vom Walde komm ich her, ich muß euch sagen, es weihnachtet sehr! Allüberall auf den Tannenspitzen sah ich goldene Lichtlein sitzen*".

Schatzsuche im Christbaumwald

Wer hat den schönsten und den teuersten Weihnachtsbaum? Dieser Wettbewerb fand bald in den deutschen Adelshäusern seinen Anfang, und auch deren europäische Verwandtschaft wollte zunehmend daran teilhaben: Jérôme Bonaparte, Napoleons jüngster Bruder und König von Westfalen, ließ sich nicht lumpen und hängte 1807 wertvolle Schenkungsurkunden über Ländereien für seine Günstlinge an den Baum. 1830 verzückte Therese, die protestantische Gemahlin von Ludwig I., die königliche Entourage mit dem ersten geschmückten Baum in der Münchner Residenz. Sieben Jahre später sah Eugénie de Beauharnais, Fürstin von Hohenzollern-Hechingen, die Geschenke vor lauter Bäumen nicht: Einen kleinen Wald aus 14 Christbäumen hatte sie sich in ihr Münchner Palais Leuchtenberg stellen lassen. Wie damals in hochherrschaftlichen Häusern üblich, war dabei jedem Familienmitglied einer der stachligen Überraschungsgäste zugedacht. Nach Frankreich gelangte der Brauch 1837 durch Helene von Mecklenburg. Und in England hielt er durch Prinz Albert von Sachsen-Coburg, den deutschen Gemahl von Königin Victoria, vier Jahre später Einzug. Das illustre Pärchen veranstaltete im Inselreich ein Christbaumspektakel, das unter den adeligen Verwandten wohl noch lange für Gesprächsstoff sorgte: 10 000 Pfund sollen die Preziosen verschlungen haben, mit denen sie einen 13 Meter hohen Tannenbaum zum Strahlen brachten.

Durch den Ausbau der Eisenbahn in der Mitte des 19. Jahrhunderts verlor der Weihnachtsbaum seinen elitären Status. Breitere Schichten konnten von nun an feiern wie die Könige. Waren Nadelbäume zuvor teure Mangelware, so konnten sie jetzt massenhaft von eigens angelegten Fichten- und Tannenschonungen auf dem Land zu den städtischen Weihnachtsmärkten transportiert werden. Dort wurden sie zu erschwinglichen Preisen angeboten. Noch nicht einmal um das lästige Schmücken musste sich die Kundschaft Gedanken machen, denn damals konnte man sie sich praktischerweise fertig dekoriert nach Hause liefern lassen.

Friedenssehnsucht trifft auf Chauvinismus

Dass der Baum sich in der Folge als Mittelpunkt des christlichen Weihnachtsfestes über alle gesellschaftlichen Schichten hinweg etablierte, verdankt er aber ausgerechnet einer kriegerischen Auseinandersetzung. Während des Deutsch-Französischen Krieges von 1870/71 kamen die aristokratischen Kommandeure auf die Idee, an Weihnachten zur moralischen Unterstützung eine zweite grüne Armee in Stellung zu bringen: In Lazaretten, Unterständen, Quartieren – überall sorgten geschmückte Bäume für ein Kontrastprogramm zu den Erlebnissen an der Front. Einfache Soldaten aus allen Landesteilen kamen so zum ersten Mal mit dem Brauch in Berührung und verinnerlichten ihn als festen Bestandteil eines typisch deutschen Weihnachtsfestes. Nach

dem Sieg über die Franzosen hielten die Kriegsheimkehrer am Weihnachtsbaum fest, durch den sie im Krieg eine *„Fülle von Emotionen"*
erfahren hatten, die die Volkskundlerin Ingeborg Weber-Kellermann
in ihrem Buch „Das Weihnachtsfest" wie folgt zusammenfasste:
*„Heimweh und Familiengefühl, Friedenssehnsucht und nationaler Stolz,
ja: deutscher Chauvinismus, das alles waberte nun im weihnachtlichen
Lichterglanz."* Propagandainstrument und Symbol der Hoffnung waren jene Kriegsbäume zugleich, ebenso wie ihre Nachfolger im Ersten
und im Zweiten Weltkrieg.

Nach dem Kriegsende 1945 wurde der Weihnachtsbaum nochmals
zum äußerst raren Objekt der Begierde. Aussicht, den festlichen Blick-
fang auf Bezugsschein zu bekommen, hatte nur, wer zahlreiche
Kinder vorweisen konnte. Alle anderen mussten kreativ werden: Sie
bohrten Löcher in Besenstiele und befüllten diese mit jenen mickrigen
Zweigen, die angesichts des Brennholzmangels in den Wäldern noch
aufzutreiben waren. Sie bastelten einfache rechtwinklige oder pyra-
midenförmige Holzgestelle – alternative Lichterträger, mit denen sich
die Ärmeren schon in früheren Jahrhunderten beholfen hatten – und
schmückten sie mit spärlichem Grün, Flitter aus Vorkriegstagen und
den wenigen vorhandenen Kerzen.

Feiern unterm „organisierten" Baum

Einige machten sich aber auch kurzerhand auf in den nächstgelege-
nen Wald, um sich dort das für das Fest unverzichtbare Bäumchen zu
„organisieren". Eine Unsitte, die sich bis in unsere Tage erhalten hat,
obwohl Weihnachtsbäume keine Mangelware mehr sind: Jährlich finden nach Auskunft des Hauptverbandes der Deutschen Holzindustrie
rund 30 Millionen Exemplare ihre Abnehmer. Einige Hunderttausend
davon sind geklaut. Wie viele unrechtmäßig gefällte Christbäume jedes Jahr in deutschen Wohnzimmern stehen, weiß niemand ganz genau, Statistiken werden dazu bislang nicht geführt. Bereits 2007
schätzte die Arbeitsgemeinschaft deutscher Waldbesitzerverbände ihren Anteil aber auf 500 000 Stück. Besonders dreiste Diebe fällen da-

bei gleich mehrere Bäume, um bei ihrem illegalen Treiben eine größere Auswahl zur Verfügung zu haben. Um bis zu 20 Millionen Euro würden Weihnachtsbaumzüchter und Händler dadurch geprellt, rechnen die Experten hoch. Dem stehen auf der Habenseite immerhin noch Einnahmen von um die 700 Millionen Euro pro Jahr durch den regulären Baumverkauf gegenüber.

Beliebteste Jahresendzeitgefährtin der Deutschen ist nach wie vor die Nordmanntanne. 75 Prozent der Bundesbürger geben ihr den Vorzug vor Rotfichte, Blaufichte und Co. – und dies aus gutem Grund: Ihre starken Äste halten auch üppigster Dekoration stand, außerdem sind ihre Nadeln abgerundet, was den Umgang mit ihr bedeutend schmerzfreier gestaltet. Um der häufig diskutierten Ökobilanz der botanischen Saisonartikel Gerechtigkeit zukommen zu lassen: Etwa 70 Prozent der Bäume kommen mittlerweile aus heimischen Regionen wie dem Schwarzwald oder dem Bayerischen Wald, der Rest wird vor allem aus Dänemark zugeliefert. Dass echte Bäume allemal klimafreundlicher sind als ihre künstlichen Anverwandten aus Fernost, haben australische Forscher ausgerechnet: Die natürliche Variante verursacht beim Züchten, Transportieren und Verbrennen danach drei Kilogramm CO_2. Ein Plastikbaum dagegen verschlingt alles in allem satte 48 Kilogramm des Treibhausgases. Nur wer also mindestens 16 Jahre unter derselben trostlosen Kunststofftanne bescheren würde, hätte am Ende weniger der Umwelt geschadet als jene, die sich alljährlich eine frische Tanne ins Wohnzimmer holen. Dass die Deutschen es zu Weihnachten finanziell gesehen gerne krachen lassen, beweist sich nicht zuletzt beim Baum als elementarem Utensil des Festes. Nach dem Motto „einer ist gut, zwei sind besser" begnügen sich viele nicht mehr mit der geschmückten Ausgabe im Haus, sondern protzen mit einem zweiten Lichterbaum vor dem Haus – Platz dafür findet sich zur Not auch auf dem kleinsten Balkon. Auch die Nordmanntanne von Otto-Normal-Bescherer tut's in manchen Haushalten längst nicht mehr. Wahrlich Eindruck schinden kann, wer bei den feiertäglichen Besuchen von Familie und Freunden lässig die Bezeichnungen „Koreatanne" oder „Colorado-Tanne" fallen lässt.

Höher, heller, ausgefallener

Aber nicht nur hierzulande, weltweit entpuppte sich der Weihnachtsbaum als eine Tradition, die Superlative magisch anzuziehen scheint.
Höher, heller, ausgefallener hieß es, nachdem der Brauch Mitte des
19. Jahrhunderts durch deutsche Auswanderer die USA erreicht hatte. Vor allem öffentlich in Szene gesetzte Bäume sorgten und sorgen
hier für Furore. 1912 versetzte eine gewisse Mrs. J. B. Herresdorf die
New Yorker Passanten in Erstaunen, als sie auf dem Madison Square
eine riesige Tanne mittels elektrischer Kerzen zum Strahlen bringen
ließ. Seit 1923 kann unweit des Weißen Hauses in Washington der
stolze National Christmas Tree bewundert werden. Seine Lichterketten knipst der Präsident der Vereinigten Staaten höchstpersönlich
an – ein Spektakel, das jedes Jahr im Dezember im Fernsehen übertra-
gen wird. Weitere Besonderheit: Dieser Baum kann singen, „Rudolph,
the red-nosed reindeer" gehört unter anderem zu seinem Repertoire.
Zwischen seinen Zweigen verborgene Lautsprecher machen es möglich.

Traummaße von bis zu 29 Metern sind von jenem Baumgiganten
gefordert, den über 20 Helfer alljährlich vor dem Rockefeller Center
in Manhattan in Pose bringen. Mit dem traditionellen Tree Lighting
begehen die New Yorker zu seinen Füßen den Beginn der Weihnachtszeit. Weihnachtlichen Flitterkram und lästige Lichterketten muss hingegen jener Riesenmammutbaum nicht erdulden, den Präsident
Calvin Coolidge 1926 zum Nation's Christmas Tree bestimmt hatte.
Der geschätzte 2000 Jahre alte Methusalem unter den Bäumen hält
mit knapp 82 Metern Höhe den Rekord als größter ungeschmückter
Weihnachtsbaum der Welt.

Die größte geschmückte Variante leisteten sich 1999 die Australier:
Umweltschützer versahen einen 80 Meter hohen Riesen der Art Euca-
lyptus regnans mit 3000 Lichtern, um auf die Bedrohung der tasmani-
schen Urwälder hinzuweisen. Der laut „Guinness-Buch der Rekorde"
größte Weihnachtsbaum der Welt ist zwar künstlicher Natur, dafür
brachte ihn 2011 aber Papst Benedikt XVI. eigenhändig per PC zum

Leuchten. Seit den 1980er Jahren werden nahe dem umbrischen Städtchen Gubbio auf einem Hügel unzählige bunte Lämpchen in mühevoller Kleinarbeit zu einem Tannenbaum von 800 Metern Höhe und 400 Metern Breite arrangiert. Im Umkreis von 50 Kilometern lässt dieses überdimensionale Symbol am Bevorstehen des Christfestes keinen Zweifel.

Dem Christbaum-Fieber mitten im Hochsommer erliegt alljährlich das brasilianische Rio de Janeiro. Seit 1996 werden auf dem Rodrigo-de-Freitas-See jedes Jahr größere Mengen an Stahl verbaut, um den Eintrag „größter schwimmender Weihnachtsbaum der Welt" im „Guinness-Buch der Rekorde" nicht zu gefährden. Ragte der Árvore de Natal anfangs 48 Meter aus dem Wasser, so war der Koloss zuletzt stolze 85 Meter hoch und 542 Tonnen schwer. 105 Kilometer Lichterketten waren nötig, um ihn mit 3,3 Millionen Glühlampen in Szene zu setzen. Mit dem bislang wahrscheinlich teuersten Weihnachtsbaum der Welt trumpften 2010 die Vereinigten Arabischen Emirate auf. Ein Luxushotel in Abu Dhabi ließ sich den Schmuck für ihren Repräsentanten der Weihnachtszeit stolze acht Millionen Euro kosten – Gold und Edelsteine prangten an den Zweigen des 13 Meter hohen Baumes. Ob sich der Messias über eine solche Begrüßung gefreut hätte? Bestimmt, meinen zumindest die Anhänger der weltweiten Christbaum-Mania. Ein 45 Meter hohes Baum-Puzzle schickt Deutschland alljährlich ins Rennen der Superlative. Entlang eines konisch zulaufenden Stahlgestells wird es aus über 1 000 einzelnen Fichten auf dem Dortmunder Weihnachtsmarkt zusammengesetzt.

Die Weihnachtsgeschichte wird nur im Christentum erzählt

Der Vater ein Gott, die Mutter eine Jungfrau, das Baby ausgestattet mit weltbewegendem Auftrag – inhaltlich ist die christliche Weihnachtsgeschichte kaum zu toppen. Könnte man annehmen. Doch weit gefehlt: Die wundersame Geburt eines göttlichen Kindes ist ein Thema, dessen sich die Religionen aller Zeiten und aller Orten bedienten. Um die Anfänge speziell des Jesusknaben auf Erden weiß neben der Bibel auch der Koran – Sure 19 und Sure 3 berichten über die ungewöhnlichen Vorgänge.

Die Weihnachtsgeschichte im Koran

Auch in der Überlieferung des Islams kommt Maria, hier unter ihrem arabischen Namen Maryam, als Jungfrau zu ihrem Kind. Auch hier ist es ein Gesandter Allahs, der ihr die Geburt eines *„reinen Knaben"* ankündigt – allerdings tritt der Götterbote in diesem Fall in Gestalt eines attraktiven Mannes auf. Völlig verständnislos reagiert das junge Mädchen trotzdem: *„Wie sollte ich einen Jungen bekommen, wo mich kein Mann berührt hat und ich keine Hure bin?"*, fragt sie, um mit der Antwort abgespeist zu werden: *„So ist es. Dein Herr sagt: Es fällt mir leicht. (...) Es ist eine beschlossene Sache."* (Sure 19, 19–21).

Zum Vergleich: Ihrer Vorgängerin im Neuen Testament erging es kaum besser. Dort war es der Engel Gabriel, der dem wohl höchstens 15-jährigen Mädchen eine Schwangerschaft in Aussicht stellt. Auch Maria will daraufhin im 1. Kapitel des Lukasevangeliums verständlicherweise wissen, wie das sein könne, wo sie doch mit keinem Mann zusammen gewesen sei. *„Der Heilige Geist wird über dich kommen, und die Kraft des Höchsten wird dich überschatten. Deshalb wird auch das Kind heilig und Sohn Gottes genannt werden"*, lautet die Erklärung, mit der sie sich zufriedengeben muss (Lk 1, 35).

Zeit und Ort des Geschehens interessieren im Koran anders als in der Bibel nicht. Die Geburt findet irgendwann und irgendwo an einem entlegenen Ort unter einer Palme statt (Sure 19, 22–23). Wundertätig ist Jesus respektive Iŝa, wie er in der arabischen Übersetzung heißt, auch in der heiligen Schrift des Islams. Nur geduldet er sich dort nicht bis zum Erwachsenenalter. Schon während der Geburt zeigt er, was in ihm steckt: Er spricht mit seiner Mutter und tröstet sie, zu ihrer Stärkung lässt er eine Quelle unter der Palme hervorsprudeln.

Bei allen Gemeinsamkeiten, in ihren Wesenszügen unterscheiden sich die jungfräulich empfangenen Sprösslinge deutlich: Sohn Gottes, als der Jesus im Neuen Testament gilt, ist der Iŝa des Korans keinesfalls. *„Ich bin ein Diener Allahs. Er hat (…) mich zu einem Propheten gemacht"*, mit diesen Worten stellt das phänomenale Neugeborene sich selbst vor, als seine Mutter es ihrem Volk präsentiert (Sure 19, 30). Jesus steht damit in einer Reihe mit den anderen großen Propheten Adam, Noah, Abraham, Moses und Mohammed. Sein Auftrag ist es, die vom Glauben abgefallenen Juden auf den rechten Weg zurückzuführen. Nach koranischer Auffassung ist er aber weder der Erlöser der Menschheit, noch ist er für sie am Kreuz gestorben. Nichts und niemand ist im Islam Allah ähnlich oder gar gleichgestellt, ein Geburtstagsfest zu Ehren eines seiner Boten kommt dementsprechend nicht infrage.

Götterkinder rund um die Welt

Und dennoch: Die Geschichte von einer rätselhaften Zeugung, einem extraordinären Vater und einem ebensolchen Kind ist nicht neu. Versatzstücke der biblischen Weihnachtsgeschichte finden sich in anderen Geburtslegenden lange vor der Entstehung des Christentums. Auffallende Gemeinsamkeiten: Die Mütter sind meist sehr jung, wenn sie ihr Schicksal ereilt. Ein Luxusleben ist den Hüterinnen des hochwohlgeborenen Nachwuchses in der Regel nicht beschieden, im Gegenteil: Sie gebären oft fern der Heimat an einem unwirtlichen Ort, anschließend finden sie sich auf der Flucht wieder, denn nicht selten droht ihrem zu höheren Aufgaben berufenen Nachwuchs Gefahr von mächtigen Neidern.

Kaum eine Region der Welt, deren Mythenschatz die Legende vom göttlichen Kind nicht zu bieten hätte. Im Hinduismus taucht sie ebenso auf wie im Buddhismus, die Schamanen Nordeuropas gaben sie ebenso zum Besten wie die Priester der Maya, Azteken und Inka in Süd- und Mittelamerika, wie die Religionswissenschaftlerin Renate Günther für ihr Buch „Der Mythos vom göttlichen Kind" recherchiert hat. Gesegnet mit amourösen Anekdoten der außergewöhnlichen Art ist vor allem die griechische Mythologie. Schlimmster Schwerenöter im Olymp: Götterboss Zeus höchstpersönlich. Mit himmlischen und irdischen Schönheiten zeugte er unzählige uneheliche Nachkommen. Unter ihnen Dionysos, der in der Antike kultisch verehrte Gott des Weines und der Fruchtbarkeit. Wer seine Mutter war, darüber gehen die Legenden auseinander. Einer der bekanntesten Erzähltraditionen zufolge war es die anmutige Persephone, Zeus eigene Tochter nebenbei bemerkt, die der himmlische Herrscher als Drache verkleidet heimsuchte. Die Folgen: Die Jungfrau wird schwanger, und ein Knabe wird in einer Höhle geboren. Auch die weiteren Ereignisse rufen Assoziationen zur biblischen Jesusgeschichte wach: Mangels Alternativen bettet die Mutter ihr Kind in eine Futterkrippe. Was auch für diesen Gottessohn kein Problem ist, weil er sich mit dem Status eines Säuglings ohnehin nicht lange aufhält. Gleich nach seiner Geburt zieht es

ihn zu seinem Vater in den Olymp, wo er die Geschicke der Welt mit-
bestimmen will. Zeus' eifersüchtige Ehefrau Hera greift an dieser Stelle zu drakonischen Vergeltungsmaßnahmen und lässt das Kind der
Nebenbuhlerin grausam ermorden. Einzig das Herz seines Sohnes
bleibt dem untreuen Gatten. Er verschlingt es, und Dionysos wird
schließlich wiedergeboren.

In einer Höhle geboren, von Hirten begrüßt

Die biblische Weihnachtsgeschichte entstand nicht im luftleeren Raum.
genzeugenberichte vermischten sich mit religionspolitischen Absich-
ten. Unter Experten ist umstritten, inwieweit und welche Überlieferungen anderer Religionen Einfluss auf die Erzählungen von Lukas
und Matthäus nahmen. Fest steht: Um die Zeitenwende waren einige
aus heutiger Sicht merkwürdig anmutende Geburtsgeschichten in
Umlauf. In den ersten nachchristlichen Jahrhunderten war etwa der
aus Persien stammende Mithraskult im Römischen Reich populär.

Mehr als ungewöhnlich ist der Start dieses göttlichen Abkömm-
lings: In einer Felsenhöhle gebar die jungfräuliche Erde ihren Sohn
Mithras der Legende nach aus einem Stein. Hirten beobachteten das
Geschehen, so heißt es, und knieten voller Ehrfurcht nieder. Mehr als
anspruchsvoll auch in diesem Fall die Aufgabe, die der überirdische
Vater dem Knaben im Windelalter aufgebürdet hatte: Nichts weniger
als die Welt sollte er retten, das Böse ein für alle Mal in die Flucht
schlagen. War er in seiner ursprünglichen persischen Heimat schon
als Sonnengott verehrt worden, so bekam er auch im antiken Rom
bald den Beinamen Sol invictus, „unbesiegbarer Sonnengott". Mithras
Geburtstag wurde am 25. Dezember gefeiert, wie Jesus galt er als Heiland, der einst zur Errettung seiner Anhänger wiederkehren würde.
Nicht umsonst liegen die genauen Details des Mithraskults weitgehend im Dunkeln der Geschichte: Er war eine Geheimreligion, der nur
auserwählte männliche Mitglieder angehörten, die zu Stillschweigen
über die Glaubensinhalte verpflichtet waren. Ließen sich die frühen
Christen also tatsächlich von der nebulösen Sonnengottheit inspirie-

ren, oder war es in Wahrheit gar umgekehrt? Niemand kann es mit Sicherheit sagen. So oder so, die Ähnlichkeiten zwischen beiden Bekenntnissen bleiben frappierend.

Potentaten und Philosophen von Gottes Gnaden

Der Kreis der himmlischen Nachfahren blieb aber nicht auf mythologische Helden begrenzt. Ägyptische Pharaonen oder chinesische Kaiser nahmen jene einzig wahrhaft adelnde Abstammung bereits in vorchristlichen Jahrtausenden für sich in Anspruch. Im griechisch-römischen Kulturkreis wurden nur wenige Jahrhunderte vor Jesu Geburt Männer des Geistes und mächtige Potentaten immer wieder als Gottessöhne gehandelt. Über Platon etwa, den großen Philosophen des Abendlandes, munkelte man, dass sein weltlicher Vater Ariston solange am sexuellen Umgang mit seiner Ehefrau gehindert worden sei, bis diese ihren Sohn vom Gott Apollon empfangen habe. Für Alexander den Großen, jenen siegreichen Feldherren, der sein makedonisches Reich bis an die Grenzen Indiens ausgedehnt hatte, erschien den Zeitgenossen niemand anderer als Zeus höchstpersönlich als Vater infrage zu kommen. Während eines Gewitters soll sich der höchste griechische Gott – in diesem Fall als hell leuchtende Schlange – Zutritt zum Schlafgemach von Alexanders' nichts ahnender Mutter Olympia verschafft haben. In zeitlicher Nähe zu Jesus war es Kaiser Augustus, dem man eine übernatürliche Herkunft nachsagte. Der mächtige Alleinherrscher, verantwortlich für zahlreiche Expansionskriege ebenso wie für eine dauerhafte Staatsordnung und eine lang anhaltende Phase des Friedens innerhalb des Römischen Reiches, sei vom Gott Apollo in Gestalt einer Schlange gezeugt worden, so die Legende. Darüber hinaus hatte der gleichermaßen als göttlich angesehene Julius Caesar ihn zum Nachfolger erkoren, schon deshalb verdienten Augustus sowie seine Nachfolger nach Meinung des Volkes das Attribut „Gottessohn".

Wundersame Schwangerschaften in der Bibel

Beispiele für Schwangerschaften, bei denen nach menschlichem Ermessen nicht alles mit rechten Dingen zugegangen sein kann, gibt es auch im Alten Testament. Spätes Elternglück war dort zum Beispiel einer 90-jährigen Frau und ihrem 100-jährigen Ehemann beschieden. *„Ist beim Herrn etwas unmöglich?"*, lautete die rhetorische Frage, der sich die an einer Schwangerschaft zweifelnde Mutter in Kapitel 18 der Genesis stellen muss. Wenige Kapitel später wird sie erwartungsgemäß beantwortet: *„Der Herr nahm sich Saras an, wie er gesagt hatte, und er tat Sara so, wie er versprochen hatte. Sara wurde schwanger und gebar dem Abraham noch in seinem Alter einen Sohn zu der Zeit, die Gott angegeben hatte. Abraham nannte den Sohn, den ihm Sara gebar, Isaak."* (Gen 21, 1–3).

Göttlicher Beistand bezüglich der ersehnten Stammhalter war in dieser Familie noch über weitere zwei Generationen von Nöten: Beharrliches Beten zum Allmächtigen verhalf so Isaak und seiner Ehefrau Rebekka zu den Zwillingen Esau und Jakob. Auch bei den kinderlosen Frauen Jakobs zeigte Gott schließlich ein Einsehen und *„öffnete ihren Mutterschoß"*, wie es in Kapitel 29 und 30 im Buch Genesis heißt. Das erste Buch Samuel weiß ebenfalls von einer wundersamen Empfängnis zu berichten: Die verzweifelte Hannah verspricht dort, ihr Kind Gott zu überlassen, wenn sie nur endlich schwanger werde: Der Prophet Samuel erblickt daraufhin das Licht der Welt.

Bedeutsamer Unterschied dieser Begebenheiten gegenüber der Weihnachtsgeschichte im Neuen Testament: So ungewöhnlich die Schwangerschaften auch waren, ohne männliches Zutun kamen sie nicht zustande. Denn im Gegensatz zu anderen Religionen war dem Judentum die Vorstellung einer Jungfrauengeburt fremd.

Junge Frau statt Jungfrau

Bei Matthäus ist es dann aber gerade die jungfräuliche Empfängnis, die der Geburt Jesu ihre Einzigartigkeit und ihre Bedeutung zuweist:

„Dies alles ist geschehen, damit sich erfüllte, was der Herr durch den Propheten gesagt hat: Seht, die Jungfrau wird ein Kind empfangen, einen Sohn wird sie gebären, und man wird ihm den Namen Immanuel geben, das heißt übersetzt: Gott ist mit uns", heißt es im ersten Kapitel des Evangeliums unter Rückbezug auf eine alttestamentliche Weissagung im Buch Jesaja (Mt 1, 22; Jes 7, 14).

Diese allein von Gott bewirkte Schwangerschaft übertraf die ungewöhnlichen Zeugungen des Alten Testaments bei Weitem, zu Recht gab sie zu dem Glauben Anlass, der lange erwartete Messias sei endlich eingetroffen – diese Argumentation klingt schlüssig. Nur, wie die Wissenschaft längst weiß, war von einer Jungfrau beim Propheten Jesaja ursprünglich nicht die Rede. Dieses Wort schlich sich durch einen Fehler in die griechische Fassung der Bibel, die Septuaginta, ein. Stand im hebräischen Originaltext noch das Wort „almah" für junge Frau, so wurde es in der griechischen Übersetzung ungenau mit dem Wort „parthenos" für Jungfrau wiedergegeben.

Erging es Jesus also wie zahlreichen anderen berühmten Figuren des Altertums – Alexander dem Großen etwa, Julius Caesar oder auch Romulus und Remus als den Gründern der Stadt Rom, denen im Nachhinein eine außergewöhnliche Kindheitsgeschichte übergestülpt wurde, um ihre Bedeutung zu unterstreichen? Einiges spricht dafür. Gleichzeitig spricht viel dagegen, dass Maria nicht nur bei der Empfängnis, sondern auch nach der Geburt des Jesuskindes Jungfrau geblieben ist: nicht zuletzt die Tatsache, dass ihr weltberühmter Sohn Geschwister hatte – dem Evangelium nach Markus zufolge vier Brüder namens Jakobus, Joses, Judas und Simon sowie mehrere Schwestern.

Die Feiertage wurden erst in der Neuzeit zur logistischen Herausforderung

Würde sich der Weihnachtsmann bei seiner Mission eines fliegenden Rentierschlittens bedienen, müssten dessen Zugtiere die stolze Flügelspannweite von mindestens zehn Metern aufweisen – mit dieser Erkenntnis bereicherte ein Wissenschaftler der englischen Universität Leeds die adventliche Nachrichtenlage. Den Gabenbringer in der altherrenhaften Aufmachung unterschätzte er damit bei Weitem: Statt das Steuern eines Gespanns monströser Fabelwesen zu erwägen, hat er sich längst mit modernen Logistikprofis zusammengetan.

Eine ganze Flotte von Transportflugzeugen und Dutzende Sonderzüge sind aus Anlass seines Festes im Einsatz, um die in riesigen Lagerhallen stetig aufs Neue anschwellende Flut weihnachtlicher Liebesgaben schnellstmöglichst an ihre Bestimmungsorte abzuleiten. Der verdienstvolle Senior konzentriert sich währenddessen auf seine repräsentativen Pflichten. Bei der Zustellung der Geschenke an die einzelnen Haushalte gibt er sich nur noch selten selbst die Ehre. Gerne überlässt der Alte in bodenlangem Rot-Weiß diesen Knochenjob seinen Helfern im arbeitstauglicherem Rot-Gelb, Braun oder Blau-weiß. Und die jungen Kollegen von DHL, UPS, Hermes und anderen mit dem Weihnachtsmann kooperierenden Unternehmen haben mehr zu tun denn je: Online-Bestellungen lautet das Reizwort in ihrer Branche.

Klicken, bestellen, bringen lassen

Drei Viertel aller Bundesbürger haben die Lust verloren, für jedes Geschenk selbst durch überfüllte Fußgängerzonen zu hetzen. Den Zahlen der Statistiker zufolge ordern sie ihre Gaben stattdessen lieber im Netz. Für das Jahr 2012 setzte der Bundesverband des Deutschen Versandhandels eine Steigerung des Weihnachtsgeschäfts um zwölf Prozent an, Tendenz für die kommenden Jahre: weiter steigend. Während sich die Betreiber von Internetshops die Hände reiben und die Konsumenten den lästigen Präsentekauf mit wenigen Mausklicks erledigen, haben die Paketzusteller das Nachsehen: Denn sie müssen die virtuell bestellte Ware an Schenkende und Beschenkte bringen – ganz real und im Schweiße ihres Angesichts.

Zwischen sechs und sieben Millionen Sendungen pro Tag, dreimal so viel wie im Rest des Jahres, kommen allein bei der Deutschen-Post-Tochter DHL in der letzten Woche vor dem Fest zusammen. 60 000 Boten im Zeichen des schwarzen Horns schieben Zehn-Stunden-Schichten und tun selbst sonn-, feiertags und noch am 24. Dezember ihr Bestes, damit niemand unterm Baum leer ausgehen muss. Auch die Mitarbeiter der Konkurrenz haben wenig Zeit für interne Weihnachtsfeiern. 120 Prozent mehr an Fracht haben dann etwa die Fahrer des Paketdienstes Hermes im Laderaum. Vorweihnachtlicher Verkehrsstau hin, Schnee und eisglatte Fahrbahnen her – für verspätete Lieferungen hat die gestresste Kundschaft in diesen Tagen keinen Nerv.

Glückwunsch gegen Geld

Ähnliche Probleme hatten Hauspersonal, Boten und Lieferanten allerdings bereits in früheren Jahrhunderten. Mercedes-Sprinter oder andere ansatzweise komfortable Untersätze standen ihnen in dieser für Festivitäten ungünstig gewählten Jahreszeit nicht zur Verfügung. Per pedes austragen hieß es so für die Bediensteten im ausgehenden Mittelalter. Ihre adelige und geistliche Herrschaft hatte damals schon eine Vorliebe für kunstvoll gestaltete Briefkarten entwickelt. Wer auf sich hielt, ließ solche mit biblischen Szenen versehenen Holzschnitte oder Kupferstiche nebst handschriftlich hinzugefügten besten Wünschen Freunden und Verwandten zukommen – effizienterweise allerdings erst zum Abschluss der winterlichen Feierlichkeiten am Neujahrstag.

Dass sich aus den frommen Schreiben zum neuen Jahr Profit schlagen lässt, auf diese Idee kamen recht schnell die Angehörigen einiger Berufsgruppen. Kellner, Zeitungsverkäufer, Barbiere und andere Dienstleister warteten am 1. Januar mit eigens gedruckten Glückwunschblättern persönlich auf und erhofften sich dafür ein Trinkgeld. Die heimgesuchten Bürger waren von diesem Brauch spätestens nicht mehr begeistert, nachdem Mitte des 19. Jahrhunderts lithografische Schnellpressen erfunden worden waren: Sie wurden mit Gratulationsschreiben überhäuft und wussten sich mancherorts nicht anders zu helfen, als sogenannte „Enthebungskarten" an ihrer Tür zu befestigen. Diese stellten klar, dass sich ihre Besitzer bereits gegenüber der Kirche oder anderen sozialen Einrichtungen großzügig erwiesen hatten und für weitere Bittsteller nichts mehr zu holen war.

Für neuen Stress im alten Jahr oder, je nach Standpunkt, für eine schöne weihnachtliche Tradition sorgte etwa zur gleichen Zeit der Brite Henry Cole. Der Staatsbeamte fand, sein Bekanntenkreis hätte bereits zum Fest der Liebe einige warme Worte verdient. Bei einem Freund, dem Künstler John Horsley, gab er deshalb 1843 einen Satz von 1 000 Weihnachtspostkarten in Auftrag. Einen Teil davon bot er zum Kauf an, und die weihnachtliche Schreiberei nahm ihren Lauf: Schon um die Jahrhundertwende war das Versenden von Grußkarten anlässlich des Friedensfestes europaweit zum Massensport geworden. Dies hatte nicht nur mit den kreativen Druckvorlagen und dem Ausbau des Postwesens zu tun, wieder einmal spielte der Krieg dabei eine große Rolle.

Ansichtskarten vom Krieg

Schon im Deutsch-Französischen Krieg wollten die Angehörigen ihre eingezogenen Familienmitglieder an Weihnachten nicht unbedacht

lassen und sendeten die vorgefertigten Druckerzeugnisse millionenfach an die Front. König Wilhelm I. von Preußen ließ es bei dieser
Herausforderung für sein Feldpostwesen aber nicht bewenden: Zur
seelischen Aufmunterung der Soldaten schickte er in der Adventszeit
Tausende von Weihnachtsbäumen hinterher. Sache der rund 300 damit betrauten Beamten war es, wie sie die echten kleinen Tannen sowie fragile Kopien aus gefärbten Truthahnfedern per Eisenbahn oder
Pferdefuhrwerk in weit verstreute Lazarette, Mannschaftsunterkünf-
ten und andere militärische Einrichtungen schafften. Weihnachtsbäume erhielten auch die Truppen des Ersten und des Zweiten Weltkriegs,
dazu Päckchen von der Familie und Sendungen heimischer Unternehmen, die ihre Belegschaftsmitglieder in Kriegszeiten mit Alkohol, Ta-
bak, Essbarem und Anderem versorgten. Im Gegenzug bekamen es
die Boten des Reiches mit den Antworten und Dankesschreiben der
Soldaten zu tun. Allein zwischen 1914 und 1918 verschickten sie ungefähr zehn Milliarden Feldpostkarten, einen großen Teil davon in
der Weihnachtszeit. Während die Propagandisten an der Heimatfront
danach trachteten, die Botschaft vom gerechten vaterländischen
Krieg auf den handlichen Papierformaten unterzubringen, rief der
Boom der gedruckten Karten ganze Scharen von Fotografen auf den
Plan: Keine Gefahr scheuend, zogen sie den kämpfenden Verbänden
hinterher, um gegen entsprechendes Entgelt individuelle Porträts von
den tapferen Uniformträgern vor Ort zu schießen und diese auf Postkarten zu bannen.

Ein gutes Geschäft blieben Weihnachtskarten auch in Nachkriegs-
tagen. Von kriegstreiberischer Propaganda befreit, traten sie zunächst
mit besinnlich-kitschigen Motiven, später mit witzig-frechen Sprüchen
ihren Siegeszug an. Bis ihnen in unserer Zeit feiertägliche E-Mails,
SMS oder Nachrichten auf Facebook den Rang abliefen. Allesamt ver-
gleichsweise weniger manpower-intensive moderne Services, abgesehen natürlich von der derzeit angesagtesten Weihnachtsüberraschung – dem Päckchen vom Online-Händler.

Die Weihnachtsgeschichte ist ein beliebtes Motiv in der Kunst

Versandhausbetreiber wissen es, Juweliere, Lebkuchenfabrikanten und Hersteller von rentierbedrucktem Toilettenpapier. Hausfrauen, Ehemänner und Menschen mit Kindern wissen es ohnehin. Aber auch allen, die das Fest am liebsten abschaffen würden oder die den eigentlichen Anlass des Aufhebens längst vergessen haben, ist klar: Weihnachten ist wichtig, entziehen kann sich ihm niemand.

Niemand außer der modernen und zeitgenössischen Kunst. Denn bis zu ihr scheint sich diese Weisheit nicht herumgesprochen zu haben. Obwohl der Plot spannend ist: herzlose Mitmenschen, skandalträchtige Niederkunft eines unschuldigen Mädchens, sternengeführter königlicher Besuch nebst einer frohlockenden Schar von Geisterwesen. Und trotzdem: Fehlanzeige, was das Interesse der Maler und Bildhauer des 20. und 21. Jahrhunderts anbetrifft. Sie ließen und lassen das anrührende Thema ganz im Gegensatz zu ihren Kollegen früherer Epochen weitgehend links liegen.

Menschliche Grunderkenntnisse

Ein Umstand, den Kirchenobere, etwa der Kölner Kardinal Joachim Meißner, beklagen. Er wünsche sich, die Kunstschaffenden unserer Tage würden sich mehr mit Jesus Christus auseinandersetzen, ließ er verlauten. Denn Arbeiten wie Joseph Beuys' Installation „Kreuzigung" – eine aus Holz, Elektrokabel, Zeitungspapier und zwei schmutzigen Flaschen bestehende Abstraktion der biblischen Kreuzigungsgruppe mit Jesus, Maria und dem Jünger Johannes – seien *„in der Lage, menschliche Grunderkenntnisse wiederzugeben".*

Dass es an diesem Erkenntnisgewinn hapert, liegt an einem weiteren Problem: Wenn sich die moderne und zeitgenössische Kunst überhaupt mit dem Gottessohn beschäftigt, dann haben es ihr zumeist die blutrünstigen Geschehnisse am Karfreitag angetan. Neben Beuys nahmen sich Lovis Corinth, Marc Chagall, Otto Dix, Francis Bacon, Ernst Fuchs und zahlreiche andere des leidvollen Todes Jesu an. Weitaus spärlicher gesät sind dagegen die Werke, die sich auf die Geburt des Messias beziehen. Arbeiten bedeutender Künstler bilden die Ausnahme.

Eine von ihnen ist Emil Noldes Gemälde „Heilige Nacht", mit dem der Expressionist seinen neunteiligen Zyklus „Das Leben Christi" 1912 eröffnete. In leuchtenden Farben ließ er das Bild erstrahlen, auf dem eine überglückliche Maria ihr Neugeborenes mit beiden Händen in die Höhe hebt – dem hellen Stern am Abendhimmel entgegen. Paul Gauguin hatte das Thema bereits Ende des 19. Jahrhunderts aufgegriffen und mit seinem Werk „Te tamari no atua/Geburt Christi" in seine Wahlheimat Tahiti verlagert. Ort des Geschehens ist eine einfache Hütte, Tiere sind zugegen, der Engel ist in diesem Fall jedoch ein Todesengel, und Maria trägt die Züge von Gauguins Geliebter, denn mit diesem Werk verarbeitete der Maler die Geburt seines eigenen, nach wenigen Tagen verstorbenen Sohnes. Eine der jüngsten Interpretationen stammt von der Pariser Star-Fotografin Bettina Rheims und ihrem Kollegen und Ex-Mann Serge Bramly. Mit der Serie „I.N.R.I." begaben sie sich 1999 auf die Suche nach einer zeitgenössischen christlichen Bildsprache und ließen den Jesusknaben in einer schäbigen Autowerkstatt zur Welt kommen. Maria hat Modelmaße, Joseph hält bereits ein älteres Kind auf dem Arm. Gemeinsam steht die knallbunte, moderne Fassung der „Heiligen Familie" zwischen Handwerkern, Ölfässern und einem alten Kleintransporter.

Graffiti-Künstler und große Meister

Die Passionsgeschichte und das Thema Tod habe den Künstlern – insbesondere jenen, die zwei Weltkriege miterlebt haben – mehr zu bieten als die süßlich angehauchte Geburtserzählung, nennen Experten als Grund für den mangelnden kreativen Enthusiasmus bezüglich des Eintreffens des Erlösers der Menschheit. Im Zuge der Säkularisierung hätten sich solche Themen schlichtweg erledigt, behaupten andere, zumal der Kunst kirchliche und private Auftraggeber für dererlei Arbeiten in unseren Tagen abhanden gekommen seien.

Keinen anderen Lohn als Verfolgung und Tod hatten noch jene künstlerisch begabten Anhänger der christlichen Minderheitenreligion zu erwarten, die im 2. Jahrhundert von der Weihnachtsgeschichte derart angetan waren, dass sie erste Szenen mit dem neugeborenen Jesuskind an die Wände der römischen Katakomben und auf Sargdeckel pinselten. Nachdem Kaiser Konstantin im Jahr 313 mit dem Edikt von Mailand das Christentum als Religion anerkannt hatte, lebten die antiken Graffiti-Künstler weniger gefährlich und ließen ihr Schaffen nun auch überirdisch zur Wirkung kommen. Von da ab war die Karriere des Sujets rasant – erst in den letzten drei Jahrhunderten sollte sie zum Stillstand kommen. Zwischen dem 13. und 15. Jahrhundert hatte sich die Geburt Christi zu einem der wichtigsten Motive der Malerei gemausert. Stilprägend für ganz Europa waren im 15. Jahrhundert die altniederländischen Künstler aus der Werkstatt des Meisters von Flémalle sowie der dort ausgebildete Maler Rogier van der Weyden. Sie brachten die Sujets in bis dahin unbekanntem Detailreichtum auf die Leinwand. Die Innenausstattung des Geburtszimmers, die Stoffe von Kleidern, die umgebende Landschaft – mittels der von ihnen genutzten neuen Technik, der Ölmalerei, erschien alles realitätsnäher als je zuvor. Aber auch noch im Barock verliehen alle Großen ihrer Zeit – von Peter Paul Rubens bis zu Caravaggio und Rembrandt – dem Thema der Geburt des Gottessohnes ihre jeweils einzigartige künstlerische Handschrift.

Kamen die ersten Darstellungen mit wenigen Bildelementen aus, so nahm die Anzahl der zugelassenen Personen auf den Weihnachtsbildern im Laufe der Zeit stetig zu. Bereits ab dem 5. Jahrhundert unterschied die Kunst die einzelnen Szenen der biblischen Erzählung – die Verkündigung durch den Erzengel Gabriel, die Geburt Christi, die Anbetung des Neugeborenen durch Maria, durch die Hirten oder auch durch die Weisen aus dem Morgenland.

Ochs und Esel statt Maria und Joseph

Bei ihrer Überführung der Geburtsgeschichte in Form und Farbe erlaubten sich die Kreativen aller Epochen künstlerische Freiheiten. So tauchen Ochs und Esel, symbolisch mit dem Judentum und Heidentum in Verbindung gebracht, auf frühchristlichen römischen Wandbildern und Sarkophagen mit schöner Regelmäßigkeit auf, obwohl sie genau genommen in den Weihnachtserzählungen der Bibel nicht vorkommen. Lediglich das Pseudoevangelium des Matthäus, eine jener nicht in das Neue Testament aufgenommenen Schriften, weiß von der Anwesenheit der Huftiere an der Krippe. Während die Hirten und die Drei Weisen aus dem Morgenland auf frühen Darstellungen bisweilen ebenfalls mit im Bild sind, musste das neugeborene Jesuskind anfangs ohne seine Mutter auskommen. Erst als Maria im 5. Jahrhundert auf dem Konzil von Ephesus offiziell zur „Gottesgebärerin" erhoben wurde, war ihr der Platz an der Seite ihres Kindes sicher.

Wenig Wert legte die malende Zunft zunächst auch auf Joseph. Obwohl Jesus seinen Anspruch, aus dem Hause David zu stammen und damit der erwartete Messias zu sein, von ihm ableitet, wurde der Zimmermann bis ins 10. Jahrhundert wenn überhaupt allenfalls mit einer Nebenrolle bedacht. Die Kunstschaffenden unterstellten ihm eine melancholische, zweiflerische Natur und positionierten den in die Jahre gekommenen Begleiter Marias gerne stocksteif und sorgenvoll am Bildrand oder im Hintergrund des Geschehens. Manchmal schlief er ob seines ewigen Grübelns sogar ein – etwa auf dem Fresko des italienischen Renaissance-Malers Giotto di Bondone für die Arenakapelle in Padua, entstanden zwischen 1304 und 1306. Wenig später, um die Mitte des 14. Jahrhunderts, befreiten die Interpreten der biblischen Vorgänge Joseph zunehmend von seiner Traurigkeit und wiesen ihm in der Ehe mit Maria den fürsorglichen Part zu: In der Spätgotik versorgte er die Tiere, wie etwa auf einem Kupferstich Martin Schongauers dargestellt, machte Feuer, wie auf einem Relief im Erfurter Dom zu bewundern, oder war seinen Zeitgenossen auf andere Weise voraus, indem er sich im Haushalt nützlich machte.

Inwendig erstrahlendes Jesuskind

Intensives Mitempfinden stand für die Künstler der Gotik im Vordergrund. Und so liegt Maria auf den Weihnachtsbildern des 13. und 14. Jahrhunderts zunächst nicht mehr wie in früheren Jahrhunderten nur still neben ihrem Kind, sondern tritt in engere Beziehung zu ihm, stillt es oder hält es auf dem Arm.

Wenn der Jesus-Knabe wenig später nackt und schutzlos auf dem blanken Boden liegen musste und etwas Wärme allenfalls von dem Strahlenkranz auf seinem Haupt empfing, so verdankte er dies den Visionen der heiligen Birgitta von Schweden. Die 1391 heiliggesprochene wallfahrende Adelige hatte glaubhaft versichert, anlässlich des Besuchs der Geburtsgrotte zu Bethlehem die Geburt des Jesuskindes vor ihrem geistigen Auge quasi live und in Farbe miterlebt zu haben. Die Schwedin mit besten Verbindungen in höhere Sphären fügte dem Weihnachtsgeschehen eine Reihe von Einzelheiten hinzu, die zahlreiche Maler des 15. und 16. Jahrhunderts wörtlich nahmen. Völlig schmerzfrei habe die Jungfrau demnach das Baby kniend zur Welt gebracht, es anschließend auf den Boden gebettet, um es anzubeten. Von dem Neugeborenen sei ein *„solch unsagbares Licht"* ausgegangen, *„dass nicht einmal die Sonne damit zu vergleichen war"*[27], wusste die allein durch ihren Glauben in Ekstase versetzte Frau zu berichten.

Das Säuglingsbett auf kaltem Erdboden kam den Kunstschaffenden als Metapher wie gerufen, um das wahre Menschsein und das Ausgeliefertsein Jesu zu verdeutlichen. Bei der Umsetzung des merkwürdigen mystischen Leuchtens behalfen sich einige Künstler, etwa der Hamburger Malermönch Meister Francke, mit simplen goldfarbenen Strahlen.

Andere, vor allem niederländische Meister des späten 15. Jahrhunderts, kamen auf die Idee, die Geburt in die Nacht zu verlegen und dadurch die Lichtwirkung um ein Vielfaches zu steigern. Dank ausgefeilter Hell-Dunkel-Kontraste wirkt das Jesuskind auf ihren Werken tatsächlich so, als ob es auf überirdische Weise von innen erstrahlen würde – für zeitgenössische Betrachter, die von Halogenlampen und Lasereffekten nichts wussten, ein Aufsehen erregender Effekt.

Personal auf Probe und in Festanstellung

Die Kunst experimentierte über die Jahrhunderte mit zahlreichem zusätzlichen Personal und ergänzenden Motiven, die sie in der Weihnachtsgeschichte probeweise zum Einsatz brachte. Einige hatten nicht das Zeug, es dauerhaft auf die Besetzungsliste zu schaffen. Ein Gastspiel blieben so die zwei Hebammen, die im Ostmittelmeerraum ab dem 5. Jahrhundert Elfenbeinreliefs und andere Schnitzereien zierten. Die beiden Damen namens Zelomi und Salome waren auch in diesem Fall Evangelienbruchstücken entliehen, die keinen Eingang in das Neue Testament gefunden hatten: hier dem Protoevangelium des Jakobus und dem Pseudo-Matthäusevangelium. Die Figur der Salome hatte durchaus Spannendes zu bieten: Sie war es, die sich erdreistete, die Jungfräulichkeit Marias zu überprüfen und dafür mit dem Verdorren ihrer Hand bestraft wurde. Erst als sie das Jesuskind berührte, wurde sie auf wundersame Weise geheilt. In der weihnachtlichen Kunst geriet die bekehrte Zweiflerin über die Jahrhunderte dennoch wieder in Vergessenheit.

Anders erging es dem Motiv der Anbetung der Hirten oder vielmehr: der Anbetung des Kindes durch die Hirten. Auch wenn es naheliegt, dass sie es den Heiligen Drei Königen gleichtaten und im Stall zu Bethlehem andächtig in die Knie sanken, Lukas und Matthäus berichten davon nichts. Die Kunst ließ sich hier von einem nicht näher bekannten Franziskanermönch inspirieren, dem die Wissenschaft den behelfsmäßigen Namen Pseudo-Bonaventura zuwies. Er hatte den

Gedanken der Anbetung durch die Viehhüter um 1300 in seinen Schriften vertreten. Ab dem 16. Jahrhundert gehörten die betenden Hirten bei den meisten Weihnachtsbildern standardmäßig dazu, ähnlich verhielt es sich mit den Engeln, die laut den Evangelien bei der Geburt des Kindes an sich nicht zugegen waren.

Gruppenbild mit Jesus

Wenn es sein musste, kannten einige Künstler auch keine Skrupel, sich selbst, ihre Mäzene und andere reale Personen ihrer Zeit zusammen mit dem biblischen Geschehen in Szene zu setzen. Gefordert war dies zum Beispiel im Florenz des späten 15. Jahrhunderts, als nicht mehr nur die Kirche, sondern auch private Auftraggeber Bilder weihnachtlichen Inhalts bestellten. Auf einem Fresko, das Benozzo Gozzoli für die Privatkapelle der Medici anfertigte, tauchen sowohl der Maler als auch Lorenzo de Medici auf – seines Zeichens Politiker und Stadtherr von Florenz. Der große italienische Meister der Frührenaissance, Sandro Botticelli, war diesbezüglich ebenfalls alles andere als zimperlich. Auf seinem Werk „Die Anbetung der Könige" zum Beispiel verewigte er nicht nur die titelgebenden Weisen aus dem Morgenland, sondern auch seinen Auftraggeber, den Bankier Guaspare di Zanobi del Lama, und mehrere Mitglieder der Familie Medici.

Um alle großen Meister zu berücksichtigen, die sich mit der christlichen Weihnachtserzählung auseinandersetzten, müsste man eine Abhandlung über die abendländische Kunstgeschichte zu Papier bringen. Von den ernsten, nach innen gewandten Werken des Mittelalters, dem mitfühlenden Schaffen der Gotik bis zur weltlicheren Kunst der Renaissance, den üppig ausgestatteten Interpretationen des Barocks oder den heiter-verspielten Varianten des Rokoko – Maler und Bildhauer setzten über viele Jahrhunderte auf das Thema der Geburt Christi, um die zeitgeprägten Facetten des Glaubens anschaulich werden zu lassen. Gegen Ende des 18. Jahrhunderts versiegte diese Tradition, und den Künstlern unserer Tage fällt zu Weihnachten größtenteils nichts mehr ein.

Anmerkungen

1   Zitiert nach: http://www.domradio.de/nachrichten/2011-12-24/als-im-ersten-weltkrieg-die-waffen-fuer-wenige-tage-ruhten

2   Zitiert nach: Scherfenberg, Evelyn; Wanner, Johann: Johann Wanners Weihnachtswelt: Tradition, Dekorationskunst, Christbaumzauber, S. 63

3   Zitiert nach: Stille, Eva: Christbaumschmuck: ein Buch für Sammler und Liebhaber alter Dinge, S. 22–23

4   Zitiert nach: Ebd., S. 9

5   Zitiert nach: Ebd., S. 39

6   Zitiert nach: Becker-Huberti, Manfred: Feiern – Feste – Jahreszeiten. Lebendige Bräuche im ganzen Jahr; Geschichte und Geschichten, Lieder und Legenden, S. 82

7   Zitiert nach: Demandt, Alexander: Sieben Siegel: Essays zur Kulturgeschichte, S. 12

8   Zitiert nach: Fuchs, Guido: Heiligabend: Riten, Räume, Requisiten, S. 26

9   Zitiert nach: Hinrichsen, Torkild: Weihnachtsbriefe und Wunschzettel, S. 61, 66

10 Zitiert nach: http://www.tz-online.de/aktuelles/muenchen/der-weihnachtsmann-ist-ein-echter-muenchner-71530.html

11 Zitiert nach: http://www.zentrum-der-gesundheit.de/pdf/vanille-ia_03.pdf

12 Zitiert nach: Faber, Richard; Gajek, Esther (Hrsg.): Politische Weihnacht in Antike und Moderne: zur ideologischen Durchdringung des Fests der Feste, S. 186, 233

13 Zitiert nach: http://de.wikipedia.org/wiki/Winterhilfswerk_des_Deutschen_Volkes

14 Zitiert nach: Foitzik, Doris: Rote Sterne, braune Runen: Politische Weihnachten zwischen 1870 und 1970, S. 103

15 Zitiert nach: Ebd., S. 119

16 Stille, Eva: Christbaumschmuck: ein Buch für Sammler und Liebhaber alter Dinge, S. 50

17 Zitiert nach: http://de.wikipedia.org/wiki/Weihnachtsfrieden_(Skandinavien)

18 Zitiert nach: http://de.wikipedia.org/wiki/Gibt_es_einen_Weihnachtsmann

19 Zitiert nach: http://www.nikolaus-von-myra.de/lexikon/christkind.html

20 Zitiert nach: Franzke, Regine (Hrsg.): Christkindlesmarkt zu Nürnberg, S. 10

21 Zitiert nach: Richter, Günther: Feste und Bräuche im Wandel der Zeit. Kirmes, Kürbis und Knecht Ruprecht, S. 246

22 Zitiert nach: http://www.habsburger.net/de/kapitel/weihnachten-im-wandel

23 Zitiert nach: Fuchs, Guido: Heiligabend: Riten, Räume, Requisiten, S. 27

24 Zitiert nach: http://de.wikipedia.org/wiki/Priestertum_aller_Gl%C3% A4
     ubigen
25 Zitiert nach: Weber-Kellermann, Ingeborg: Das Weihnachtsfest: eine Kultur-
     und Sozialgeschichte der Weihnachtszeit, S. 107
26 Zitiert nach: Becker-Huberti, Manfred: Feiern – Feste – Jahreszeiten. Leben-
     dige Bräuche im ganzen Jahr; Geschichte und Geschichten, Lieder und
     Legenden, S. 136–137
27 Zitiert nach: Sternstunden: Kulturgeschichte(n) zur Weihnachtszeit, S. 70

Weiterführende Literatur

Hans Christian Andersen: Der Tannenbaum. Köln: Middelhauve, 1984.

Becker, Jürgen: Jesus von Nazareth. Berlin; New York: de Gruyter, 1996.

Becker-Huberti, Manfred: Der Heilige Nikolaus: Leben, Legenden und Bräuche. Köln: Greven, 2005.

Becker-Huberti, Manfred: Feiern – Feste – Jahreszeiten. Lebendige Bräuche im ganzen Jahr; Geschichte und Geschichten, Lieder und Legenden. Freiburg im Breisgau: Herder, 1998.

Berking, Helmuth: Schenken. Zur Anthropologie des Gebens. Frankfurt am Main; New York: Campus Verlag, 1996.

Böll, Heinrich: Nicht nur zur Weihnachtszeit. Erzählungen. München: Deutscher Taschenbuch Verlag, 1997.

Brecht, Bertolt: Die Gedichte. Frankfurt am Main, Leipzig: Insel Verlag, 2008.

Breuer, Judith; Breuer, Rita: Von wegen Heilige Nacht! Das Weihnachtsfest in der politischen Propaganda. Mülheim an der Ruhr: Verlag an der Ruhr, 2000.

Brunner, Bernd: Die Erfindung des Weihnachtsbaums. Berlin: Insel Verlag, 2011.

Christbaumschmuck: traditionell, multikulturell, sensationell. Ausstellungsprojekt des Heimatmuseums Reutlingen, des Museums im Gotischen Haus, Bad Homburg und des Stadtmuseums Bonn. Reutlingen: 2000.

Christkind, Weihnachtsmann & Co.: Kulturgeschichtliches zu den weihnachtlichen Gabenbringern. Begleitpublikation zur Ausstellung im Clemens-Sels-Museum Neuss vom 29. November 2007 bis 27. Januar 2008, Neuss: 2007.

Daxelmüller, Christoph (Hrsg.): Weihnachten in Deutschland – Spiegel eines Festes. Führer zur Ausstellung im Diözesanmuseum Obermünster Regensburg, 28. November 1992 bis 10. Januar 1993. München, Zürich: Schnell & Steiner, 1992.

Demandt, Alexander: Sieben Siegel. Essays zur Kulturgeschichte. Köln u. a.: Böhlau Verlag, 2005.

Faber, Richard; Gajek, Esther (Hrsg.): Politische Weihnacht in Antike und Moderne: zur ideologischen Durchdringung des Fests der Feste. Würzburg: Königshausen und Neumann, 1997.

Ferrari d'Occhieppo, Konradin: Der Stern von Bethlehem in astronomischer Sicht. Legende oder Tatsache? Gießen, Basel: Brunnen Verlag, 2003.

Foitzik, Doris: Rote Sterne, braune Runen: Politische Weihnachten zwischen 1870 und 1970. Münster: Waxmann, 1997.

Förster, Hans: Die Anfänge von Weihnachten und Epiphanias: eine Anfrage an die Entstehungshypothesen. Tübingen: Mohr Siebeck, 2007.

Franzke, Regine (Hrsg.): Christkindlesmarkt zu Nürnberg. Nürnberg: Tümmel, 2005.

Fuchs, Guido: Heiligabend: Riten, Räume, Requisiten. Regensburg: Verlag Friedrich Pustet 2002.

Fuchs, Guido: Unsere Weihnachtslieder und ihre Geschichte. Freiburg im Breisgau: Herder, 2009.

Gockerell, Nina (Hrsg.): Weihnachtszeit: Feste zwischen Advent und Neujahr in Süddeutschland und Österreich 1840–1940; Sammlung Ursula Kloiber. München u. a.: Prestel, 2000.

Günther, Renate: Der Mythos vom göttlichen Kind. Jesus – Krishna – Buddha. Düsseldorf: Patmos, 2007.

Hesemann, Michael: Jesus von Nazareth. Archäologen auf den Spuren des Erlösers. Augsburg: Sankt Ulrich Verlag, 2009.

Hesse, Hermann: Weihnacht. In: Gesammelte Werke, Band 10. Frankfurt am Main: Suhrkamp, 1970.

Hinrichsen, Torkild: Weihnachtsbriefe und Wunschzettel. Vom 18. Jahrhundert bis heute. Husum: 2010.

Huchel, Peter: Gesammelte Werke. Band 1: Die Gedichte. Frankfurt am Main: Suhrkamp, 1984.

Jesus von Nazareth, zu Bethlehem geboren. Die biblischen Überlieferungen im Spiegel von Kunst und neuerer Forschung. Freiburg im Breisgau: Herder, 2003.

Kästner, Erich: Als der Nikolaus kam. The night before christmas. Neckarsteinach: Edition Tintenfaß, 2006.

Kidger, Mark: The star of Bethlehem. An astronomer's view. Princeton: Princeton University Press, 1999.

Klabund: Wo andre gehn, da muß ich fliegen …: ein Lesebuch. München: Goldmann, 1998.

Klauda, Manfred: Die Geschichte des Weihnachtsbaumes. München: Zentrum für Außergewöhnliche Museen, 1993.

Klaus, Bernhard: Weihnachtszeit. Geschichten, Legenden, Bräuche. Hof: Oberfränkische Verlagsanstalt, 1989.

Kluckert, Ehrenfried: Die Heiligen Drei Könige und ihr Weg nach Köln. Augsburg: Sankt Ulrich Verlag, 2010.

Küster, Hansjörg: Kleine Kulturgeschichte der Gewürze: ein Lexikon von Anis bis Zimt. München: Beck, 1997.

Kuschel, Karl-Josef: Das Weihnachten der Dichter. Große Texte von Thomas Mann bis Reiner Kunze. Düsseldorf: Patmos, 2011.

Kuschel, Karl-Josef: Weihnachten bei Thomas Mann. Düsseldorf: Patmos, 2006.

Kuschel, Karl-Josef: Weihnachten und der Koran. Düsseldorf: Patmos, 2008.

Long, Aljoscha: Gewürzheilkunde: Die Geheimnisse von Anis, Galgant, Vanille & Co. Landsberg am Lech: mvg-Verlag, 1996.

Loriot: Loriots heile Welt. Zürich: Diogenes, 1980.

Malberg, Horst: Bauernregeln. Aus meteorologischer Sicht. Berlin u. a.: Springer, 2003.

Maupassant, Guy de: Heilige Nacht. Zitiert nach: Weihnachten: Prosa aus der Weltliteratur. München: Manesse im Deutschen Taschenbuch-Verlag, 1994.

Mann, Thomas: Buddenbrooks. In der Fassung der großen kommentierten Frankfurter Ausgabe. Frankfurt am Main: Fischer (Taschenbuch), 2012.

Mezger, Werner: Sankt Nikolaus. Zwischen Kult und Klamauk. Ostfildern: Schwabenverlag, 1993.

Müller, Jurik: 100 Bauernregeln, die wirklich stimmen. München: BLV, 2011.

Polgar, Alfred: Auswahl. Prosa aus vier Jahrzehnten. Reinbek bei Hamburg: Rowohlt, 1968.

Richter, Günther: Feste und Bräuche im Wandel der Zeit. Kirmes, Kürbis und Knecht Ruprecht. Bielefeld: Luther Verlag, 2011.

Ringelnatz, Joachim: und auf einmal steht es neben dir. Gesammelte Gedichte. Berlin: Karl H. Heussel Verlag, 1950.

Scherfenberg, Evelyn; Wanner, Johann: Johann Wanners Weihnachtswelt: Tradition, Dekorationskunst, Christbaumzauber. München: BLV, 1996.

Schwaiger, Holger: Schenken. Entwurf einer sozialen Morphologie aus der Perspektive der Kommunikationstheorie. Konstanz: UVK, 2011.

Stauss, Bernd: Optimiert Weihnachten. Eine Anleitung zur Besinnlichkeits-Maximierung. Wiesbaden: Gabler/GWV Fachverlage, 2009.

Sternstunden: Kulturgeschichte(n) zur Weihnachtszeit. Bonn: Deutsche Stiftung Denkmalschutz, 2007.

Stille, Eva: Christbaumschmuck: ein Buch für Sammler und Liebhaber alter Dinge. Nürnberg: Hans Carl Verlag, 1985.

Tucholsky, Kurt: Gesammelte Werke in 3 Bänden. Band I, 1907–1924. Reinbek bei Hamburg: Rowohlt, 1960.

Vermes, Geza: Die Geburt Jesu. Geschichte und Legende. Darmstadt: Primus Verlag, 2007.

Vossen, Rüdiger: Weihnachtsbräuche in aller Welt. Weihnachtszeit – Wendezeit – Martini bis Lichtmeß. Hamburg: Christians, 1986.

Waldfogel, Joel: Warum Sie diesmal wirklich keine Weihnachtsgeschenke kaufen sollten. München: Verlag Antje Kunstmann, 2011.

Weber-Kellermann, Ingeborg: Das Buch der Weihnachtslieder. Mainz: Schott, 1994.

Weber-Kellermann, Ingeborg: Das Weihnachtsfest: eine Kultur- und Sozialgeschichte der Weihnachtszeit. München u. a.: Bucher, 1987.

Online:

http://www.domradio.de/nachrichten/2011-12-24/als-im-ersten-weltkrieg-die-waffen-fuer-wenige-tage-ruhten

http://www.uibk.ac.at/theol/leseraum/bibel/mt2.html

Register